MANUEL

DE

L'HISTOIRE DE LA PEINTURE.

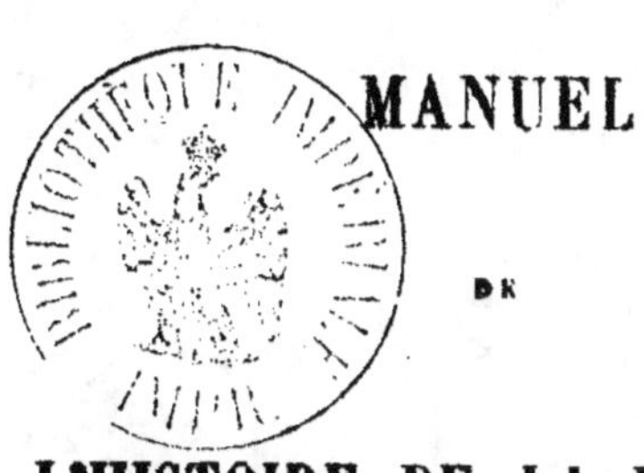

Ixelles-lez-Bruxelles. Imp. de Delevingne et Callewaert.

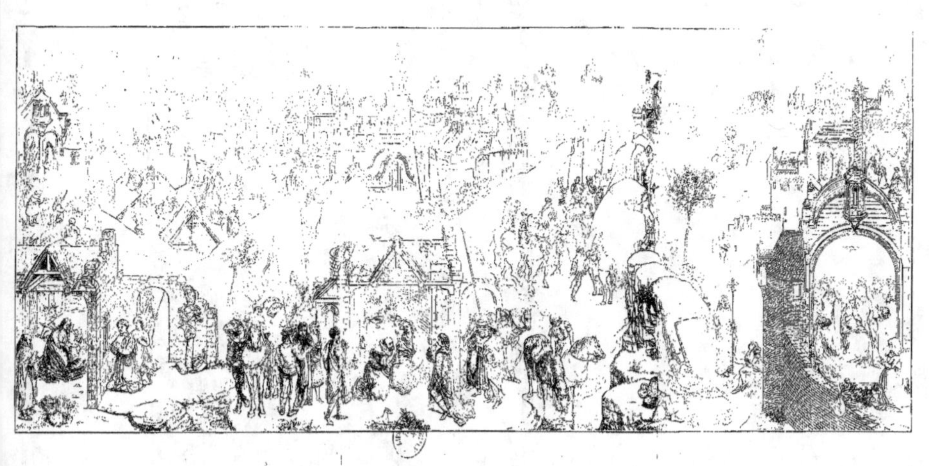

LES JOIES ET LES DOULEURS DE LA SAINTE VIERGE, peint par Hans Memling, galerie de Munich.

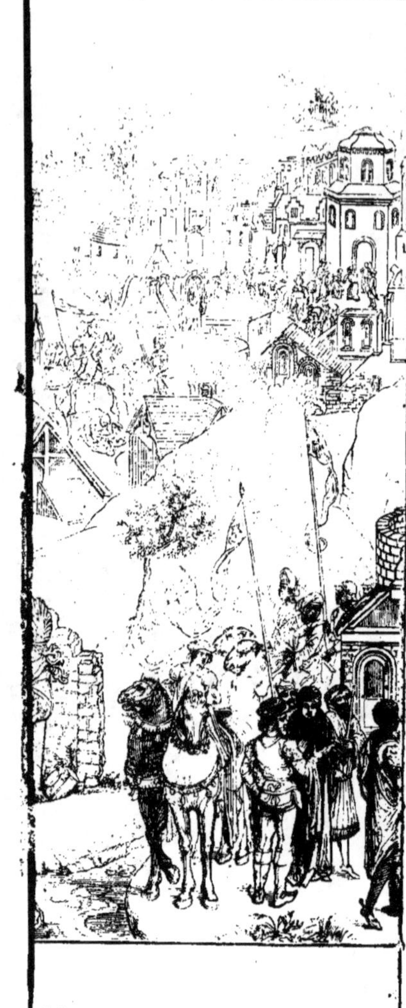

LES JOIES ET

MANUEL

DE

L'HISTOIRE DE LA PEINTURE

ECOLES

ALLEMANDE, FLAMANDE ET HOLLANDAISE

PAR

F. WAAGEN

DIRECTEUR DE LA GALERIE ROYALE DE TABLEAUX A BERLIN

TRADUCTION

PAR MM. HYMANS ET J. PETIT

AVEC UN GRAND NOMBRE D'ILLUSTRATIONS

TOME PREMIER

BRUXELLES, LEIPZIG, GAND

C. MUQUARDT

PARIS	**PARIS**
MOREL ET COMPᵉ	Vᵉ JULES RENOUARD
13, rue Bonaparte	6, rue de Tournon

1863

INTRODUCTION.

Depuis que Jacob Burckhardt a publié, en 1847, une
excellente édition refondue du *Manuel de la peinture* de
Kugler, l'histoire de cet art en Allemagne et dans les
Pays-Bas, soit depuis les premiers temps jusqu'à la fin
du XVIe siècle, soit pendant la période moderne, jusqu'à
la fin du XVIIIe siècle, a donné lieu à des recherches si
considérables, que le libraire John Murray, de Londres,
trouva opportun de me confier la révision complète de la
partie de ce *Manuel* relative aux écoles précitées, dont la
traduction venait de sortir de ses presses. Voué depuis
plus de quarante ans à l'étude de ces écoles d'après les
monuments les plus importants que possèdent les galeries publiques et les galeries privées de l'Europe, j'ac-
ceptai cette tâche avec empressement. Tout en conservant certaines parties de l'ouvrage original, pour la
période qui s'étend jusqu'au milieu du XVIe siècle, je
n'ai pu me dispenser toutefois d'y introduire des modifications notables, tant à cause de l'accroissement des

documents historiques qu'à cause de la divergence des appréciations : pour la période moderne j'ai dû transformer l'ancien ouvrage en un travail complétement nouveau. En effet, le *Manuel* de Kugler passe beaucoup trop légèrement sur les maîtres qui suivirent Rubens et il n'en trace pour ainsi dire qu'une rapide esquisse. Je me suis fait un devoir de combler cette lacune en leur consacrant une étude plus développée.

L'édition allemande qui est aujourd'hui offerte au public exigeait cependant davantage. A cause de l'intérêt plus général qui s'attache partout en Allemagne aux époques primitives, j'ai donné à celles-ci de plus amples développements. Quelques chapitres, celui qui concerne Albert Dürer, par exemple, ont été entièrement remaniés, de sorte qu'il ne reste que fort peu de chose du livre de Kugler. Quant au choix des monuments cités parmi le grand nombre de ceux qui existent encore, il fallait tenir compte à la fois de leur importance intrinsèque et de la facilité plus ou moins grande offerte au public pour les visiter. Aussi me suis-je appliqué à mettre tous les lecteurs de ce manuel en état de s'instruire par leurs propres observations; c'est pourquoi j'ai passé sous silence plusieurs œuvres qui figurent dans les galeries de l'Angleterre et j'ai fait mes principaux emprunts aux galeries de Dresde, de Munich, de Vienne, de Berlin, de Cassel et de Francfort-sur-Mein, ainsi qu'à celles de Paris, d'Anvers, de Gand, de Bruges, de Bruxelles, d'Amsterdam et de La Haye, que les chemins de fer nous permettent aujourd'hui de visiter avec tant de facilité. Je n'ai eu recours à la *National Gal-*

lery de Londres et au Musée des Offices de Florence que pour des œuvres très-importantes. Ayant eu l'occasion, pendant l'impression de ce manuel, de me livrer à une étude minutieuse de la galerie de l'Ermitage à Saint-Pétersbourg, que je n'avais jamais vue précédemment, je me suis trouvé plusieurs fois en mesure de me référer aux tableaux qu'elle possède. L'extrême importance de ces tableaux pour plusieurs chefs d'école donne ainsi à ce livre un complément utile ; il attirera l'attention des amis de l'art sur ces trésors trop peu connus jusqu'ici et dont l'accès deviendra bien plus facile encore lorsque le chemin de fer de Berlin à Saint-Pétersbourg sera achevé. Pour faciliter les recherches dans les divers musées j'ai indiqué les numéros des tableaux d'après les catalogues les plus récents, sauf pour ce qui regarde la galerie impériale de Vienne et celle de l'Ermitage ; dans l'une, en effet, l'indication du rez-de-chaussée, de l'école et des salons compliquerait trop les recherches : dans l'autre il n'existe pas de catalogue imprimé, les tableaux n'ayant point été classés définitivement. J'ai particulièrement signalé les collections privées facilement accessibles aux visiteurs et qui possèdent des œuvres d'une importance exceptionnelle. Les principales du continent sont les galeries Lichtenstein, Esterhazy, Czernin et Schönborn à Vienne, celle du comte Schönborn à Pommersfelden, près de Bamberg, la galerie Suermondt, à Aix-la-Chapelle, celle d'Arenberg, à Bruxelles, celle de Six Van Hillegom, à Amsterdam, et les plus importantes de l'Angleterre : les galeries de la reine à Buckingham et à Windsor, du comte Ellesmere, de lord Ashburton, de MM. Thomas Baring et R. S. Holford. Je n'ai cité les autres que lorsqu'il s'agissait de tableaux très-rares ou d'une importance hors ligne.

Bien que ce livre soit un manuel de la peinture, j'ai cru ne pouvoir me dispenser d'y passer rapidement en revue les peintres qui ont gravé sur cuivre ou sur bois leurs propres créations et même ceux qui n'ont exécuté que des dessins destinés à être taillés en bois. Il est tels grands peintres, comme Martin Schongauer, dont les tableaux sont tellement rares qu'on ne peut pour ainsi dire apprendre à connaître leur génie et leur talent que d'après leurs gravures; d'autres chez qui le sentiment de la couleur fait défaut, comme Herman Swanevelt, apparaissent dans leurs gravures sous un aspect beaucoup plus favorable que dans leurs tableaux; il est enfin d'autres cas : ainsi Simon de Vlieger n'a peint, à peu d'exceptions près, que des marines et il n'a déployé son talent de paysagiste que dans ses gravures. Une autre raison pour laquelle j'ai tenu compte de ces diverses branches de l'imprimerie, c'est que comme il en existe un très-grand nombre d'échantillons, beaucoup de personnes sont ainsi en position de pouvoir les étudier, ce qui importe au plus haut point dans les arts du dessin. Il va de soi d'ailleurs que dans mes observations sur les estampes de caractères si variés, je me suis de préférence arrêté au côté de l'invention et du pittoresque. Il n'entrait pas dans les bornes du présent manuel de me livrer à une discussion approfondie de la partie technique et de donner la

description détaillée de chaque planche. Cependant, sous
l'un et sous l'autre de ces deux rapports je m'en suis rapporté au *Peintre-graveur* de Bartsch et à la continuation
de cet ouvrage par R. Weigel. Quant aux dessins originaux des maîtres, partie si importante de leurs œuvres,
j'ai dû me borner à quelques indications très-concises, vu
le nombre prodigieux de ces pièces et la difficulté d'en
examiner la plupart. Enfin si le lecteur remarque un
grand nombre d'omissions parmi les noms de peintres,
qu'il prenne garde que ce n'est point par oubli que j'ai
agi ainsi, mais que je l'ai fait avec intention. En effet,
le but d'un manuel est de donner un résumé des
résultats des recherches les plus récentes, des principales phases de chaque école, des maîtres qui la per-
sonnifient à diverses époques, tant au point de vue historique qu'au point de vue esthétique, et d'indiquer les
sources à ceux qui seraient tentés de poursuivre eux-
mêmes les investigations qui ont pour objet telle ou telle
école. Ainsi tous les peintres qui ne se rattachent pas à
quelque maître connu, ceux qui ne se sont pas élevés
au-dessus de la moyenne des artistes de leur époque, et
ceux enfin qui n'ont pas exercé quelque influence sur
d'autres maîtres d'un mérite notoire, ont été écartés
comme étrangers au but de ce manuel et comme n'étant
propres qu'à distraire l'attention du lecteur. Les artistes
de cette catégorie ont leur place dans les dictionnaires
artistiques. En revanche, j'ai admis des noms même
moins importants lorsqu'ils se rattachent à ceux d'artistes
de premier ordre, comme les Rubens ou les Rembrandt,

pour donner une idée aussi complète que possible de la sphère de leur activité ; mais naturellement aussi je ne pouvais pas songer, même à propos des plus grands artistes, à dresser la liste *in extenso* de toutes leurs œuvres ; c'est là l'objet des biographies spéciales, comme celle que Passavant a consacrée à Raphaël. En détail il règne toujours une certaine divergence d'appréciations sur les artistes et sur les œuvres qu'il est utile ou inutile de mentionner. Je dois seulement faire observer ici, à propos de Waterloo, dont les excellentes gravures sont si généralement admirées, que je l'ai omis uniquement par le motif que ni Harzen, l'éminent critique d'art, ni moi, nous n'avons jamais rencontré de tableaux authentiques de ce maître, de sorte que nous doutons même qu'il ait fait des tableaux sa principale occupation. Dans la description des œuvres citées à part je n'ai pu m'attacher que très-rarement aux détails.

Bien qu'il soit intéressant de relever toutes les particularités, même dans les tableaux de genre, comme le fait Bürger dans ces livres pleins de verve où il consacre, par exemple, quelquefois jusqu'à deux pages à la description d'un tableau d'Adrien Vande Velde, on comprend qu'un manuel ne comporte pas ces détails : il perdrait son caractère et prendrait de trop grandes proportions. En règle générale, j'ai dû me contenter pour chaque œuvre d'apprécier succinctement sa valeur intrinsèque, de faire ressortir le caractère du maître et d'indiquer les modifications que le talent de celui-ci subit aux différentes phases de sa carrière. Il m'est permis d'attribuer

à ce travail un avantage qui le place au-dessus de tous
ceux qui ont traité des écoles de peinture dans leur
ensemble. C'est que j'ai vu de mes yeux, à fort peu
d'exceptions près, que j'ai eu soin d'indiquer, tous les monuments sur lesquels je base mes jugements. Je dois pré-
venir une objection : le lecteur trouvera peut-être que ce
manuel, comparé aux ouvrages analogues sur les
écoles italiennes, ne contient pas suffisamment de notices
sur les artistes célèbres et sur les œuvres remarquables
des époques primitives, et qu'il offre peu de renseignements certains sur l'histoire et la biographie des peintres
des écoles postérieures; la raison en est que l'historien
de la peinture en Allemagne et dans les Pays-Bas se
trouve dans des conditions beaucoup moins favorables
que celui qui travaille sur les écoles d'Italie. Qu'on me
permette, en effet, d'exposer leur situation respective. Les
deux sources principales où l'histoire de l'art puise tous les
documents, ce sont d'abord les monuments encore sub-
sistants et ensuite les écrits qui fournissent des notices
sur leurs auteurs. Or, diverses circonstances ont contribué
à réduire en Allemagne et dans les Pays-Bas le nombre
des monuments de la peinture qui avaient une certaine
importance; il ne reste que de rares fragments des
œuvres antérieures à 1420, et même le nombre des tableaux de cette époque jusqu'à 1550, comprenant ainsi
toute l'école des Van Eyck et des maîtres allemands depuis Martin Schongauer et Michel Wohlgemuth jusqu'à
Albert Dürer et Hans Holbein, paraît extrêmement restreint si on le compare à la richesse primitive de l'art. Déjà

la rudesse du climat, les fortes variations de la température
en automne et au printemps ont également exercé une
action funeste sur beaucoup de peintures. Un grand nombre de ces anciens tableaux ont enfin péri par suite de la
réforme, là du moins où avaient prévalu les doctrines des
réformateurs suisses, comme dans les Pays-Bas et en
Suisse (¹), doctrines qui ne permettaient pas qu'on ornât les
temples de peintures (²). Dans les contrées catholiques de
l'Allemagne et des Pays-Bas la prépondérance de l'art
moderne n'exerça pas une influence moins pernicieuse ;
du temps de Rubens cette prépondérance était justifiée
jusqu'à un certain point, mais dans les Pays-Bas et en
Allemagne elle prévalut jusqu'au XVIIIᵉ siècle, époque
de la plus complète décadence de l'art, et bannit des
églises les anciennes traditions artistiques (³). Un nombre

(¹) Dans les contrées au contraire où la réforme adopta les
doctrines de Luther, comme à Breslau et en Saxe, non-seulement les églises conservèrent la plupart des autels catholiques,
mais on y ajouta de nombreux tableaux, presque tous l'œuvre
de Louis Cranach et de son école. C'est donc à tort qu'on impute
à la réforme, d'une manière générale, la destruction des tableaux
et des œuvres d'art.

(²) Dans les Pays-Bas, ce fut exclusivement l'œuvre des
Iconoclastes, dont les excès commencèrent au mois d'août 1566.

(³) Cette observation s'applique particulièrement, pour les
Pays-Bas, à Bruxelles où les Iconoclastes ne sévirent pas, et
pour l'Allemagne, à l'église Saint-Étienne de Vienne et à la cathédrale de Freisinger, où la réforme n'avait pas pénétré : la
rareté des vestiges de tableaux de l'époque primitive dans la
première de ces villes et leur absence complète dans les deux
autres en offrent une preuve frappante.

également très-considérable de tableaux de ces époques primitives disparurent dans les longues guerres des Pays-Bas avec l'Espagne, au XVIe siècle, dans les guerres avec la France, au XVIIe siècle, dans la guerre de trente ans en Allemagne; les uns furent anéantis, les autres volés et dispersés à l'étranger. Le peu d'estime qu'on en faisait au XVIIIe siècle n'a pas peu contribué non plus à accumuler ces ruines artistiques. La connaissance des auteurs de la plupart de celles de ces œuvres qui ont échappé à toutes ces influences désastreuses est devenue, d'un autre côté. très-difficile, à cause de cette circonstance qu'en général elles ne sont pas signées ou qu'elles le sont d'un simple monogramme dont la signification dans la plupart des cas s'est complétement perdue. Quant aux monuments écrits de l'histoire de la peinture en Allemagne et dans les Pays-Bas, ils n'ont guère de valeur ; les plus anciens sont les rares notices que nous fournissent les livres italiens ([1]), principalement l'ouvrage de Vasari. Tandis que cet auteur publia ses *Vies des peintres* vers 1550 et qu'il remonte dans ses biographies jusqu'au XIIIe siècle, l'ouvrage de Ch. Van Mander, le premier qui

---

([1]) Ainsi on trouve dans le livre de Facius. *De Viris illustribus*, écrit en 1455 et 145.., les plus anciens renseignements sur Jean Van Eyck et sur Rogier Van der Weyden l'aîné. De même, un journal de voyage du commencement du XVIe siècle, publié seulement par Morelli en 1800, sous le titre de *Notizie d' opere di disegno* (Bassano, 1800), fournit quelques notices sur les tableaux de ces deux maîtres et de quelques autres de l'école de Van Eyck.

contienne une étude plus détaillée des peintres allemands
et hollandais, ne parut qu'en 1604 (¹) et ne remonte pas
au delà du commencement du XV° siècle, jusqu'à Hubert
Van Eyck.

Tout incomplet et tout insuffisant qu'il est sous plusieurs rapports, cet ouvrage est resté la principale
source pour les maîtres des grandes écoles jusque vers la
fin du XVI° siècle, et il occupe une place incomparablement supérieure à celle de l'ouvrage le plus ancien qu'on
ait écrit en Allemagne sur l'histoire de la peinture : je veux
parler de l'*Académie allemande* de Joachim de Sandrart,
publiée seulement en 1675. Pour les peintres hollandais et
même pour la plupart des maîtres allemands jusqu'à la fin
du XVI° siècle, cet ouvrage ne contient guère qu'une médiocre traduction de Van Mander, dont il n'est même souvent qu'un abrégé incomplet. Cependant les notices de
Sandrart sur ses contemporains sont en général vraies et
très-précieuses. Le livre de Corneille de Bie (²), publié en
1661 et 1662, contient quelques bonnes notices sur les
artistes des Pays-Bas. Malheureusement les historiens de

(¹) *Het Schilderboeck*, etc. (*le Livre des peintres*, etc.), door
Carel Van Mander, Haarlem, 1604, chez Paschier Van Werbusch,
1 vol. in-4°. Les vies des peintres flamands et allemands forment seulement une partie du livre (p. 196-300). Mes citations
renvoient à la deuxième édition, aussi in-4°, publiée en 1618 à
Amsterdam.

(²) *Het Gulden Cabinet van de edel fry schilderkonst (le Cabinet d'or de l'art libéral de la peinture)*, 1661-1662. Antwerpen.
1 vol. in-4°.

cette seconde époque, qui implique la renaissance de l'art des Pays-Bas au XVIIe siècle, Arnold Houbraken(¹) et Campo Weyermann (²), sont extrèmement défectueux. Les notices qu'ils n'ont pas empruntées aux ouvrages de Van Mander et de Debie sont aussi incomplètes que fautives : on n'y trouve qu'un verbiage oiseux semé d'anecdotes fausses et souvent même calomnieuses pour la mémoire des artistes. Jean Van Gool (³), qui continua l'ouvrage de Houbraken, est sans doute encore un guide peu sûr en ce qui concerne les peintres antérieurs, mais au moins a-t-il laissé plusieurs notices utiles sur ses contemporains. Les fameuses *Biographies des peintres* de Descamps (⁴) ne sont qu'une compilation des livres précédents que l'auteur, faute de connaître la langue hollandaise, n'a pas même compris partout comme il fallait : aussi les défauts qu'on reproche aux premiers ont-ils passé dans son ouvrage en

(¹) *Groote Schouburg der Nederlandsche kunstschilders en schilderessen (le grand théâtre des peintres hollandais)*, 1718. Amsterdam. 3 vol. in-8°.

(²) *Levensbeschryvingen der Nederlandische kunstschilders en schilderessen (Biographie des peintres hollandais)*, 's Gravenhaage, 1729, 4 vol. in-4°. On ne s'étonnera pas de voir que cet auteur surpasse encore Houbraken en calomnies et en injures, quand on saura qu'il finit ses jours en prison, pour les libelles qu'il faisait profession d'écrire.

(³) *De nieuwe Schouburg der Nederlandische kunstschilders en schilderessen (le nouveau théâtre des peintres hollandais).* 's Gravenhaage. 1750. 2 vol. in-8°.

(⁴) *La vie des peintres flamands, allemands et hollandais.* Paris, 1753. 4 vol. in-8°.

s'aggravant même par cette circonstance que lorsqu'il ignore l'année de la naissance d'un peintre, il y substitue en marge celle d'un autre peintre contemporain, pour donner au moins une approximation chronologique. La plupart des écrivains qui ont utilisé le travail de Descamps comme une source originale ont ainsi pris les dates placées en marge pour les dates réelles des naissances. C'est un reproche qu'on peut faire, surtout pour les peintres du XVIIe siècle et du XVIIIe, à l'ouvrage de Fiorillo (¹) qui contient cependant des matériaux précieux pour l'histoire de l'époque primitive, et aux dictionnaires artistiques de Füssli (²), Bryan (³), Pilkinton (⁴) et Nagler (⁵). J. Immerzeel (⁶) est tombé dans le même panneau, mais au moins a-t-il réfuté avec le mépris qu'elles méritaient les grossières calomnies de C. Weyermann, et il a donné quelques excellentes

(¹) *Geschichte der zeichnende Künste in Deutschland und den Vereinigten Niederlanden* (*Histoire des arts du dessin en Allemagne et dans les Pays-Bas*), Hanovre. 1815-1820. 4 vol. in-8".

(²) *Allgemeines Künstlerlexicon* (*Dictionnaire universel des artistes*), Zurich. 1810-1820. 3 vol. in-folio.

(³) *Dictionary of painters and engravers* (*Dictionnaire des peintres et des graveurs*), Londres. 1816. 2 vol. in-4°.

(⁴) *Dictionary of painters* (*Dictionnaire des peintres*), in-4°, Londres. 1810.

(⁵) *Neues allgemeines Künstler-Lexicon* (*Nouveau dictionnaire universel des artistes*), Munich. 1835-1852. 22 vol. in-8°.

(⁶) *De levens en de werken der hollandsche en vlaamsche kunstschilders, beeldhouwers, graveurs en bouwmeesters* (*la vie et les œuvres des peintres, statuaires, graveurs et architectes hollandais et flamands*), Amsterdam. 1842.

notices. L'ouvrage de Rathgeber est une compilation très-habile ([1]). Enfin la continuation de l'ouvrage d'Immerzeel par Kramm, publiée à Amsterdam en 1859, ne manque pas de mérite.

Lorsque, dans les premières années de notre siècle, on commença à apprécier en Allemagne la grande importance des monuments artistiques du moyen âge, grâce aux écrits de Louis Tieck et de Frédéric Schlegel, et qu'on comprit le besoin de les étudier d'une manière plus approfondie, on ne tarda pas à s'apercevoir de ce double empêchement : la rareté des tableaux et la pénurie des documents historiques relatifs à la peinture. On s'appliqua alors à rechercher les tableaux des époques primitives, jusque vers 1550, et à les réunir dans des collections. Ce mouvement fut fécond en heureux résultats; on rassembla de la sorte une foule d'œuvres excellentes : la collection Boisserée, entrée plus tard dans la galerie royale de Munich, celle d'Édouard Solly, qui forme aujourd'hui une partie considérable de la galerie de Berlin; celle du chevalier Van Ertborn, léguée ensuite au musée d'Anvers et enfin la collection Abel, de Stuttgard, dont le gouvernement wurtembergeois vient de faire l'acquisition; mais toutes ces collections ne possèdent encore que de très-rares échantillons de la peinture de 1380 à 1550. Il en était de même de la peinture murale dont les monuments sont si importants, mais souvent si dégradés,

([1]) *Annalen der niederländische Malerei* (*Annales de la peinture des Pays-Bas*), Gotha, 1842, in-fol.

et que l'on a découverts sous le badigeon des vieux édifices et surtout des édifices religieux. En partie pour acquérir une connaissance artistique plus complète et mieux coordonnée des époques primitives, en partie pour avoir l'intelligence des époques un peu postérieures, on eut recours aux miniatures qui décorent si richement les manuscrits du VIIIᵉ au XVIᵉ siècle. Par le caractère de l'écriture et les personnes pour lesquelles ils furent écrits, ils fournissent des points de repère plus ou moins certains pour la chronologie. Le mérite d'avoir le premier frayé cette route revient à d'Agincourt, dont on connaît le grand ouvrage (¹). C'est une source à laquelle je ne me suis pas fait faute de puiser dans mes ouvrages sur les trésors de l'art à Paris et en Angleterre, aussi bien que dans un travail inséré dans le *Deutsche Kunstblatt* de 1850. Dans les uns et les autres, j'ai donné une indication détaillée d'un nombre considérable de manuscrits à miniatures. En Allemagne enfin, Kugler a suivi la même voie. Pour accroître autant que possible la somme des faits fournis par les rares notices historiques, on a encore feuilleté les poëtes, les historiens, les chroniques des villes et des monastères, pour y glaner quelques passages relatifs à des peintres ou à des tableaux : on a même été jusqu'à fouiller dans ce but l'ennuyeux fatras des livres des gildes et des registres d'églises, les archives et les anciens comptes. Le résultat le plus intéressant de cette espèce de recherches est l'ouvrage de Merlo sur les artistes de

---

(¹) *Histoire de l'art par les monuments*, 3 vol. in-fol. Paris.

Cologne (¹). Après 1820, lorsqu'on commença à s'intéresser en Belgique à la grandeur de l'école nationale des Van Eyck, on s'y livra à des investigations analogues. On vit s'y distinguer d'abord De Bast, Delepierre et Van Lockeren, qui furent bientôt suivis par Wauters, Schayes, De Sloop, Goetgebuer, l'abbé Carton et Ed. Van Even (²). Je ne dois pas omettre ici quelques noms étrangers, tels que celui du Danois Gaye (³), dont le livre contient d'excellentes notices, importantes surtout pour l'art italien. Mais le trésor le plus riche en documents est sans contredit l'ouvrage du comte Léon de Laborde (⁴), fruit d'une étude minutieuse des différentes archives des anciens ducs de Bourgogne.

Enfin surgit le besoin de baser sur la connaissance détaillée de ces tableaux et sur les notices éparses qui s'y

( ) *Nachrichten von dem Leben und den Werken kölnischer Künstler* (*Notices sur la vie et les œuvres des artistes colonais*). Cologne, 1850, 1 vol. in-8°.

(¹) Les résultats de leurs recherches ont été publiés dans le *Messager des sciences et des arts en Belgique* (Gand), et dans le *Bulletin de l'Académie royale des sciences et des beaux-arts de Belgique*. D'autres écrivains de mérite ont consacré leur savoir à des travaux du même genre dont on trouvera l'analyse dans l'introduction du catalogue du musée d'Anvers (1857 ; ce catalogue, que j'ai utilisé moi-même, contient d'excellentes notices historiques sur la vie des peintres.

(³) *Carteggio d' artisti*, Firenze, 1839-1840, 3 vol. in-8°.

(⁴) *Les Ducs de Bourgogne*, Paris, 1849, In-8°. Il n'a encore paru que trois volumes des six dont cet ouvrage doit se composer.

rattachaient des travaux historiques plus ou moins étendus et qui portassent le caractère scientifique qui avait
jusque-là manqué aux écrits de ce genre. Je fus le premier, dès 1822, à m'engager dans cette voie nouvelle ;
je publiai à cette époque un livre sur les frères Van
Eyck (¹), où je m'efforçais de démontrer, d'après l'état
actuel des connaissances acquises sur ces maîtres, l'importance de leur rôle non-seulement dans les Pays-Bas
mais dans l'Europe entière. Cette tentative fut continuée
un peu plus tard en Allemagne par Schnaase (²), Passavant (³), Kugler (4), Hotho (⁵) et Jakob Burkhardt (⁶). En

(¹) *Uber Hubert und Jan Van Eyck*, Breslau, 1812, 1 vol.
in-8°. J'ai rectifié ou complété beaucoup de passages de ce livre
dans de longues dissertations qui ont paru dans le *Kunstblatt*
et le *Deutsches Kunstblatt*.

(²) *Niederländische Briefe (Lettres des Pays-Bas)*, Stuttgardt,
1834. Ce livre renferme des aperçus très-ingénieux qui comprennent même les tableaux des époques plus récentes.

(³) D'abord à la fin de son *Voyage artistique en Angleterre*
(Francfort, 1833, 1 vol. in-8°), puis dans de longs articles du
Kunstblatt et du *Deutsche Kunstblatt;* recemment enfin dans
son livre de l'*Art chrétien en Espagne*. Leipzig, 1853, 1 v. in-8°.

(4) Dans ses *Manuels* et dans plusieurs endroits de ses *Opus-
cules*. Stuttgardt, 1854, 3 vol. in-8°.

(⁵) *Die Malerschule Huberts Van Eyk (l'École d'H. Van Eyck)*,
Berlin, 1855 et 1858, 2 vol. in-8°. L'auteur remonte jusqu'à
1250 et considère la peinture dans ses rapports avec l'état civil
et religieux des diverses époques. Ce serait l'ouvrage le plus
important sur cette matière, s'il était complet.

(⁶) Deuxième édition du *Manuel de la peinture* de Kugler,
revue par l'auteur, Berlin, 1844. 2 vol. in-8° et le *Cicerone*.

Belgique. la même pensée inspira le livre d'Alfred Mi-
chiels, sur l'histoire de la peinture dans les Pays-Bas (¹).
C'est surtout une compilation très-habile de toutes les
recherches antérieures connues, et il va jusqu'à la fin du
XVIᵉ siècle. Un mémoire de M. Héris, couronné par
l'Académie royale de Belgique, sur les frères Van Eyck
et leur école (²). s'appuie principalement sur les travaux
allemands que j'ai cités plus haut. Enfin. le savant Italien
M. G. B. Cavalcaselle, tirant très-habilement parti de tous
les matériaux recueillis jusqu'en 1857 et de l'examen
particulier qu'il avait fait des principaux chefs-d'œuvre,
a publié avec l'Anglais Crowe une histoire spéciale de
l'ancienne école flamande (³). C'est un travail très-complet, bien que je ne puisse me rallier à toutes les opinions
de ses auteurs. La critique trouve à y reprendre sous un
autre rapport : c'est qu'on ne sait pas toujours si les auteurs jugent les tableaux dont ils parlent d'après leurs
propres observations ou d'après celles d'autrui.

Lorsqu'on s'aperçut en Belgique des bases fragiles sur
lesquelles s'appuyait toute la connaissance de la seconde
époque de la peinture néerlandaise au XVIIᵉ siècle, on
commença à s'y livrer à des recherches analogues qui
ont déjà produit des fruits précieux et qui en promettent

(¹) *Histoire de la peinture flamande et hollandaise.* Bruxelles.
1845-1846. 3 vol. in-8°

(²) *Histoire de l'école flamande*, Bruxelles, 1856. 1 vol. in-4°.

(³) *The Early Flemish Painters* (*Les anciens peintres flamands*).
Londres, Murray, 1857, 1 vol. in-8°. Il en a paru une traduction
française avec notes. Bruxelles, 1864, 2 vol. in-8°.

davantage encore pour l'avenir. MM. De Laet, Van Lérius, Gérard et de Burbure se sont occupés avec beaucoup de succès de cette époque (¹). On peut citer à côté de leurs travaux les remarquables biographies de peintres publiées par M. Ed. Fétis dans les *Bulletins de l'Académie royale de Belgique*. Malheureusement la Hollande est restée en arrière dans ce mouvement ; ces recherches, si intéressantes pour ses écoles et pour ses maîtres, ne s'y sont pas généralisées autant qu'en Allemagne et en Belgique. Cependant il y existe quelques écrits de ce genre, qui méritent des éloges ; le principal est celui de l'archiviste d'Amsterdam sur Rembrandt, le docteur P. Scheltema (²), qui a répandu un jour tout nouveau sur la vie et le caractère de ce grand maître. Les travaux de M. T. Van Westrheene sur Jean Steen (³) méritent aussi une mention honorable. Les écrits périodiques de ce pays enfin ont publié quelques monographies précieuses.

Les descriptions et les appréciations d'un grand nombre de tableaux de cette époque forment un contingent respectable ; le catalogue de John Smith (⁴), entre autres, con-

---

(¹) Voyez pour ces notices les monographies particulières, le *Messager des sciences historiques de Belgique*, et le *Catalogue* du musée d'Anvers, 1857.

(²) Cet ouvrage, publié d'abord en langue hollandaise (Amsterdam, 1853), a été traduit en français par **M. W. Bürger (Thoré)**, et enrichi de notes (*Revue universelle des arts* et tirés à part, Bruxelles).

(³) *Jan Steen, Études sur l'art en Hollande*. La Haye, 1856, 1 vol. in-8°.

(⁴) *A Catalogue raisonné of the works of the most eminent*

tient les détails les plus étendus sur un certain nombre de
maîtres, la plupart les plus renommés dans leur sphère.
L'auteur fait preuve dans ses jugements artistiques d'une
science éclairée et la critique lui pardonne aisément
quelques erreurs de détail en considération de la richesse
et de la bonté de ses vastes matériaux. Deux ouvrages de
M. C. J. Nieuwenhuys (¹) renferment aussi des notices
extrêmement importantes sur un nombre restreint de
peintres. On trouvera encore dans mes *Trésors d'art* à
Paris (²) et dans la *Grande-Bretagne* (³) l'appréciation critique de beaucoup de tableaux d'une foule de maîtres : je
citerai dans le même ordre d'idées les différents ouvrages
de madame Jameson (⁴).

*Dutch, Flemish and French painters (Catalogue raisonné des
œuvres des meilleurs peintres allemands, flamands et français).*
London. 1829-1842, 9 vol. in-8°.

(¹) *A Review of the lives and works of some of the most eminent
painters (Revue de la vie et des œuvres de quelques peintres
célèbres)*, London, 1834, 1 vol. in-8°, et *Description des tableaux
de S. M. le roi des Pays-Bas*, Bruxelles, 1843, 1 vol. in-8°.

(²) *Kunstwerke und Künstler in Paris (OEuvres d'art et
artistes à Paris)*, Berlin, 1839, 1 vol. in-8°.

(³) *Treasures of art in Great Britain (Trésors de l'art en
Angleterre)*, London, 1854, 3 vol. in-8°, et *Galleries and Cabinet
of art in Great Britain, Supplement*, London, 1857, 1 vol. in-8°.
J'en ai fait le quatrième volume des *Trésors de l'art.*

(⁴) *A Handbook to the public galleries of art in and near
London (Manuel des galeries publiques de Londres et des
environs)*, 1 vol. in-8°, et *Companion to the most celebrated
private galleries of art in London (Guide des plus célèbres
galeries privées de Londres)*, Londres, 1844.

Un Français enfin , W. Bürger (M. Thoré) s'est voué
depuis quelque temps à des travaux analogues sur la même
époque (¹); ce travailleur érudit, s'appuyant principalement
sur l'étude approfondie des tableaux et des monogrammes
ou marques distinctives qu'ils portent, ainsi que sur l'esthétique et sur l'histoire qu'il a enrichie de beaucoup de
faits nouveaux et de rectifications, a tiré parti de tous
ces matériaux dans ses divers ouvrages, pour asseoir
enfin sur une science solide les bases d'une histoire complète de cette grande école.

En passant ainsi en revue les travaux tant anciens que
modernes qui se rattachent à l'histoire de la peinture en
Allemagne et dans les Pays-Bas, j'ai indiqué en même
temps les sources auxquelles j'ai puisé dans la confection de ce manuel et celles auxquelles pourront re-
courir ceux qui auraient l'intention de faire des recherches plus approfondies sur ce sujet. Beaucoup d'autres qui
n'ont qu'une valeur de détail sont également citées dans
les endroits qu'elles concernent. Plusieurs motifs m'ont
engagé à ne pas poursuivre jusqu'à l'époque actuelle l'histoire de la peinture et des artistes de ces deux pays : pour
porter un jugement sain et impartial sur les artistes et sur
une époque de l'art, il faut que cette époque et ces artistes
appartiennent au passé ; on s'expose autrement à bien des

(¹) *Trésors d'art exposés à Manchester*, Paris, 1857, 1 vol.
in-8°. *Musées de la Hollande, Amsterdam et La Haye*, Paris,
1858. *Musées Vander Hoop et de Rotterdam*, Paris, 2 vol. in-8°,
Galerie d'Arenberg à Bruxelles, 1859. Paris, Bruxelles et Leipzig, 1 vol. in-8°, *Galerie Suermondt à Aix-la-Chapelle*.

préventions pour ou contre, dont les contemporains des artistes ne peuvent s'affranchir, et la postérité seule a le droit de négliger des considérations dont on ne peut équitablement se dispenser envers un artiste vivant. J'ai d'ailleurs remarqué souvent que les amateurs de la peinture ancienne, à qui ce manuel est spécialement destiné, s'intéressent assez peu à l'art contemporain ; les personnes instruites en connaissent d'ailleurs si bien le caractère général, qu'il serait superflu d'y revenir ici : indépendamment de ces motifs, une étude plus minutieuse nous eût conduit à augmenter notablement le volume et le prix de notre livre.

Je terminerai en faisant remarquer que ce livre n'est pas écrit pour le petit nombre des savants et des curieux, mais pour la masse des amateurs et des artistes qui veulent acquérir quelques notions concises des grandes écoles, et à cette classe de lecteurs je me permettrai de donner un conseil que m'a suggéré ma propre expérience. Je leur recommande donc, à la première lecture, après avoir pris connaissance de l'exposé des caractères généraux de chaque époque qui forme le commencement des différents chapitres, de s'arrêter seulement aux maîtres auxquels leur importance a fait consacrer des notices plus détaillées et de suivre la même marche s'ils veulent appliquer, en visitant les galeries, les données que leur fournit cet ouvrage. En effet, dans la connaissance de l'art il importe surtout de bien s'assimiler d'abord certaines impressions capitales. Alors seulement on s'intéressera aux maîtres secondaires et on les comprendra, tandis que si on prétendait les embrasser tous dans un même coup d'œil, il en résulterait de la confusion et même des erreurs qui troubleraient toute l'économie et le plaisir des études.

Afin qu'on puisse suivre l'histoire complète des deux écoles dans leur ensemble, j'ai placé à la fin de l'ouvrage un aperçu qui la résume brièvement. Deux tables, l'une des noms des maîtres, l'autre des tableaux cités et des lieux où ils se trouvent, permettront au lecteur de trouver sans peine tel peintre ou telle œuvre qu'il désire.

Je me propose de publier un travail analogue sur les autres écoles, particulièrement celles de l'Italie et de la France, dont les chefs-d'œuvre me sont assez connus par les nombreuses excursions que j'ai faites dans ces deux beaux pays. S'il m'est donné de pouvoir de même visiter l'Espagne, et d'acquérir une égale connaissance de ses trésors de peinture, je clôturerai la série de ces traités par un manuel de la peinture espagnole.

Berlin, septembre 1861.

L'Auteur.

NOTE DE L'ÉDITEUR.

Nous joindrons au dernier volume de cet ouvrage un appendice contenant plusieurs additions et rectifications, basées sur de récentes recherches soit de l'auteur, soit de quelque autre écrivain.

MANUEL

DE

L'HISTOIRE DE LA PEINTURE

EN ALLEMAGNE ET DANS LES PAYS-BAS.

LIVRE I.
800-1250

CHAPITRE PREMIER.
ANCIENNE ÉPOQUE CHRÉTIENNE-BYZANTINE. 800-1150.

Pas plus en Allemagne que dans les Pays-Bas on ne retrouve les traces de l'art de peindre, antérieurement à l'introduction du christianisme. Charlemagne, qui s'efforça de répandre dans ses vastes domaines quelques éléments de la civilisation antique, fit orner ses palais et la cathédrale d'Aix-la-Chapelle de mosaïques et de peintures murales. Les mosaïques de la coupole représentaient un sujet traditionnel, le Christ assis sur son trône, entouré d'anges, et les vingt-quatre anciens de l'Apocalypse, lui tendant leurs couronnes. Les peintures du palais retraçaient l'histoire de Charlemagne, les exploits des guerriers francs et les arts libéraux. Le château d'Ingelheim, sur le Rhin, renfermait aussi de riches décorations du même genre. Dans la chapelle, des scènes de l'Ancien et du Nouveau Testament rangées dans l'ordre chronologique ; dans la salle des festins, les gloires de quelques grands hommes de l'antiquité, tels que Ninus, Cyrus, Phalaris, Romulus, Annibal, Alexandre ; de l'au_tre côté, les empereurs Constantin et Théodose, les victoires de Charles Martel sur les Frisons, la conquête de l'Aquitaine par Pepin, les Saxons domptés par Charlemagne et enfin la glorification de l'empereur lui-même.

Quoiqu'il ne reste aucun vestige de ces fresques, des miniatures du temps, placées dans des manuscrits et exécutées par ordre de l'empereur, nous donnent une idée du style de ces œuvres. On retrouve dans les sujets religieux les types de l'art chrétien primitif, mais la roideur du dessin, la gaucherie de la composition et la crudité de la couleur trahissent le travail d'une époque encore à demi barbare. Nous pouvons en conclure que les sujets profanes, pour lesquels le peintre était dépourvu de modèles et qui exigeaient souvent une grande vivacité d'action, devaient offrir un aspect des plus grossiers. La façon d'étendre la lumière et les ombres, à l'aide du pinceau, en gros traits, sur le même ton général, comme dans les miniatures, est empruntée à la peinture antique. Le type de certaines physionomies, les plis étriqués et maigres des draperies, les dorures des costumes, le ton vert des ombres et l'usage fréquent du vermillon et du bleu pur révèlent l'influence de l'art byzantin.

Les manuscrits ornés de miniatures auxquels nous faisons allusion sont les suivants :

Un Évangéliaire, à la Bibliothèque impériale, à Paris. — Il contient les quatre Evangélistes. — Le Christ sous les traits d'un jeune homme, donnant la bénédiction d'après le rite de l'Église grecque. — La fontaine de vie, sous la forme d'un édifice octogone entouré de cerfs, de paons et d'autres oiseaux. Les têtes sont d'un ovale allongé, les yeux grands et ouverts, les tempes très-arquées au-dessus des yeux, les nez étroits mais à larges narines (¹). Ce manuscrit, d'après un poëme latin qu'il renferme, fut écrit par un moine nommé Gottschalk, qui probablement était aussi l'auteur des enluminures. Il est certain, d'ailleurs, qu'à peu d'exceptions près, l'art de peindre ne fut guère pratiqué jusqu'au XIIᵉ siècle que par les religieux, qui possédaient à cette époque le monopole de toutes les sciences.

Un Evangéliaire (supplément latin, n° 686) de la Bibliothèque impériale de Paris, beaucoup plus riche que le précédent, ayant appartenu à l'église de Saint-Médard, à Soissons. Les peintures, y compris les sujets déjà décrits, et l'Église chrétienne, représentée comme un édifice, dénotent un artiste beaucoup plus habile. Deux des Evangélistes, notamment, sont d'un dessin très-mouvementé (²).

(¹) Voir, pour de plus amples détails, mon ouvrage *Kunstwerke und Künstler in Paris*, p. 234.

(²) Voy. *Kunstwerke und Künstler in Paris*, p. 237.

Un Evangéliaire, à la Bibliothèque communale de Trèves. Les quatre Evangélistes, représentés en jeunes hommes sans barbe, révèlent un artiste plus habile encore. Les détails ont un vrai caractère de grandeur et d'inspiration religieuse. On trouve même de la noblesse dans les traits de saint Mathieu. Les ornements qui encadrent les canons et les initiales dans ces manuscrits, attestent pourtant un art beaucoup plus avancé que les figures. On constate ici deux éléments très-distincts, l'élément *antique* très-pur qui se retrouve principalement dans les génies, les animaux, les acrotères, et dans l'ornement appelé *à la grecque*, et l'autre, de source *irlandaise*, qui se déploie dans le goût vraiment original des traits marquant les divisions et les espaces, ainsi que dans les formes des dragons et des serpents, premiers symptômes de l'élément fantastique du moyen âge, et rendues avec une perfection surprenante. Cette forme particulière de l'art, qui continua de se développer dans les couvents irlandais depuis le VIe siècle, fut répandue par des missionnaires dans les diverses contrées de l'Europe ; en France et en Souabe par saint Colomban, en Suisse par son disciple saint Gall, en Franconie par saint Kilian, en Belgique par saint Liévin, en Frise par saint Willebrord (¹).

Dans les manuscrits exécutés pour Charlemagne, l'emploi des plus riches couleurs, notamment de la pourpre,

(¹) Voyez mon supplément au *Manuel de l'histoire de la peinture*, de Kugler, dans le *Kunstblatt* de 1850, p. 83.

et l'application fréquente de l'or et de l'argent, concourent à fusionner ces deux éléments, l'antique et l'irlandais, en un système d'ornementation où la plus grande
magnificence se joint à un goût aussi original qu'attrayant
et à une admirable perfection technique. On retrouve ici le
sentiment architectonique que la race germanique porta
plus tard dans ses édifices à un si haut degré de splendeur.

Aussitôt que la France et la Germanie, sous les petits-
fils de Charlemagne, deviennent des États distincts, nous
voyons l'art se revêtir dans chacun d'eux d'un caractère
spécial. Aussi je ne me propose de considérer la forme de
l'art en France qu'au point de vue de son influence sur
l'art germanique. Dans cette école française on voit l'influence de l'art byzantin s'évanouir, quoique l'on y re-
connaisse encore des traces des types de l'art chrétien
primitif. En même temps, pendant le IXe siècle, un élément barbare se révèle. Il éclate dans le caractère des
têtes, des nez, d'une longueur et d'une grosseur mons-
trueuse, dans le ton rouge brique des chairs, dans la
grossièreté du style. L'ornementation des initiales et des
bordures conserve un caractère beaucoup plus élevé. Les
spécimens les plus remarquables de l'époque sont les
Bibles de Charles le Chauve, au Louvre et à la Bibliothèque royale de Munich, précédemment au couvent de
Saint-Emmeran, à Ratisbonne, et la Bible de l'empereur
Charles le Gros à l'église de Saint-Calixte, à Rome (¹).

(¹) On l'y fait passer par erreur pour la Bible de Charlemagne.
Voir mon Essai mentionné ci-dessus, *Kunstblatt*, 1850, p. 92,
et *Kunstwerke und Künstler*, etc., p. 258.

Dans une autre série de miniatures appartenant à des manuscrits français on reconnaît une tendance anglo-saxonne , mais celle-ci n'ayant exercé aucune influence sur l'art en Allemagne, je n'ai pas à m'en occuper.

La première catégorie des monuments de ce genre conservés en Allemagne se compose de dessins à la plume, fort grossiers, dont les draperies ont conservé des traits du caractère antique. De ce nombre sont les miniatures du manuscrit de l'an 814, provenant du couvent bavarois de Wessobrunn et déposé aujourd'hui à la bibliothèque de Munich. Ce manuscrit contient la fameuse Prière de Wessobrunn, l'un des premiers spécimens de la langue allemande. Il est orné de seize petites images représentant l'*Invention de la vraie croix par l'impératrice Hélène*.

Traduction des Evangiles en vers allemands, entreprise au IXe siècle par Ottfried, moine du couvent de Weissenburg en Alsace, aujourd'hui à la bibliothèque impériale à Vienne. Deux images, le *Crucifiement* et le *Dimanche des Rameaux*, probablement du même moine, occupent chacune une page entière. Le Christ a un aspect juvénile ; il est représenté se tenant droit sur la croix et encore vivant. L'expression de douleur de la Vierge et de saint Jean est heureusement rendue par une attitude animée. Au-dessus, dans deux cercles, sont les figures du soleil et de la lune contemplant le Christ et prêtes à se voiler la face de leurs vêtements. Une troisième image, représentant la Cène, est une œuvre postérieure, beaucoup plus grossière et due à la même main que l'addition des huit apôtres, sur l'image du dimanche des Rameaux : au point de vue de l'art, ces ouvrages sont dépassés de beaucoup par une image du Christ représenté comme sauveur du monde, à la page 369 d'un manuscrit de la bibliothèque du couvent de Saint-Gall (n° 877) qui contient la grammaire de Donat et d'autres écrits du même genre. L'attitude est aisée et noble ; les proportions sont gracieuses, les bras parfaitement dessinés, et les draperies très-bien rendues dans le style antique. Cette peinture, qui date du IX° siècle, prouve quelle perfection avait atteinte de bonne heure l'école artistique de ce monastère.

La seconde catégorie de miniatures conservées en Allemagne se compose de sujets exécutés à la gouache avec un très-grand soin. On y distingue des types antiques, mais aussi, et surtout au X° siècle, la très-puissante influence de l'art byzantin. Le principal spécimen de ce genre, remontant au IX° siècle, est un Psautier, n° 23, de la bibliothèque de Saint-Gall. Parmi les scènes de l'Ancien et du Nouveau Testament, un Christ d'un type juvénile et David jouant du psaltérion, sont les plus remarquables. Pour ce qui concerne les initiales, ce manuscrit est le plus admirable échantillon que je connaisse de l'art allemand et doit être placé sur la même ligne que les Bibles de Charles le Chauve.

Un Evangéliaire, plus riche en dessins coloriés, se trouve à la bibliothèque de la cathédrale de Trèves : les initiales, les attributs des Évangélistes, l'usage de certaines couleurs y trahissent l'influence de l'école irlandaise. Le caractère de quelques ornements révèle la manière des manuscrits de l'école française, auxquels j'ai fait allusion plus haut, tandis que le ton général et certains types font songer au style byzantin. Un nommé Thomas se dit l'écrivain et probablement il a fait quelques-unes des images qui sont évidemment l'œuvre de plusieurs mains. Il y a lieu de croire que le codex fut exécuté au couvent de Saint-Gall.

La prospérité dont jouit l'Allemagne, de 919 à 1066, sous les empereurs des maisons de Saxe et de Franconie, a laissé ses traces dans la seule forme survivante de la peinture, les miniatures des manuscrits. Parmi les artistes de ce temps figurent en première ligne plusieurs évêques. Les anciens types sont reproduits à la gouache avec une incontestable habileté, mais à côté d'eux on remarque des traits d'invention originale. Fréquemment aussi, et surtout à l'époque du mariage de la princesse grecque Théophanie avec l'empereur Othon II en 972, nous reconnaissons une forte saveur byzantine. L'un des traits caractéristiques de l'art allemand pendant cette période et la suivante, est l'usage de la couleur verte, aussi chère aux Allemands que l'azur aux Français. On possède un très-grand nombre de manuscrits à miniatures de cette époque. Je n'en citerai que quelques-uns. Un codex, n° 338 de la bibliothèque de Saint-Gall, contenant un antiphonaire, un sacramentaire, et d'autres rituels, est très-important pour l'histoire de l'art suisse, mais incomplet au commencement et à la fin. Un *Crucifiement* et une *Descente du Saint-Esprit* portent la signature d'un moine appelé Gottschalk qui est pour son temps un excellent artiste. Les motifs sont heureux, le dessin assez correct. Dans le procédé large et qui rappelle la manière antique, on rencontre çà et là des demi-tons ([1]).

Un autre Evangéliaire, écrit tout entier de la main de saint Ulric, évêque d'Augsbourg, et déposé à la bibliothèque royale de Munich, nous offre un des spécimens les plus remarquables de l'école de Souabe. Les images des quatre Evangélistes, peintes probablement de la main de l'évêque lui-même et celle de l'archange Michel avec le dragon, sont débarrassées, à l'exception du ton des chairs, de toute influence byzantine et respirent le sentiment de l'art chrétien primitif, rendu avec une rare habileté. La crudité des couleurs seule et le défaut d'intelligence dans les plis des draperies révèlent un élément nouveau, caractéristique de l'époque.

Le Musée britannique possède (Mss. Harléiens, n° 2970) un Evangéliaire dû au même auteur. Le caractère artistique en est le même ; les couleurs seulement sont d'un ton plus clair ([2]).

Comme spécimen de l'art bavarois, nous citerons un

([1]) *Kunstblatt* de 1850, p. 92.

([2]) *Kunstblatt* de 1850, p. 98. V. aussi *Trésors de l'Art dans la Grande-Bretagne*, vol. I, p. 196.

Evangéliaire orné des figures des quatre Evangélistes, provenant du monastère de Tegernsee, aujourd'hui à la bibliothèque royale de Munich (n° 31). Dessin exact, draperies très-simples, exécution soignée, telles sont les qualités de ce manuscrit.

En tête de la collection nombreuse qui représente l'école franconienne se place un Evangéliaire, écrit vers l'an mil et conservé à la bibliothèque de Munich (IV. 2. b.). Les peintures sont intéressantes, en même temps par le choix du sujet et par l'exécution. L'influence byzantine se traduit très-nettement chez l'artiste qui a exécuté la *Nativité*. Une autre main, à laquelle est due la composition énigmatique de la page 5, nous donne un échantillon très-complet du style particulier aux manuscrits exécutés à Bamberg, et ornés de miniatures par ordre de l'empereur Henri II (1002 à 1024). Quelques-uns de ces manuscrits se trouvent encore à la bibliothèque de Bamberg, d'autres à Munich. Un caractère tout spécial les distingue des autres productions de la peinture allemande de cette époque. En dépit d'une grande incertitude et d'une extrême rudesse d'exécution, les œuvres carlovingiennes accusent toujours un sentiment vrai de la forme, les proportions générales du corps humain y sont respectées, les grandes lignes de la draperie bien rendues. Dans les manuscrits de Bamberg, toutes ces qualités disparaissent. On y voit des figures trop longues, des formes arbitraires et fantastiques, des têtes aux contours exagérés. Le système de coloration diffère également. L'empâtement disparaît et nous le voyons remplacé par ce procédé sec qui devient désormais spécial à la miniature. A ce caractère se joint une exécution précise et bien finie, formant un contraste frappant et cette fois avantageux avec le faire large mais incertain de la période carlovingienne. Plus étonnant encore est le jeu vraiment fantastique de la couleur, qui se déploie surtout dans les fonds de ces enluminures. Des bandes de couleur délicate s'entrelacent harmonieusement derrière les figures, et produisent à l'œil le plus ravissant effet. A côté de ces défauts et de ces qualités techniques, il nous faut signaler encore des idées ingénieuses représentées sous des formes symboliques, appropriées à l'enfance de l'art et enfin, en dépit de l'imperfection du dessin, une expression très-vive dans le geste et l'attitude des personnages.

Ces observations seront rendues plus claires par la description des enluminures d'un de ces manuscrits, de la bibliothèque de Munich (B, n° 2), qui renferme une collection des Évangiles.

Après les canons par lesquels débutent ordinairement ce genre de manuscrits, et dont les colonnes sont encadrées par des piliers supportant des arches, une composition allégorique indique le contenu général du livre : au centre, devant un arbre dont il tient une branche de la main gauche, se tient le Christ enfermé dans un arc-en-ciel elliptique. Dans sa droite est le globe, symbole de la souveraineté. L'arbre a des feuilles, en forme de champignons et des fruits rouges de petite dimension ; c'est sans doute l'arbre de la science, dont les branches, d'après la tradition, ont servi à construire la croix, ce qui explique qu'on l'ait représenté ici. Dans les quatre coins arrondis de l'arc-en-ciel se trouvent, à droite du Christ, le soleil, une tête rouge ornée de rayons ; à gauche, la lune, bleue, avec le croissant ; au-dessous Uranus, une tête de vieillard d'une teinte gris bleu, et au-dessus une figure brune de femme, la Terre, demi-nue et tenant le tronc de l'arbre. Dans les angles extérieurs se dessinent les quatre symboles des Évangélistes portés par des sirènes d'un ton verdâtre. Ces dernières, comme l'explique le texte, représentent les quatre fleuves du paradis, qui alimentent tous les fleuves de la terre, et d'après la tradition symbolique, représentent en même temps les quatre Évangélistes. L'arc-en-ciel, avec ses coins arrondis, est encadré de bandes d'or. Le fond à l'intérieur est vert-olive, à bords d'un vert bleuâtre ; la partie qui se trouve au dehors violette, se fondant en rose vers le haut, et en vert à la partie inférieure. En tête de chacun des textes on voit, suivant l'usage, la figure de l'Évangéliste assis devant son pupitre. Chacune de ces figures est placée entre deux colonnes qui supportent une légende horizontale, surmontée d'une arche qui renferme les attributs de chaque Évangéliste et une figure relative au sacrifice du Christ. Ici encore nous rencontrons des allusions ingénieuses ; ainsi à la droite du lion de saint Marc, le Christ est représenté surgissant de la tombe, avec la croix, tandis que l'Évangéliste lève les mains et la tête, d'un air de profonde surprise, expliqué par l'épigraphe suivante :

« Ecce leo fortis transit discrimina mortis :
Fortia pacta stupet Marcus qui nuntia defert. »

saint Luc, au contraire, au-dessus duquel on voit un agneau mourant, baisse les yeux et laisse tomber la légende qu'il vient d'écrire. Dans d'autres manuscrits on trouve plutôt des sujets tirés de l'histoire sainte dont le dessin paraît plus grossier, parce que les figures seules peuvent donner le sens de la composition.

Un autre ouvrage, orné de nombreuses images, dont quelques-unes sont intéressantes, est le manuscrit d'un missel appartenant à la même bibliothèque et offert par l'empereur Henri au chapitre de Bamberg, à l'occasion de son couronnement, en 1002.

Les manuscrits suivants fournissent des traits importants de l'histoire de la peinture en Saxe :

Un Evangéliaire dans le trésor de l'église de Quedlinburg, probablement offert par l'empereur Henri Ier. On peut supposer que les peintures du palais de ce prince à Mersebourg, et représentant sa victoire sur les Hongrois, étaient conçues dans le style des miniatures de ce manuscrit.

Un Evangéliaire à la bibliothèque impériale de Paris (supplément latin, n° 667), probablement écrit pour l'empereur Othon II (974-983) est d'une grande valeur artistique comme spécimen du style ci-dessus indiqué, bien que se ressentant fortement de l'influence byzantine ([1]).

Un Evangéliaire également écrit pour Othon II, précédemment au couvent d'Echternach, aujourd'hui à la

([1]) *Kunstwerke und Künstler in Paris*, p. 266.

bibliothèque ducale de Gotha. Quelques-unes des images sont traitées dans la manière peu attrayante des miniatures françaises du IXe siècle. A ces réserves près, le manuscrit d'Echternach peut être placé au premier rang pour la valeur des peintures et la richesse des encadrements et des initiales (¹).

Trois Evangéliaires dans la sacristie de la cathédrale de Hildesheim. Les miniatures de ces manuscrits ont beaucoup d'analogie avec celles du missel de Bamberg, quoique d'une exécution un peu plus grossière. Elles sont l'œuvre de saint Bernward, évêque de Hildesheim (993-1022), bien connu comme peintre.

L'art westphalien est représenté par deux Evangéliaires appartenant à la bibliothèque de la cathédrale de Trèves. Les figures du premier (no 139) qui remonte à 950, sont très-inférieures aux miniatures de l'Allemagne rhénane et méridionale. Les initiales et les ornements, au contraire, dénotent une grande habileté. Le second manuscrit, beaucoup plus précieux, renferme des miniatures de l'an 1000, tandis que la couverture est ornée de ciselures d'ivoire du Xe siècle et d'émaux du XIIe.

Un Evangéliaire, exécuté pour l'évêque Egbert, de Trèves (978-993), aujourd'hui déposé à la bibliothèque de cette vieille cité, donne une idée très-favorable de l'état de la peinture dans les contrées rhénanes. Il contient cinquante - sept grandes images tracées par six mains différentes. Presque toutes sont d'une composition très-

---

(¹) Rathgeber, *Description du musée ducal de Gotha*, p. 9, etc.

heureuse et révèlent dans les principaux sujets et dans le dessin des draperies un louable respect de la tradition antique. La *Naissance du Christ* en constitue un spécimen. L'imitation du type byzantin ne se retrouve que dans un petit nombre de ces peintures.

Un splendide Evangéliaire, de la bibliothèque de l'université de Prague, révèle l'existence d'un style analogue en Bohême. Ici l'on s'écarte parfois des types traditionnels. Ainsi, dans le *Baptême,* le Jourdain est représenté sous la forme d'un jeune homme qui verse de l'eau sur la tête du Christ. C'est là une conception particulière à la Bohême (¹).

Dans les Pays-Bas, à en juger par les rares spécimens de manuscrits illustrés de cette époque, le caractère de l'art était à peu près le même, quoique moins perfectionné.

Un Évangéliaire de la bibliothèque royale de La Haye, qui peut remonter à l'an 900, dénote, malgré des formes et une coloration grossières, une très-puissante influence de l'art irlandais. Les portraits du comte Thierry II de Hollande, de sa femme Hildegarde et le saint Albert qui les recommande au Sauveur, appartiennent à la seconde moitié du Xe siècle, époque à laquelle ce manuscrit fut offert par ces deux personnages à l'abbaye d'Egmont. Les figures sont de simples traits à la plume, d'une forme tout à fait primitive, mais intéressante en ce qu'elle indique les premiers essais d'un style original tout différent de l'imi-

(¹) *Kunstblatt,* 1850, p. 129.

tation des anciens types qui devenait de plus en plus machinale.

Un Evangéliaire, provenant de l'église de Saint-Jacques, à Liége, aujourd'hui à la bibliothèque de Bourgogne (n° 18,383), à Bruxelles, et remontant au X° siècle, exécuté tout entier à la gouache, d'un effet clair et harmonieux, est plus riche en peintures et d'une exécution plus soignée.

Plus riche et plus précieux encore est un Evangéliaire de la même bibliothèque (n° 9428), du commencement du XI° siècle. Les peintures, quoique plus grossières, offrent le même style et les mêmes types que celles du manuscrit d'Egbert, de Trèves, décrit plus haut. Les tons violets des chairs et toute l'échelle brillante et lumineuse des couleurs révèlent une affinité remarquable avec les miniatures de Bamberg, exécutées pour l'empereur Henri II, montrant ainsi combien, en ce temps-là, cette forme de l'art était répandue.

Dans la seconde moitié du XI° siècle et probablement par suite des graves désordres publics qui troublèrent le règne de l'empereur Henri IV, on constate une stagnation dans les progrès de la peinture en Allemagne. A côté du style de l'époque précédente — (l'usage des couleurs à la gouache, dont le ton général trahit plus ou moins l'influence byzantine) — on remarque ces simples contours, rehaussés d'une très-légère enluminure, qui s'écartent de la manière byzantine. D'autre part, tandis que la tradition primitive se perd, on ne voit se produire aucune conception neuve et originale. On retrouve toujours les figures isolées de la Vierge, du Christ, des Saints, des scènes de l'Écriture et ces représentations symboliques particulières au génie du moyen âge. Dès le commencement du XIIe siècle, on découvre cependant un progrès modéré qui se soutient jusque vers 1150.

En voici quelques exemples :

Un Evangéliaire du monastère d'Altaich, près Straubing, en Bavière, aujourd'hui à la bibliothèque de Munich. La figure du Christ donnant la bénédiction et celle de saint Marc, sont remarquables ; l'ensemble d'une exécution très-soignée.

Un Evangéliaire de la bibliothèque de Munich, provenant du couvent de Niedermünster à Ratisbonne. C'est à tous égards un des manuscrits les plus riches de cette époque, et très-important à cause des sujets qui y sont représentés. Les ornements des marges et des initiales rappellent la manière du XIe siècle. Je ne puis examiner ici que quelques-unes des nombreuses images qu'il renferme. Sur la feuille 2a, on voit, dans un cercle, la Vierge avec l'enfant, qui bénit, selon le rite de l'Église romaine, l'abbesse offrant le livre et entourée d'autres figures en adoration. La tête de l'abbesse n'a aucun caractère individuel. La feuille suivante, 3a, représente la *Mort vaincue par le sacrifice de Jésus-Christ*. Au centre, le Christ, d'après le type des mosaïques, avec une barbe plus longue que de coutume et des proportions allongées, sur une croix d'or, revêtu d'une robe de pourpre. Un peu plus bas, des deux côtés de la croix, se tiennent la Vie et la Mort. La Vie porte une robe bleu-clair et un manteau rose ; elle lève au ciel ses mains et ses regards. La Mort, pâle, les cheveux plats, la figure à demi voilée, une profonde blessure au cou, le corps à moitié nu et grossièrement vêtue s'affaisse sur sa lance brisée. Un dragon, qui sort du pied de la croix, cherche à mordre cette figure au bras. Des deux côtés, des figures plus petites ; au-dessus le soleil et la lune voilés. A droite, la Nouvelle Alliance, sous les traits d'une femme couronnée, portant l'étendard de la victoire et la coupe eucharistique. A gauche, l'Ancienne Alliance, la figure cachée par la marge, tenant en main la légende de la loi et le couteau du sacrifice. Au bas, à droite, la Résurrection des morts ; à gauche, le temple, dont le voile s'est déchiré.

Plus loin dans le manuscrit, en tête de chaque évangile, on voit la figure de l'Évangéliste surmontée du symbole habituel, et au-dessous l'un des quatre fleuves du paradis, représenté sous la forme d'un homme nu. Les deux cornes ont été ajoutées plus tard, de même que le dessin en tête de l'évangile de saint Mathieu, où l'on voit Géon vidant son urne sur une plante en fleur.

Une page très-remarquable est aussi celle qui représente la naissance du Christ. Dans le champ carré de l'un des angles, on voit l'empereur Auguste, en tunique bleue et manteau de pourpre, un cercle d'or mat en guise de couronne, dictant à un jeune scribe l'édit du « dénombrement » (saint Luc, II, 2), qui motiva le voyage de Joseph et de Marie à Bethléem. Une conception particulière à l'art allemand de cette époque, est celle qui nous montre l'enfant Jésus dans la crèche, sous une couverture, et la sainte Vierge à côté, dans un lit. Le type des têtes, à longs nez, larges narines, yeux grands ouverts, sourcils arqués, bouche bien formée, et ovale plein, est moins vide et moins nul que celui des manuscrits du temps d'Henri II. Les proportions, en général, sont allongées; celles des mains et des pieds souvent justes, mais parfois les mains sont trop grandes et les pieds trop petits. Plusieurs des physionomies sont vraies et parlantes; dans les draperies, par contre, il y a de la roideur et les ombres sont faiblement indiquées. Le tout est d'une facture précise et nette.

On trouve des spécimens de cette manière dans le psautier de la bibliothèque de Saint-Gall (n° 21), orné par Notger, abbé de Saint-Gall, surnommé Labeo ou Teutonicus. Les images sont d'une exécution très-grossière pour l'époque.

Les miniatures néerlandaises de ce temps ressemblent dans les parties les plus essentielles aux miniatures allemandes, seulement le plus ou moins d'éclat de la surface indique le mélange de la gomme avec les couleurs. Les miniatures de la seconde partie de la Vulgate, au Musée britannique (*suppl.*, n° 17,738) offrent un exemple de ce procédé. Quelques-unes des couleurs seulement, le vermillon et le vert, sont appliquées tout à fait pures. Le sujet symbolique fol. 2^h, révèle surtout un artiste habile.

On trouve un autre spécimen dans le commentaire de saint Grégoire sur le livre de Job (bibliothèque impériale, Paris, Sorbonne, n° 257), orné de sujets d'une grande animation. Les peintures de la moitié du livre étant inachevées, on distingue parfaitement le procédé technique. Les contours sont dessinés à la plume avec beaucoup d'art, les couleurs appliquées ensuite et les détails ajoutés dans un ton plus foncé, à l'aide du pinceau.

CHAPITRE II.

L'ÉPOQUE BYZANTINO-ROMANE.

1150-1250.

—————

A partir du milieu du XIIe siècle, un progrès, non interrompu pendant cent années, se manifeste dans tous les arts, en Allemagne et aux Pays-Bas. La peinture passe par degrés des mains des moines à celles des laïques. Le champ des sujets religieux se développe et s'élargit, et pour la première fois nous voyons dans son développement complet l'opposition des types correspondants de l'Ancien et du Nouveau Testament. Le sentiment romantique de cette période se révèle tout d'abord dans les récits des légendes de Charlemagne, de la Table Ronde et des

Niebelungen , et se traduit ensuite dans l'illustration de ces œuvres. Alors on voit apparaître tous les détails extérieurs de la vie chevaleresque, armures, armes, costumes dessinés d'après les modèles de la vie quotidienne. A côté de ces images fantastiques, dont la représentation fréquente des scènes de l'Apocalypse est un exemple, fleurissent les idées joyeuses qui trouvent une expression si féconde et si pittoresque dans les sculptures grotesques des églises romanes, dans maintes peintures comiques, à l'intérieur des couvents (¹), et dans les miniatures de l'époque. L'habitude de représenter dans le calendrier les travaux de chaque mois amena la reproduction des scènes de la vie usuelle. Enfin les figures d'animaux, servant d'illustrations à l'histoire naturelle d'Aristote, ainsi qu'aux écrits sur la chasse et la fauconnerie, devinrent très-populaires. Dans les sujets religieux, toutefois, on retrouve l'influence de l'art byzantin, mais sous une autre forme. Au lieu de perpétuer les types atrophiés de la vieille école, les peintres du jour commencèrent à comprendre le mérite de ces créations originales, et leur propre sentiment les féconda. On constate fréquemment de la beauté et de la grâce dans les attitudes, et la maigreur byzantine des têtes fait place à une certaine ampleur de forme. Dans quelques sujets particuliers seulement, tels que le Crucifiement, la tradition byzantine continue à dominer. Les sculptures, qui ornaient l'extérieur et

(¹) Cela résulte des doléances de saint Bernard. Voir ses OEuvres, vol. I, p. 545.

l'intérieur des églises romanes contribuèrent beaucoup à maintenir le style étriqué des draperies, le caractère dramatique et parfois violent des attitudes. Les artistes s'attachèrent à rendre les émotions par le geste ; ils empruntèrent les costumes à la vie réelle. L'application de la gouache fut portée à une haute perfection. Jusque vers 1200, les couleurs sont en général, comme dans les peintures byzantines qui servaient de modèles, brisées à l'aide de tons clairs ; plus tard, les couleurs deviennent plus sombres, et les fonds de couleur envahissent peu à peu le ciel d'or. Dans la prédominance des contours précis et généralement noirs, dans l'art de fondre les couleurs, se révèle un nouveau principe. En même temps l'esprit germanique éclate d'une manière plus frappante encore dans les figures à contours pâles, remplies à l'aide de teintes très-légères. A quelques exceptions près, la peinture de ce temps ne se retrouve que dans les miniatures de manuscrits, dont je vais décrire les plus remarquables :

Un psautier, dans la bibliothèque du prince Wallerstein à Mahingen, près de Nördlingen, appartient au début de cette période ; il renferme un calendrier illustré des travaux de chaque mois. En mars on voit les semailles, en septembre les vendanges, en novembre la fabrication de la bière. Les sujets religieux sont empreints d'un caractère byzantin très-prononcé ; toutefois la Vierge de la *Nativité*, et le Christ montrant ses blessures, ont un caractère noble et grandiose. Les teintes sont claires.

Un manuscrit très-important, sous tous les rapports, est celui que Herrad de Lansberg, abbesse du couvent de Hohenburg, a rédigé, de 1159 à 1175, et fait orner d'un grand nombre de miniatures. Ce manuscrit, qui porte le titre de « *Hortus deliciarum* » et renferme des extraits des Pères de l'Église et d'autres ouvrages, a été conservé au couvent de Hohenburg, jusqu'à la révolution; aujourd'hui il est déposé à la bibliothèque de l'université de Strasbourg. Les tendances de l'abbesse à tout subordonner à la religion la portaient à insérer, dans les récits de la Bible, tout ce qui, dans ce temps-là, composait la somme du savoir, depuis la création du monde jusqu'au jugement dernier. Il en résulte que, outre les sujets religieux usuels, ces miniatures en représentent une foule d'autres, en partie du domaine de la mythologie païenne, et en partie allégoriques, d'un caractère particulier au moyen âge. En même temps, le but instructif est clairement accusé, entre autres par des figures qui s'écartent des formes humaines, de manière à rappeler les idoles indiennes. Ainsi, la philosophie est représentée par une femme à trois têtes dont la signification se trouve expliquée par les trois légendes « *ethica, logica* et *phisica* » (sic). Pour représenter la liaison entre l'Ancien et le Nouveau Testament, la figure principale est à deux têtes, dont l'une sous les traits de Moïse et l'autre sous ceux du Christ. La même tendance à instruire par les images se révèle encore dans cette particularité que, non-seulement tous les événements de la vie de Jésus-Christ, mais encore les détails de chacune de ses paraboles y sont représentés. C'est ainsi, par exemple, que dans la parabole des invitations au banquet, on a

figuré les différentes excuses des invités : l'un montre la
métairie qu'il vient d'acheter, l'autre, les cinq paires de
bœufs qui se trouvent là, en nombre exact ; un troisième,
la femme qu'il vient d'épouser. Plusieurs d'entre les sujets
bibliques, et notamment les têtes de Jésus-Christ, de
saint Jean-Baptiste et des apôtres, saint Pierre et saint
Paul, sont conformes aux types chrétiens primitifs. Pour
les femmes et les jeunes hommes, le type adopté est assez
agréable. Les physionomies, en général, manquent d'expression. L'agitation la plus vive est à peine rendue,
et, en fait de qualités morales, la perversité est exprimée par un ricanement. Parmi les nombreuses in-
ventions particulières à l'époque, quelques-unes sont
heureuses, comme par exemple celle de l'Orgueil, richement vêtu et arrivant à cheval en brandissant une lance.
Le cheval, cependant, est lourd et mal exécuté, de même
que les autres chevaux qu'on rencontre dans le même
ouvrage. Quelque défectueux que soit le dessin, les inten-
tions sont néanmoins clairement indiquées. Les représentations de combats, toutefois, sont traitées grossièrement.
Il est digne de remarque que l'ancienne méthode de personnifier les phénomènes de la nature et les qualités morales se soit conservée à cette époque, après un intervalle
de plusieurs siècles. Ainsi, dans le baptême de Jésus-Christ,
nous retrouvons le Jourdain, avec les attributs des fleuves
mythologiques, l'air et l'eau représentés par Éole et Nep-
tune, le jour et la nuit sous la forme de deux femmes et
cette dernière même avec le voile flottant en demi-cercle
au-dessus de la tête, comme sur les anciennes miniatures

byzantines. Une des images les plus curieuses est la dernière, qui représente la fondation du couvent : le Christ, la Vierge et saint Pierre prennent la baguette d'or qui leur est offerte par le duc Eticho, à genoux, symbolisant le don des biens qui doivent servir à doter la fondation. Les portraits de l'abbesse Herrad et de ses 60 nonnes n'ont aucun caractère d'individualité. Les teintes sont vigoureuses et la peinture à la gouache traitée avec soin et netteté.

La bibliothèque de la cathédrale de Trèves renferme un riche et précieux Evangéliaire écrit vers 1260. On y trouve une représentation très-soignée et très-originale de l'arbre de Jessé et d'autres images symboliques, rendues dans un style fort curieux, avec de nombreuses inscriptions. Nous y remarquons aussi des personnifications païennes, entre autres les fleuves.

La bibliothèque de Hambourg (nº 85) possède un psautier écrit vers la même époque, probablement dans la contrée rhénane, et qui nous donne la mesure des forces de l'art allemand dans ces temps primitifs. Parmi les sujets très-curieux qu'il renferme, nous citerons la manière dont l'enfant Jésus caresse la Vierge dans la *Présentation au Temple*, et l'image de la Madone et de l'Enfant qui occupe une page entière, et dont la grandeur de style fait penser à la Madone de Guido de Sienne.

A la bibliothèque d'Aschaffenburg (nº 3), nous trouvons un Evangéliaire probablement écrit à Mayence vers la même époque, l'un des documents les plus précieux du temps, par le nombre des images et la finesse de l'exécution (¹). Nous citerons surtout le *Sermon sur la Montagne*.

Un psautier, écrit de 1193 à 1216, pour le landgrave bien connu Herman de Thuringe, et transporté du couvent de Weingarten à la bibliothèque privée du roi de Wurtemberg à Stuttgard, est d'une haute importance pour l'histoire de la peinture en Saxe à cette époque. Les images, peu nombreuses, occupent une page entière. Traitées dans le style byzantin indiqué ci-dessus, elles appartiennent à la catégorie la plus remarquable des miniatures allemandes de ce temps. Il faut signaler aussi la *Trinité* dont Dibdin a donné le fac-simile (²).

Dieu le père, représenté d'après le type des mosaïques, tient devant lui le Christ en croix, rendu d'après le même type et dans la manière byzantine. Les deux figures sont dans un losange d'or entouré d'un bord aux couleurs de l'arc-en-ciel. Une autre image non moins remarquable est celle de la Descente du Christ aux enfers. Elle offre, ainsi que la précédente, un beau spécimen du genre. La roideur des modèles byzantins est vivifiée et adoucie d'une manière très-heureuse.

L'élément germanique se révèle d'une manière plus frappante encore dans les belles illustrations du calendrier.

Dans les bustes du landgrave et de Sophie sa femme, nous voyons enfin une faible apparence d'individualité. Les initiales, surtout le B majuscule, sont également

---

(¹) *Kunstwerke und Künstler in Deutschland*, vol. I, p. 377.

(²) *A bibliographical Tour*. III, p. 158. Voir aussi KUGLER, *Museum* de 1814, nº 13, p. 97.

d'une belle invention et d'une exécution riche et splendide. Ce style plus indépendant de l'influence byzantine ;
cette manière tantôt de se borner au trait, tantôt de colorier
légèrement, se sont surtout développés dans la haute Bavière, ainsi que le prouvent divers manuscrits enluminés
de cette façon. A cette catégorie appartient le manuscrit du
poëme allemand de la *Vie de la Vierge,* par Werenher,
diacre du couvent de Tegernsee, écrit en 1173 et appartenant à la bibliothèque de Berlin. C'est avec
raison que Kugler ([1]) loue dans ces dessins la naïveté de
certains groupes, représentés comme les bienheureux,
dans des attitudes tranquilles, en même temps que l'expression saisissante des groupes plus animés, tels que les
damnés, et les mères de Bethléem se lamentant sur la
mort de leurs enfants.

Nous signalerons comme également importants les dessins de quelques manuscrits du moine Conrad, du couvent
de Scheyern, exécutés vers le milieu du XIIIᵉ siècle. La
bibliothèque royale de Munich possède plusieurs ouvrages
illustrés par lui, entre autres un livre des Evangiles et un
autre de la Bible ([2]). Au commencement du premier manuscrit figurent plusieurs grands sujets de l'Apocalypse,
qui reflètent avec une grande vérité les tendances fantastiques de l'esprit du temps. Le Crucifiement d'autre
part est traité dans le style byzantin. Les dessins sont
d'un mérite d'exécution très-inégal. quelques-uns fins

([1]) Dissertation *de Werinhero.* Berlin, 1831.
([2]) Bibl. Munich. Cod. lat. membr. e. p. nº 7. b. c ; nº 13, a, *Museum,* 1834, nº 21, p. 165.

et brillants, d'autres rudes et grossiers. Une copie de l'histoire de la philosophie scolastique de Petrus Comestor se distingue par les figures des sept arts libéraux, parmi lesquels la musique est représentée sous les traits d'une femme, jouant du carillon, et par les images des philosophes anciens. La première image, celle de la Vierge sur son trône, est exécutée avec soin à la gouache.

On trouve un spécimen remarquable de la peinture en miniature de ce temps au cabinet d'estampes de Berlin : c'est l'*Archange Michel terrassant le drajon*, exécuté vers 1250.

Des poëmes de chevalerie sont illustrés de la même façon, témoin un manuscrit de l'Eneïde, par Henri de Veldeck. Ce livre, venu de la Bavière, figure à la Bibliothèque royale à Berlin. Nous citerons encore deux manuscrits de *Tristan*, par Godefroid de Strasbourg, et de *Perceval*, par Wolfram von Eschenbach. Ceux-ci, malgré l'expression des gestes, ont dans l'ensemble une physionomie rude et peu artistique.

Un psautier de la bibliothèque de Bamberg (n° 232), et incontestablement exécuté dans cette ville, pendant la première moitié du XIIIe siècle, nous offre une gamme de tons plus sombre. A l'exception de quelques rares exemples qui rappellent le style byzantin, les quatorze grandes images sont admirablement composées, sur des sujets originaux, et d'une exécution technique des plus habiles.

Le petit nombre de peintures murales de cette époque

qui subsistent encore se distinguent parfois par des inven-
tions ingénieuses, d'un caractère symbolique, et d'un
mouvement heureux. L'exécution toutefois ne va pas
au delà d'un contour grossier, avec quelques légères com-
binaisons de lumières et d'ombres. Rien ne permet de
supposer que les spécimens disparus de cet art primitif
et dont l'existence est prouvée aient différé de ceux que
nous connaissons (¹). Je dirai quelques mots des plus remarquables de ceux qui existent encore. Les peintures
des 24 compartiments du plafond, dans l'ancien couvent
de Brauweiler, à trois lieues de Cologne, exécutées vers
1200, représentent le pouvoir de la Foi, d'après un passage du 11ᵉ chapitre de l'épître aux Hébreux. Au centre
de la composition figure un Christ colossal peint en
buste. Dans les autres compartiments apparaissent ceux
qui durent leur salut à la foi, tels que Marie-Madeleine et
le bon larron ; les martyrs de la foi, tels que Daniel et
sainte Thècle ; ceux qui luttèrent pour elle , tels que
Samson et saint Hippolyte, tous deux d'une remarquable
beauté d'attitudes.

Nous trouvons dans un passage du poëme de Perceval,
par Wolfram d'Eschenbach, écrit vers 1200, la preuve

(¹) Voir la notice sur les tableaux du couvent des Benedict-
beuren en Bavière, dans FIORILLO, *Histoire de la peinture en
Allemagne*, vol. I, p. 178, etc... Les évêques Burchard de Halberstadt, Othon de Bamberg et Uffo de Mersebourg, firent orner
de peintures les murailles de leurs églises. Vid. HOTHO. *L'École
de Hubert Van Eyk*, vol. I, p. 42.

que de bonne heure la peinture fleurit à Cologne (¹). Voici
ce passage :

> Comme le dit notre récit,
> Aucun peintre de Cologne ni de Maestricht
> N'aurait pu le peindre plus avenant
> Qu'il était assis sur son cheval.

On trouve des vestiges incomplets de cette école dans le
baptistère de Saint-Géréon à Cologne , où l'on remarque
surtout sainte Barbe, sainte Catherine et un ange et
des fragments d'un saint Laurent et d'un saint Etienne.
Ces peintures remontent à peu de temps après l'érection
de l'église, vers l'an 1227.

Dans l'église de Sainte-Ursule, les *Apôtres* peints sur
ardoise avec la date de 1224, sont, autant que les restaurations permettent d'en juger, traités avec simplicité et
encore dans le style roman. Seulement les retouches leur
ont donné le caractère de l'école colonaise du XVᵉ siècle.

Comme exemple de peintures murales dans les églises
de campagne, je citerai celles de Schwarzrheindorf, près
de Bonn, exécutées sans doute entre 1151 et 1156 (²).

(¹) Voici le passage cité par M. Passavant, p. 403 :
> « Als uns die Aventiure gicht
> Van Chülne noch von Mastricht
> Dechein sciltere entwurf en baz
> Denn' als er ufem orse saz. »

(²) C'est à l'architecte Simons, qui a publié un excellent travail sur cette église, que revient le mérite d'avoir découvert ces
peintures et de les avoir débarrassées de la couche de chaux qui
les recouvrait.

Les figures des saints et des donateurs qui occupent la crypte ont un grand mérite, et l'on y remarque comme dans les *Marchands chassés du Temple*, beaucoup de mouvement et de vie, mais des attitudes forcées.

On rencontre non loin de là, en Westphalie, quelques peintures murales très-curieuses, dont M. Lübke a rendu compte (¹). Celles qui décorent le chœur de la chapelle de Saint-Nicolas, à Soest, représentent le Sauveur, les apôtres et les évangélistes de grandeur naturelle.

Dans ces peintures que Lübke attribue au commencement du XIIIe siècle, opinion que je partage sur la foi des dessins qu'il en a donnés (pl. 28 et 29 de son *Atlas*), il règne, dit-il, « un relief, une vie, un mouvement délicatement nuancé, mais tout emprunté au calme de la statuaire, qu'on ne peut attribuer qu'à une merveilleuse alliance du réel et de l'idéal et qu'il faut regarder comme le couronnement d'une longue succession de progrès antérieurs. » La noblesse des poses, l'agencement intelligent et riche des draperies, le caractère bien déterminé des têtes, confirment ce jugement.

Les peintures que le même artiste a découvertes sous le crépi de l'église de Methler, près de Dortmund, sont peut-être encore plus remarquables en ce qu'elles couvrent les trois absides et les murs des nefs latérales ; elles sont relevées de riches ornements en or et fournissent un curieux spécimen du luxe artistique qu'on se plaisait à déployer alors même dans les églises de village. A en

(¹) Page 322 et suivantes.

juger par le dessin que Lübke donne planche 30 de l'*Atlas*, je suis d'avis comme lui que ces peintures appartiennent au milieu du XIIIᵉ siècle. Elles surpassent encore les précédentes par le caractère imposant de la composition, mais elles leur sont inférieures pour la finesse des détails, bien qu'on y découvre une ébauche d'ombres qui manque dans les premières. Outre les apôtres, on y voit saint Jean-Baptiste, figure très-imposante qu'on retrouve également à Soest, l'Annonciation et divers saints isolés.

Un autre monument de l'art à cette époque, ce sont les peintures qui recouvrent, sur une longueur de plus de cent pieds, le plafond en bois de l'église de Saint-Michel à Hildesheim. Elles comprennent trois séries. Au centre Adam et Ève, Abraham, quatre rois d'Israël, Moïse et la Vierge ; sur les côtés les patriarches, les prophètes et les saints. Ces figures et les ornements qui les entourent se distinguent par une facture passable, une couleur harmonieuse et une grande clarté d'effet (¹).

Les peintures du chœur de l'aile gauche du transept de la cathédrale de Brunswick n'ont guère moins d'importance. Malheureusement une restauration maladroite les a dépouillées de leur caractère original. Sur les murs du chœur, en figures plus grandes que nature sont rangées dans l'ordre symbolique, le sacrifice de Caïn et

---

(¹) On peut se procurer une reproduction admirable de ces peintures en chromo-lithographie, avec le texte, par le Dʳ Krantz, à Berlin, chez Storch et Kramer.

d'Abel, la mort d'Abel, le sacrifice d'Isaac (symbole de la rédemption), Moïse et le buisson ardent ; le serpent d'airain. Sur le plafond, l'idée de la rédemption est plus clairement rendue, par l'arbre de Jessé. La coupole en avant du chœur renferme l'*Agneau mystique*, des scènes de la vie du Christ, depuis la *Nativité* jusqu'à la *Pentecôte* et les *Douze apôtres*. Les images des huit prophètes relient ces épisodes à l'Ancien Testament. Sur la voûte du transept, une main plus exercée a retracé le *Christ* et la *Vierge*, sur leur trône, plus grands que nature, entourés de deux anges de proportions colossales et des vingt-quatre anciens de l'Apocalypse. Sur le mur oriental se trouvent le *Christ dans les Limbes* et l'*Ascension ;* vis-à-vis, allusion bien connue au jugement dernier, la parabole *des Vierges sages et des Vierges folles*. A en juger par le caractère entièrement roman des peintures et de la partie décorative, ce travail a été exécuté avant 1250.

En restaurant, tout récemment, la cathédrale de Bamberg, et en la débarrassant d'une couche de badigeon qui la couvrait depuis plusieurs siècles, on a mis au jour quelques peintures intéressantes, placées dans les niches de l'un des murs du transept du chœur de Saint-Pierre, et appartenant au commencement du XIIIᵉ siècle.

Il faut attribuer encore à la fin de cette période des peintures murales du château de Forchheim, petite forteresse entre Bamberg et Erlangen. Le principal tableau représente l'*Adoration des Mages ;* les autres, le *Jugement dernier*, l'*Annonciation* et les *Prophètes*. La conception en est bonne, mais appartient à la tradition plutôt qu'au peintre ; l'exécution, en revanche, est assez grossière ([1]).

Il y a lieu, enfin, de mentionner ici les peintures représentant des bustes de saints, dans l'église des Bénédictins de Nonnberg, à Salzbourg, peintures que le Dr Heider fait remonter à l'année 1150, ce que semblent confirmer les dessins coloriés qu'il en donne.

En Bohême aussi la peinture revêt, à cette époque, un caractère semblable. L'influence byzantine s'explique ici d'autant mieux que saint Methodius, l'apôtre de la Bohême, était peintre lui-même. Nous citerons à l'appui, d'abord, le manuscrit d'un dictionnaire latin ([2]), au millésime de MCCII, signé du peintre Miroslav et qui se trouve au musée de Prague ; puis les miniatures d'une Bible, dans la bibliothèque du prince Lobkowitz, également à Prague, exécutées vers 1260. On est surpris de trouver ici des tendances à personnifier, par exemple les Ténèbres, sous forme de deux petites figures endormies, et la Lumière, une torche à la main ([3]).

Les tableaux sur panneau, du style byzantin, antérieurs à 1250, sont très-rares en Allemagne. Comme spécimen nous citerons un *Christ assis sur l'arc-en-ciel*, dans un losange, ayant quatre saints à ses côtés. Cette œuvre, placée au musée provincial de Munster, a été enlevée du

([1]) *Kunstwerke und Künstler in Deutschland*, v. I, p. 146, etc...

([2]) V. à ce sujet l'article de Wocel, dans les *Wiener Mittheilungen*, livr. de févr. 1860, p. 33 et 44.

([3]) V. également l'article ci-dessus, p. 148.

couvent de Sainte-Walburge à Soest ([1]). D'après des miniatures datées, elle doit remonter environ à l'an 1200. D'autre part il faut reporter à 1250 un panneau de l'église de Heilbronn, représentant le *Christ trahi*, le *Christ devant Hérode*, la *Résurrection et l'Ascension*, et sur le revers, le *Crucifiement*. Le mérite artistique en est assez médiocre ([2]).

A cause de la rareté de monuments plus importants de cette époque, je mentionnerai encore ici quelques spécimens de tapisserie et de broderie. Ces deux arts trouvèrent une vaste application dans les tapisseries qui ornaient les églises, les tabourets et les siéges, et les habits sacerdotaux des prêtres ([3]). Kugler cite dans le nombre comme très-remarquables, les tapisseries inconnues pour moi de la sacristie de l'église de Quedlinburg ([4]). Elles furent brodées vers 1200, par l'abbesse Agnès, avec l'aide de ses nonnes, pour servir d'ornement aux murs du chœur de cette église. Les sujets allégoriques représentent le mariage de Mercure avec la Philologie (d'après Marcianus Capella). Ils sont de valeur diverse. Quelques-uns sont conçus dans le style du temps; d'autres renferment des figures isolées d'une telle beauté de formes et de pro-

[1] BECKER. Les anciennes peintures allemandes du couvent des Augustines de Sainte-Walburge à Soest. *Museum*, 1835, n° 45, p. 374.

[2] *Kunstwerke und Künstler in Deutschland*, 1, p. 310. HOTHO, *die Malerschule Huberts Van Eyck*, 1, p. 162.

[3] Pour les dessins, voir les ouvrages du chapelain **Bock**.

[4] Voyez *Handbuch der Malerei*, I, p. 171, 2ᵉ éd.

portion, drapées avec tant de noblesse, arrangées avec tant de goût, et tellement dépouillées des irrégularités des anciens types chrétiens, que l'art semble s'y acheminer vers la perfection.

Quoique la peinture sur émail, appliquée aux reliquaires, aux lampadaires, aux encensoirs, dût rester en arrière, à cause de la difficulté de la technique, et ne fournisse pas de types nouveaux, il faut constater cependant que d'après les dernières recherches faites en Allemagne, elle se forma surtout d'après les traditions byzantines. Dans les ornements se révèle une application remarquable et originale du style roman.

La peinture sur verre (¹) joue dans cette période un rôle plus insignifiant encore. Depuis que l'on adapta, au X⁰ siècle, des vitraux peints aux fenêtres des églises, cet art se traduisit, en Allemagne et dans les Pays-Bas, en beaux ornements romans, et en figures humaines isolées. Dans cette époque primitive où l'on joignait à l'aide de plomb les vitraux isolés, une plus grande perfection était impossible, et la peinture sur verre resta un simple ornement architectonique. Telle est l'impression que produisent les saints des vitraux du côté sud de la cathédrale d'Augsbourg, qui, pour la forme et la couleur, correspondent d'ailleurs avec les miniatures de 1200.

La peinture dans les Pays-Bas, à en juger par les quelques manuscrits illustrés qui ont survécu, se rap-

______

(¹) V. M. G. Gessert, *Histoire de la peinture sur verre*, 1839; 8. Fiorillo, *Histoire de la peinture*, I, p. 197. Éméric David, *Histoire de la peinture*, I, p. 79.

4

proche absolument de l'école allemande contemporaine. La tradition byzantine y domine d'une manière plus sensible, à cause de la présence des comtes de Flandre sur le trône de Constantinople. Quelques ouvrages de ce temps révèlent une heureuse animation des motifs des peintures byzantines, et une remarquable habileté technique.

J'en citerai quelques spécimens :

Un missel du Musée britannique (addit. n° 16,949), probablement écrit de 1150 à 1200, d'une grande finesse d'exécution et d'une couleur très-brillante (¹).

Un psautier de la bibliothèque royale de La Haye, spécimen très-précieux, surtout par les scènes du calendrier et la beauté extraordinaire des ornements romans. Ce livre appartient très-probablement à la même époque.

Toutefois le plus remarquable spécimen que je connaisse est un psautier de la bibliothèque impériale de Paris (suppl. français, n° 1,132^{bis}) écrit vers 1200. Dans les nombreuses et admirables peintures qui ornent ce livre, surtout à la page qui renferme le Christ, la Vierge et les Apôtres, la fidélité aux idées byzantines est mêlée de détails empruntés à la vie usuelle. Ce caractère se retrouve dans l'*Annonciation aux Bergers* et dans un combat de cavaliers. Les initiales aussi renferment des traits de figures grotesques (²).

(¹) *Trésors de l'Art dans la Grande-Bretagne*, vol. I, p. 122.
(²) *Kunstwerke und Künstler in Paris*, p. 311. Induit en erreur par des miniatures italiennes du XIVe siècle qui ornent la dernière partie du manuscrit, et par le style byzantin qui dominait en Italie de 1200 à 1300, j'ai alors erronément décrit ce manuscrit comme italien.

Un digne pendant de ce psautier est le manuscrit contenant la plus grande partie de la Vulgate, dans la même bibliothèque (manuscrits latins, n° 116). Quoique beaucoup moins riche, il donne une idée des plus favorables du degré de perfection de l'art à cette époque dans les Pays-Bas.

Malheureusement, à ma connaissance, on n'a conservé dans les Pays-Bas aucun échantillon de peintures murales ou de tableaux de chevalet de cette époque. Cette lacune est surtout regrettable pour la ville de Maestricht, dont les artistes, au dire de Wolfram von Eschenbach, auteur du manuscrit du poëme de Perceval, jouissaient d'une grande réputation.

LIVRE II.
LE STYLE GERMANIQUE.

PREMIÈRE ÉPOQUE (1250-1420).

INTRODUCTION.

L'introduction de l'architecture gothique exerça dans tous les pays où elle s'accomplit régulièrement une influence très-peu favorable sur le développement de la peinture monumentale. Ce style d'architecture, en substituant aux murailles unies une succession de piliers et de fenêtres, enleva à la peinture murale les surfaces planes dont elle avait besoin. La grande hauteur des édifices gothiques faisait de la voûte un terrain perdu. En Italie, il est vrai, les formes écrasées sous lesquelles se produisit l'architecture ogivale laissa aux peintres de la Péninsule ces murs et ces voûtes dont la décoration préta aux Italiens la condition fondamentale du grand développement de la peinture monumentale. Dans les Pays-Bas, comme en Allemagne, les artistes, privés de ce champ pour leurs œuvres, en furent réduits à peindre des tableaux d'autel, dont la vogue s'accrut peu à peu. Là encore ils ne jouirent pas d'une entière liberté. Le panneau central de l'autel, le seul assez spacieux pour recevoir des compositions représentant des figures de grandeur naturelle, était, en grande partie, rempli de sculptures. Quant aux ailes, longues et étroites, l'artiste devait les diviser en deux et y placer par conséquent des figures de proportions très-modestes.

CHAPITRE PREMIER.

PÉRIODE PENDANT LAQUELLE LA PEINTURE SE BORNA PRINCIPALEMENT A L'ENLUMINURE DES CONTOURS.

(1250-1350.)

Pendant cette période l'art accomplit, il est vrai, un progrès, en ce sens qu'il aspire à l'indépendance, qu'il s'affranchit en partie de l'imitation des modèles byzantins, et tout à fait du procédé et de la couleur de cette école. Mais, comme le développement d'un style nouveau exige un certain temps, il se présente d'abord une époque transitoire, dont les productions artistiques sont inférieures à celles qui les ont précédées. Dans les sujets des premières peintures de cette époque prévaut un mélange des formes de la sculpture romane et de la gothique. Dans les suivantes, le sentiment gothique apparaît seul. Les attitudes ont un caractère de convention qui amène parfois une saillie désagréable du corps. La même particularité se remarque dans les draperies, qui, dans les plus anciens spécimens, quoique plus développées que pendant la période antérieure, conservent des plis parallèles. Plus tard, cependant, elles prennent une forme plus forcée, avec des plis séparés et souvent maigres. — Un trait nouveau se produit dans les représentations de l'Éternel, du Christ et de la Vierge ; leur costume traditionnel disparaît ; les anges ont un manteau sur leurs tuniques collantes. Les têtes conservent une forme typique ; au début de la période, elles sont ovales, larges en haut et étroites en bas, les yeux très-ouverts, les nez minces et pointus, les bouches grandes et rabaissées aux angles. Plus tard l'ovale de la face se remplit, le nez devient court et la bouche petite. La laideur et la vulgarité se traduisent désormais en caricatures à nez difformes ; la dépravation morale par un ricanement ; la douleur par l'abaissement des angles de la bouche. Parfois, cependant, on rencontre un effort pour donner aux traits un caractère individuel. En ce qui concerne la couleur, l'abandon de la tradition implique des tons éclatants et criards, parmi lesquels le vermillon et le bleu vif jouent le principal rôle. Les contours noirs de cette époque étant fort maigres, la coloration des joues indiquée tout bonnement par des taches rouges, et les ombres des draperies par une teinte plus sombre, ces peintures ont l'aspect de dessins à la plume, exécutés d'une main très-sure et enluminés de couleurs bigarrées. Aussitôt après 1300 on voit poindre la tendance vers une plus grande harmonie dans la couleur. Elle se révèle par l'usage de tons brisés, roses, bleus, bruns, verdâtres, etc..., et en même temps par un dessin plus soigné et une distribution plus intelligente des lumières et des ombres. Les peintures commencent à ressembler à des tableaux. Les lignes architecturales sont tour à tour gothiques et romanes. Les arbres ont une forme toute conventionnelle, les fonds sont dorés et, de plus, dans les miniatures, tracés en échiquier. Dans cette période comme dans la précédente, nous trouvons souvent des dessins tracés uniquement à la plume, d'un caractère fort original.

A partir du moment où nous sommes arrivés, tous les progrès de l'art procèdent des Pays-Bas, dont la prospérité publique forme un éclatant contraste avec les guerres et les troubles qui désolent l'Allemagne. C'est donc aux Pays-Bas que désormais j'emprunterai toujours mes premiers exemples.

Le plus ancien spécimen que je connaisse d'un sérieux effort d'indépendance est un manuscrit de la Vulgate, en deux volumes in-folio, à la bibliothèque du Séminaire à Liége. Les peintures des initiales placées en tête de chaque livre ne dénotent pas, il est vrai, un artiste bien habile, mais leur date (1248) prouve à quelle époque reculée ce genre fut cultivé dans les Pays-Bas.

De la même époque environ, mais infiniment supérieurs en mérite, sont les dessins à la plume d'un manuscrit de l'histoire française d'Alexandre le Grand (n° 11,040) conservé à la bibliothèque de Bourgogne à Bruxelles. Les nombreuses batailles représentées avec les armes et les costumes du temps en fournissent une idée intéressante, et le peintre a su donner une expression vraiment poétique à la jeune et belle tête d'Alexandre.

Un psautier manuscrit de la même bibliothèque

(n° 8070) exécuté vers 1300 prouve que l'on continua pendant longtemps encore à combiner l'ancien procédé de peinture à la gouache avec le style nouveau. Toute la partie tracée à la plume dénote une exécution large et hardie ; les têtes sont parfois très-expressives et les animaux saisis avec une grande vérité. Dans les facéties répandues à travers l'ouvrage on devine les amusants précurseurs de Teniers et de Jean Steen.

Un autre spécimen non moins remarquable de l'état de la peinture dans les Pays-Bas vers la fin de cette période, nous est offert dans les miniatures exécutées (d'après une inscription) par Michel Van der Borch, en 1332, dans la Bible flamande rimée de Jacques Van Maerlant (Westrenen Museum à La Haye) (¹). Les figures ont ici une expression frappante et dramatique. Ainsi dans la *Création d'Ève*, le sommeil d'Adam est parfaitement rendu, et la physionomie d'Ève ravissante. Dans certaines images, telles que les *Premiers-nés d'Israël livrés aux flots*, les formes ont une merveilleuse ampleur. Les plis des draperies ont acquis une largeur inaccoutumée. La *Nativité* nous offre l'aurore de ce mode de conception réaliste, dans lequel les Pays-Bas allaient devancer tous les pays de l'Europe.

En fait de peintures murales, un seul spécimen de cette époque a été conservé dans l'ancien réfectoire de l'hospice de la Biloque à Gand. On y voit la figure colos-

---

(¹) Voir, pour la description complète, un article de moi, dans le *Kuntsblatt* de 1852, n° 28.

sale du Sauveur sur son trône, bénissant la Vierge, assise vis-à-vis de lui les mains jointes. Derrière eux , trois anges, de bien moindres proportions, supportent un dais. L'encadrement est gothique , et à en juger par le style, ce travail ne doit pas remonter au delà de 1300. Par ses dimensions et le caractère des personnages, il produit un grand effet. Mais le faire est léger, le dessin des pieds et des mains très-faible. — Sur les côtés on voit, en simple contour, la figure de *Saint Jean-Baptiste avec l'agneau montrant le Christ* — et celle de *Saint Christophe avec l'Enfant.*

Dans le nord de l'Allemagne (quoique l'art s'y ressente de l'influence néerlandaise) et plus encore dans le midi, nous trouvons des formes plus gauches , des contours plus rudes et plus grossiers ; les têtes sont trop fortes, et dès l'origine on voit prévaloir les nez trop courts.

Un spécimen de cette influence néerlandaise se rencontre dans un psautier de la collection d'Ambras, à Vienne , probablement exécuté dans quelque couvent westphalien, peu après 1300. Dans 84 cercles se suivent une série de peintures depuis la création du monde jusqu'au jugement dernier. Contours maigres mais d'une rare précision.

Le chœur de la cathédrale de Cologne renferme , sur le mur qui entoure les stalles , un certain nombre de peintures murales. Du côté de l'Évangile ce sont des scènes de la vie de saint Pierre et du pape Sylvestre; du côté de l'Épître, des épisodes de la vie de la Vierge et de la légende des Trois-Rois. Proportions convenables , composition animée, draperies de bon goût, mais têtes de convention et très-peu expressives. Les épais contours rougeâtres et la très-faible indication des ombres placent ces peintures à un degré très-bas de l'échelle. Comme elles ont été sans aucun doute exécutées à l'occasion de la consécration du chœur en 1322, et que le respect voué à ce sanctuaire a dû faire choisir pour ce travail les meilleurs peintres du temps ; comme, en outre, Cologne était le principal centre artistique de l'Allemagne, nous pouvons conclure de ces œuvres à l'état de la peinture dans ce pays, et nos conclusions sont loin d'être favorables. Au-dessous de ces peintures nous trouvons des grotesques de tout genre d'une exécution grossière, mais d'un esprit original.

Le musée de Cologne possède deux tableaux de chevalet, un petit *Crucifiement*, et les *Apôtres Paul et Jean*, — qui confirment notre opinion sur cette forme de l'art.

Dans la basse Saxe, je ne connais de cette époque qu'un devant d'autel dans l'église du chapitre des demoiselles nobles, à Lune. Il représente, au milieu, le Christ sur la croix, d'après la conception byzantine, et tout autour l'Annonciation, l'Adoration des Rois, le Baptême, la Flagellation, le Crucifiement, la Résurrection et la Descente aux enfers. L'ensemble de cette peinture passablement grossière rappelle la manière qui prévalait avant 1250.

Je ne mentionnerai plus qu'un seul spécimen de peinture murale, dans la maison Ehinger à Ulm ; il date de la fin de cette période. Les figures d'hommes assis deux à deux, représentent probablement les prophètes. Sur la porte d'entrée on voit un homme avec un chien, une femme avec un singe d'un aspect très-animé. Malgré les restaurations qu'elles ont subies, il est facile de reconnaître encore la façon toute primitive qui distinguait l'exécution de ces peintures.

L'application de la peinture aux sujets profanes se révèle dans deux manuscrits de chansons des trouvères. En tête de chaque poëme, l'auteur est représenté avec des attributs plus ou moins bien appropriés. Rien n'annonce qu'on ait cherché à faire des portraits : partout le type de l'époque domine, crûment rendu. Les contours noirs, larges et hardis, tracés d'une main sûre, l'enluminure superficielle et grossière font penser à ce genre de dessins qui servit de modèle à la gravure sur bois dans le siècle suivant. Le plus ancien de ces manuscrits, exécuté vers 1280 et provenant du monastère de Weingarten en Souabe, appartient aujourd'hui à la bibliothèque particulière du roi de Wurtemberg. Il trahit un artiste médiocre, malgré l'animation de quelques-uns des sujets.

Nous attachons plus d'importance à un autre manuscrit, de 1300, qui après avoir appartenu à Rüdiger Manesse, à Zurich, est aujourd'hui conservé à la bibliothèque de Paris (*). Les sujets ressemblent à ceux du manuscrit précédent, à tel point, que le même modèle a dû servir pour les deux ouvrages. Dans le manuscrit de

(*) Le professeur Hagen, de Berlin, a publié plusieurs des enluminures de ce manuscrit sous ce titre : « *Bildersaal alt-deutscher Dichter.* » Berlin, 1856, **T. A. Stargardt.**

Paris toutefois les figures ont des proportions plus grandes et l'exécution technique est plus digne d'un artiste.

Les attitudes tranquilles sont parfois très-bien rendues : telle la méditation dans Walther von der Vogelweide et Henri de Veldeck. Le dessin représentant ce dernier est reproduit dans l'ouvrage du professeur Hagen, cité plus haut. Parfois, cependant, la recherche de la dignité ou de la solennité aboutit à des tournures anguleuses et fausses, comme par exemple dans les bras de l'empereur Henri VI, assis sur son trône. Les attitudes mouvementées dégénèrent en grimaces : telle la jeune fille qui danse au son de l'instrument que joue Reinmar le ménestrel. Les chevaux sont tout à fait manqués. Les draperies, au contraire, sont bien réussies, dans le genre gothique. Le degré d'achèvement de ces peintures est très-inégal. Quelques-unes ne présentent que de simples contours; d'autres sont coloriées à la gouache, avec des tons vifs et criards. On y reconnaît distinctement deux artistes de valeur très-différente. La plupart des peintures, toutefois, sont l'œuvre du meilleur des deux.

Un beau spécimen d'*illustration* des poëmes de chevalerie, à cette époque, nous est fourni par le manuscrit du roman *Wilhelm von Oranse*, écrit pour le landgrave Henri de Hesse et conservé à la bibliothèque publique de Cassel. Les sujets religieux, par exemple le Christ sur son trône, avec les attributs des quatre Évangélistes, dans les angles, sont encore disposés avec la rigoureuse symétrie traditionnelle; les sujets profanes ont des allures

très-dramatiques. Non-seulement les attitudes sont parlantes, mais on rencontre quelques tentatives réussies
pour donner aux physionomies une expression passionnée.
L'exécution technique est beaucoup plus scignée que
dans le manuscrit de Manesse, mais on y distingue
aussi deux mains différentes. Vers la fin, les peintures
sont restées inachevées.

Les miniatures contenues dans un recueil de documents dressé d'après les ordres de l'archevêque Baudouin,
de Trèves (1307 à 1354), et conservé aux archives de
Coblence, nous montrent comment, à cette époque, on
représentait en peinture les événements contemporains.
Ces miniatures se trouvent au commencement du recueil,
sur 37 feuillets, chaque page en portant deux, l'une
au-dessus de l'autre. La dernière page seule est occupée en
entier par une image représentant l'empereur Henri VII,
après sa mort, entouré de trois anges. La plupart des
autres images ont trait au voyage à Rome de cet empereur, qui était le frère de Baudouin, et à l'histoire particulière de ce dernier. Ce sont de simples dessins, légèrement coloriés, à l'exception de deux qui sont peints à
la gouache et représentant l'un une bataille, et l'autre
les lamentations sur la mort d'Henri VII. Quelques-uns
de ces dessins sont très-animés, témoin le tournoi de la
feuille 35. Je suis d'avis que ces dessins n'ont été exécutés que vers la fin du règne de Baudouin : cela me paraît
résulter de différentes circonstances, telles que, d'abord,
la vérité dans les attitudes, le caractère individuel et
l'expression de chacune des têtes (je citerai, entre autres,

un profil dans les Lamentations sur la mort d'Henri VII),
et ensuite les draperies traitées avec la morbidesse qui
ne commence à prévaloir que dans la seconde moitié du
XIV* siècle. Dans les enluminures marginales on rencontre quelques grotesques d'un heureux effet. Ce genre
est traité d'une façon encore plus amusante dans un
Antiphonaire conservé à la bibliothèque du *gymnase*
(athénée ou lycée) de Coblence Une Vulgate de la
bibliothèque publique à Stuttgard est également ornée,
à la marge inférieure des pages, d'une série de grotesques qui se distinguent par une verve comique tout à
fait remarquable. Ils ont été signalés par Kugler, dans
les *Kleine Schriften*.

Les artistes de la Bohême, selon toutes les probabilités,
devancèrent, pendant cette période, leurs contemporains
allemands. C'est du moins ce qui paraît résulter des
miniatures d'un *Passionale* de la bibliothèque de l'Université de Prague, exécuté en 1316 par un dominicain,
nommé Colda, pour Cunégonde, sœur du roi Ottocar II
de Bohême, et abbesse du couvent de Saint-Georges dans
la ville susdite (¹). La vivacité de la composition, le goût
déployé dans l'arrangement de la draperie, emprunté au
style de la sculpture gothique, le mérite du dessin, tout

____

(¹) Pour plus de détails, V. le « *Deutsches Kunstblatt* » 1850,
p. 150 et suiv. Des indications plus développées encore et accom-
pagnées d'excellentes illustrations se trouvent dans un article
de Wocel, que contiennent les « *Wiener Mittheilungen*, » livraison de mars 1860, p. 75 et suiv.

surprend pour cette époque reculée. L'Adam endormi,
dans la *Création d'Ève*, peut être comparé aux figures
de Giotto. Plusieurs idées ingénieuses appartiennent
en propre à l'art bohémien. Telle est la Madeleine,
annonçant, en présence de saint Jean et de saint
Pierre, à la Vierge couchée sur un lit, la résurrection
du Christ. Telle est encore la vive expression qui
marque la rencontre du Christ et de sa mère après la résurrection ; tel enfin l'enfant Jésus dans la crèche, le
regard tourné vers la Vierge et lui tendant la main.
Wocel reproduit aussi une *Mater dolorosa* dont l'attitude
et l'expression sont saisissantes et les draperies tout à
fait grandioses.

Dans le vieux château de Neuhaus, en Bohême, on
voit des peintures murales très-remarquables, se rapportant à la légende de saint Georges. Tous les personnages
y étant représentés avec les costumes et les armes du
temps, ces peintures sont une véritable initiation à l'existence de la chevalerie contemporaine (¹). Les compositions
sont pleines d'enjouement et de naïveté. Il y a, notamment, une *Princesse défendue par saint Georges* que je
mets au nombre des peintures les mieux réussies de ce
temps-là. Les proportions sveltes des figures, le bel ovale

(¹) V. la dissertation de Wocel, « *Die Wandgemälde der
St.-Georgslegende,* » Vienne, 1859, in-4°, avec quatre planches
en chromolithographie. En commission chez Ch. Gerold fils.
Elle est également reproduite dans le 10ᵉ vol. des *Annales de la
classe de philosophie et histoire de l'Académie impériale et
royale des sciences.*

plein des têtes, la combinaison harmonieuse des couleurs
(abstraction faite de ce que, sous ce rapport, elles ont
gagné en pâlissant par l'effet du temps), tout cela me
porte à assigner à ces peintures la date de 1300, au plus
tard. Le caractère local de la Bohême ne s'y révèle point
cependant, et les légendes, qui sont partout en langue
allemande, concourent à les faire attribuer à un artiste
de cette nation.

CHAPITRE II.

LA PEINTURE ASSUME UN CARACTÈRE
PLUS INDÉPENDANT.

1350-1420.

———

A partir de 1340, ce sentiment artistique que nous
avons vu poindre au début du siècle suit un développement régulier. Les maigres contours noirs font place à
des contours plus larges et plus doux, dessinés avec la
brosse et mieux en harmonie avec le reste du procédé ;
les transitions de la lumière à l'ombre deviennent plus
délicates, des demi-tons brisent l'éclat exagéré de la
couleur et dénotent l'avénement d'un goût plus délicat.
Le bleu et le vermillon seuls continuent d'être appliqués
purs.

En même temps que se développe le sentiment plus
vrai de la nature et du beau, le type de l'époque précédente cesse de satisfaire le goût : l'observation aidant, ce
problème est bientôt résolu de la manière la plus
heureuse par la création d'un type très-agréable : l'élégance de l'ovale, la finesse des traits de la figure,
la bouche et le nez, ordinairement droit, sauf dans

les têtes d'hommes où cette dernière partie est un peu recourbée, en forment les principaux caractères. Grâce à ce type, on réussit à traduire d'une manière simple mais expressive l'esprit religieux du temps, la pureté spirituelle, la dignité virile et même la douceur féminine. Les personnages profanes offrent un peu plus de variété dans les formes, empruntées à la nature, et une expression souvent pleine de vie. Les poses deviennent plus nobles, plus vraies, les draperies se plissent avec un goût plus élégant, plus pittoresque, et elles tombent avec plus de moelleux.

Nous voyons à cette époque un genre tout spécial atteindre un haut degré de perfection, c'est la peinture en grisaille. Les fonds d'or se rétrécissent, et les arrière-plans se garnissent d'édifices romans ou gothiques, d'arbres et de collines aux formes conventionnelles, il est vrai, et d'ustensiles de ménage de tout genre. Déjà, au début de cette période, on voit souvent le ciel bleu envahir les fonds d'or, et on rencontre, vers 1380, des fonds de paysages d'un certain mérite. Selon toutes les apparences, ce nouveau progrès dans l'art, et spéciale-ment le développement de la perspective — du fond, — prit naissance dans les Pays-Bas. L'extrême rareté des tableaux de grande dimension, expliquée dans la préface de ce livre, nous oblige à chercher nos exemples dans les miniatures qui sont heureusement en très-grand nombre.

Dès le commencement de cette période, nous rencon-trons une Bible illustrée de la bibliothèque impériale de

Paris (man. français, n° 6,829 bis), qui ne contient pas moins de 5,124 dessins à la plume, lavés à l'encre de Chine et représentant une série de sujets juxtaposés de l'Ancien et du Nouveau Testament, tracés par un artiste fort ingénieux (¹).

Nous citerons en second lieu les miniatures d'un missel exécuté à Gand en 1366 par le curé Lorenz d'Anvers, et conservé aujourd'hui au Westrenen Museum à La Haye (²). Ces images conservent des traces de la période précédente, mais les contours sont déjà plus doux, tracés au pinceau, les formes plus naturelles, et les draperies plus moelleuses. Dans quelques scènes, telles que la *Nativité*, on retrouve bien encore la tradition byzantine ; mais les motifs isolés révèlent l'observation de la nature.

Nous trouvons un spécimen très-important de l'art, à la fin de cette période, dans les miniatures d'un manuscrit des voyages de Marco Polo et de six autres célèbres voyageurs, déposé à la bibliothèque impériale de Paris (manuscr. français, n° 8,392). Ces miniatures furent très-probablement exécutées pour Philippe le Hardi, duc de Bourgogne (de 1384 à 1405) (³). La forme artistique particulière à cette époque atteint ici son entier développement ; la couleur a déjà cet harmonieux éclat qui fera plus tard la gloire de l'école flamande ; par contre, le dessin

----

(¹) *Kunstwerke und Künstler in Paris*, p. 327.
(²) *Kunstblatt*, 1852, n° 28.
(³) *Kunstwerke und Künstler in Paris*, p. 331.

est faible. Les récits merveilleux des voyageurs ouvraient
ici un vaste champ aux idées fantastiques de l'époque.
C'est ainsi qu'on y voit, entre autres, des hommes ayant
leur tête sur la poitrine, etc.

Aussitôt après, dans l'ordre chronologique, vient le
livre de prières de Marguerite de Bavière, femme de
Jean sans Peur (Musée britannique, coll. Harléienne,
n° 2,897). La plupart des admirables miniatures de ce
livre sont dues à des artistes néerlandais (¹). Dans le
nombre, nous citerons celle qui représente le roi
David (fol. 286, 426 et 726); à la tendance réaliste se
rapporte la *Prédication de saint Ambroise*, fol. 160 a; et
enfin, à un sentiment plus idéal, l'*Incrédulité de saint
Thomas*, fol. 164 a. et l'*Ascension*, fol. 186 b., le principal sujet du livre.

Un livre de prières de la collection Bodléienne (Douce,
144), terminé en 1407, a plus d'importance encore. Dans
ce manuscrit, la richesse et l'ampleur de quelques compositions et le mérite de leur exécution, due à des mains
différentes, compensent bien la rareté des peintures de
plus grande dimension. Je ne citerai que les pages principales : les *Travaux du mois*, les *Signes du zodiaque*,
dans le calendrier; la *Vierge à qui un ange apporte du
pain et du vin*, fol. 100. — L'*Annonciation*, fol. 28a; la
Visitation, fol. 52a; deux *Processions*, 105a, 108 et 109.
— Dans ces compositions, les individualités sont finement accusées; il y règne une vérité et une animation

(¹) *Trésors de l'Art dans la Grande-Bretagne*, vol. I, p. 124.

telles qu'entre autres les Enfants de chœur, en train de chanter, ne le cèdent en rien à ceux de Lucca della Robbia.

Le *Crucifiement*, fol. 111a. Quoique la figure du Christ soit trop longue, l'ensemble est d'une grande noblesse et la douleur de la Vierge évanouie est admirablement rendue. Nous citerons enfin la *Vierge allaitant l'enfant Jésus* (fol. 123a) (¹).

A une date postérieure de quelques années seulement se rapportent les miniatures, non moins remarquables au point de vue de l'art, d'un autre livre de prières du Musée britannique (addit. n° 16,997), œuvre d'un artiste néerlandais. Voici l'indication des plus belles : l'*Annonciation*, dans laquelle les trois anges qui chantent sont empreints d'un haut degré de perfection. — L'*Adoration des Bergers*, — la *Descente du Saint-Esprit*, — la *Toussaint*. — la *Vierge lisant*, — les *Quatre Pères de l'Eglise*, — les *Deux saint Jean*, — la *Célébration de la Messe*, — le *Crucifiement*, — et surtout l'*Assomption de la Vierge*. dont le style révèle un grand artiste (²).

Un autre manuscrit du Musée britannique (Bibliothèque Harléienne, n° 4,431), les *Poëmes de Christine de Pise*, renferme plusieurs bonnes peintures de maîtres néerlandais, très-remarquables comme représentations de sujets profanes et mythologiques. Dans le nombre on distingue une belle jeune femme agenouillée devant un homme et les

(¹) *Trésors de l'Art dans la Grande-Bretagne*, vol. III, p. 75.
(²) *Ibid.*, vol. I, p. 125.

Noces de Pélée, avec le festin servi sur trois tables du style
de l'époque (¹).

Fort heureusement on a conservé quelques tableaux
d'église de cette période ; mais, à l'exception du dernier
que nous aurons à citer tout à l'heure, ils sont loin
d'atteindre le niveau artistique de leur temps.

Le premier, destiné primitivement à la Halle des Tan-
neurs à Bruges, se trouve aujourd'hui dans la cathédrale
de cette ville. Il représente le *Crucifiement* avec des figures
aux deux tiers de la grandeur naturelle. Le Christ, déjà
privé de vie, est long et maigre, mais assez bien dessiné.
A droite se trouvent saint Jean et la Vierge évanouie dans
les bras de deux saintes femmes. Le dessin est plein de
noblesse. A gauche, dans des attitudes violentes et grossières, le centurion en armure d'argent, un prêtre et un
moine. Dans des niches sur les côtés, sainte Barbe et sainte
Catherine. L'expression des têtes est vivante, la carnation
faible, le modelé médiocre, et le fond doré sur patron.

Le second tableau, représentant aussi le *Crucifiement*,
se trouvait jadis dans l'église Saint-Jean, à Utrecht, et
orne aujourd'hui le musée d'Anvers, n° 14. Il ne contient
que les figures de la Vierge et de saint Jean, avec le portrait agenouillé de l'archidiacre Henri von Ryn, mort en
1316, et sur le tombeau duquel fut placé ce tableau. Le
Christ ressemble à celui du panneau précédent, mais
exécuté avec moins de talent. Le portrait ne se distingue
par aucun caractère d'individualité ; les gestes et la dou-

(¹) *Trésors de l'Art, etc.*, vol. III, p. 126.

leur de saint Jean constituent la meilleure partie de la composition. Fond doré sur patron.

La troisième enfin et la plus précieuse de ces reliques se retrouve dans les peintures d'un grand retable conservé au musée de Dijon et exécuté pour la Chartreuse de cette ville par ordre de Philippe le Hardi, de 1392 à 1400. Ces peintures sont probablement l'œuvre de Melchior Broederlam, connu comme peintre du prince ; elles représentent l'*Annonciation* et la *Visitation*, la *Présentation* et la *Fuite en Égypte*. (V. la gravure ci-contre.) Elles marquent la limite entre le style de cette période et le style réaliste de l'époque suivante. Les têtes sont encore rondes et molles, et parfois comme celles de la Vierge et de Siméon dans la *Présentation au Temple*, le meilleur des quatre panneaux, elles révèlent un sentiment très-délicat du beau ainsi qu'une certaine originalité. Le Joseph de la *Fuite en Égypte* est même d'un réalisme très-accentué. Les plis des étoffes conservent encore de la mollesse, mais les couleurs sont d'une vigueur qui frise la crudité. L'étude de la nature ne se révèle pas encore dans les formes ; les arrière-plans, les rochers, les arbres ont toujours un aspect de convention, et le ciel se dessine sur un fond d'or.

L'art allemand, pendant cette période, prit en Bohême son plus complet développement. Déjà, dans la période précédente, ce pays s'était distingué par ses remarquables œuvres d'art ; dans la période qui nous occupe, il accomplit des progrès considérables, grâce à l'empereur Charles IV (1348-78), qui, pendant ses trente années de

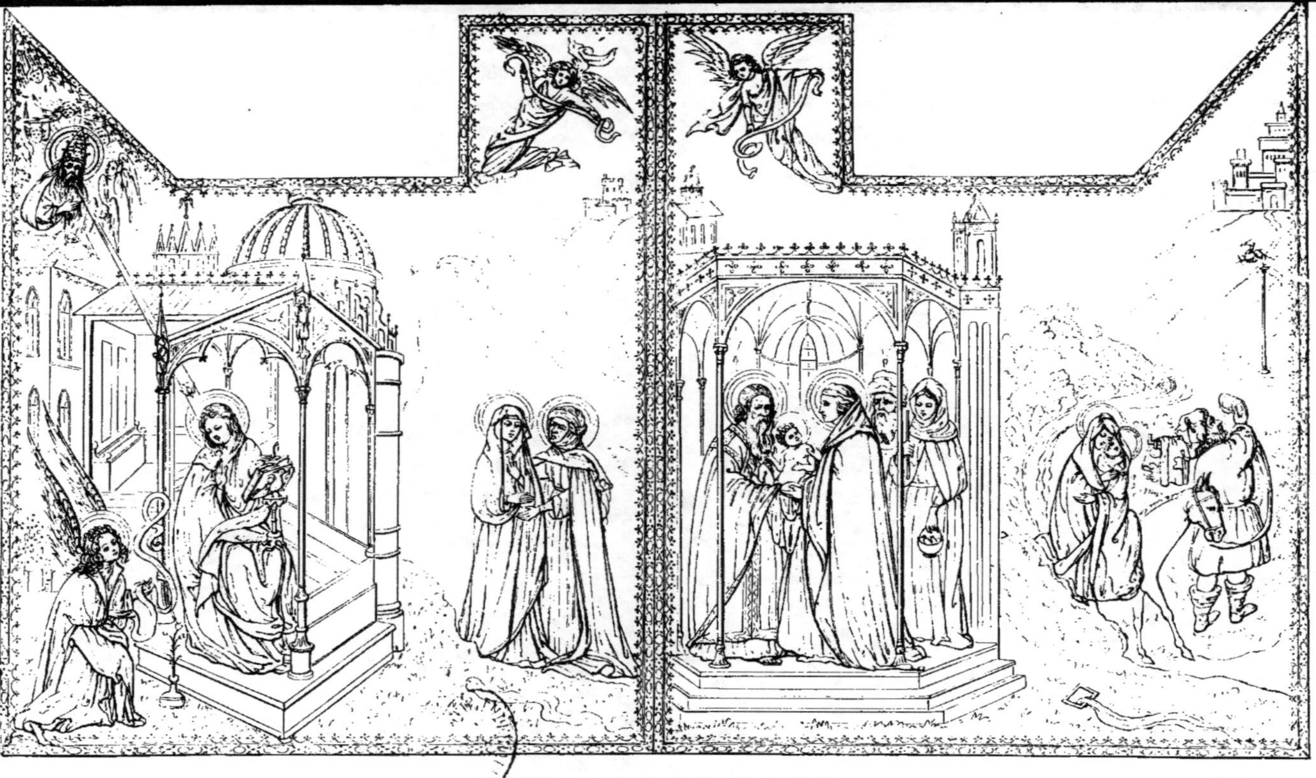

PICTURES ON AN ALTAR-CHEST AT DIJON. No 1.

PANNEAUX D'UN RETABLE, à Dijon.

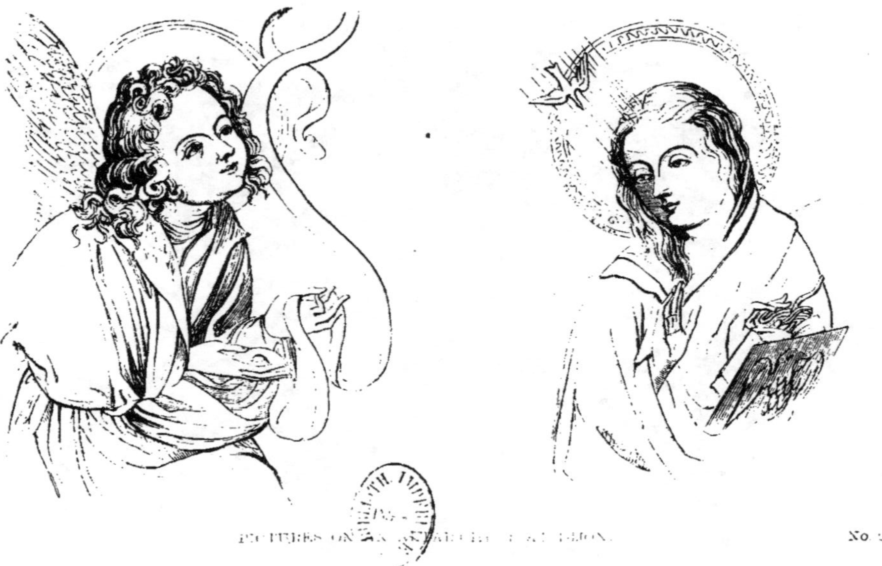

PICTURES ON AN ALTARPIECE AT DIJON.   No. 2

PEINTURES DU RETABLE DE DIJON.

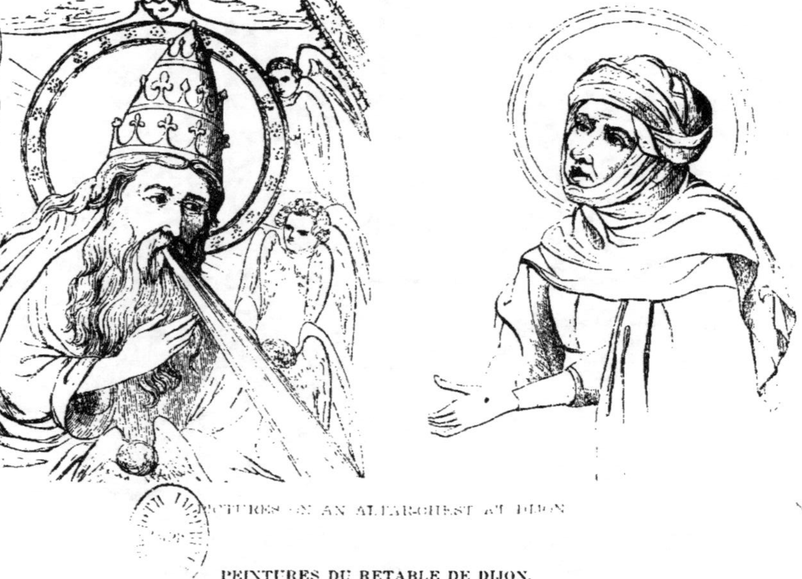

PICTURES ON AN ALTAR-CHEST AT DIJON.

PEINTURES DU RETABLE DE DIJON.

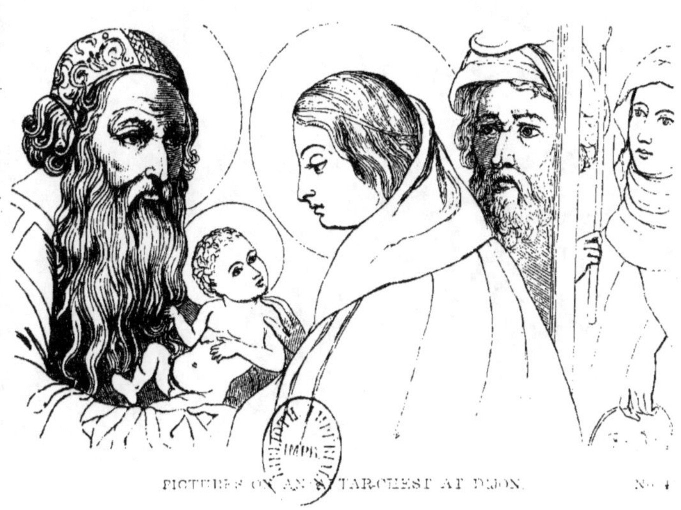

PICTURES ON AN ALTAR-CHEST AT DIJON. No. 4

PEINTURES DU RETABLE DE DIJON.

règne, ne négligea rien pour favoriser, à tous égards, l'essor de sa chère Bohême.

La preuve de ce progrès, nous la trouvons moins dans les peintures murales et les panneaux, pour la plupart détériorés, que dans les nombreuses miniatures renfermées dans les manuscrits de l'époque. Les artistes le plus souvent employés par l'empereur étaient Théodoric de Prague, Nicolas Wurmser, de Strasbourg, et Kunze. Ils eurent pour principal théâtre de leurs travaux le château de Karlstein, situé dans le voisinage de Prague, résidence favorite de Charles IV. Il serait difficile de reconnaître l'œuvre particulière de chacun de ces peintres parmi les tableaux qui ornent l'église de Notre-Dame, la chapelle de Sainte-Catherine et l'église de la Sainte-Croix ou chapelle royale, car ils ont subi diverses restaurations. Ceux qu'on attribue à Théodoric de Prague constituent le point de départ de notre appréciation. Ils se composent de 125 bustes plus grands que nature, de saints, de docteurs et de législateurs de l'Église, peints à la détrempe sur panneau, et ornant l'église de la Sainte-Croix. Ils revèlent un artiste passé maître dans l'art des premiers temps de cette période. Les têtes d'hommes présentent, il est vrai, la succession assez monotone de deux types, mais on y reconnaît l'intention, parfois heureusement réalisée, de leur donner une expression sérieuse et digne.

Les formes ont peu de grâce et les nez très-larges au sommet constituent un trait tout à fait indigène. Les têtes des femmes ont plus de noblesse et de grâce. Les yeux grands ouverts sont encore un des caractères de l'école bohémienne. En général nous trouvons les mains bien dessinées, les gestes heureux, les étoffes mollement drapées à grands plis et en tons brisés. Dans la coloration des têtes, on remarque une certaine diversité. Les unes sont d'un rouge tendre, d'autres plus chaudement teintées ; un gris-clair domine dans les ombres et les demi-tons. Les teintes sont tellement fondues que parfois elles semblent effumées. Les accessoires accusent une tendance souvent heureuse à l'imitation de la nature ; nous citerons comme exemple le pupitre, la bibliothèque et les plumes du tableau de *Saint Ambroise,* qui faisait partie de cette collection et que l'on a transporté au musée impérial à Vienne. Deux autres ont été transférés à la bibliothèque de l'université de Prague.

Une certaine analogie rapproche ces peintures d'un tableau d'autel de la Galerie des États de la Bohême, à Prague, provenant de l'abbaye de Raunitz sur l'Elbe. Celui-ci représente dans sa partie supérieure la *Vierge et l'Enfant Jésus* adorés par l'empereur Charles IV et son fils Wenceslas, ainsi que les saints Sigismond et Wenceslas ; dans sa partie inférieure, les patrons de la Bohême, saint Procope, saint Adalbert, saint Guy et sainte Ludmilla, et enfin le donateur du tableau, Ozko de Wlassim, archevêque de Prague. Les têtes des saints ont une grande pureté de forme, une véritable noblesse d'expression. Relativement à l'époque, 1375, les portraits se distinguent par un caractère d'individualité surprenant. Le *Crucifiement* avec la Vierge et saint Jean, également exécuté pour le château de Karlstein, et aujourd'hui placé

au musée impérial de Vienne, est un ouvrage plus faible
du même maître, mais que Van Mechel, le rédacteur bien
connu du catalogue de cette galerie sous Joseph II, attribue
arbitrairement à Nicolas Wurmser.

Un tableau d'autel dans l'église de Mühlhausen, près
Cannstadt en Souabe, paraît l'œuvre d'un imitateur assez
médiocre de Théodoric (¹).

Les tableaux du château de Karlstein sont, à n'en pas
douter, de quatre artistes différents. L'un d'eux, Tommaso
de Modène, auteur de ce qui reste d'un tableau d'autel en
plusieurs compartiments, appartient à l'école italienne et
ne se rattache à notre sujet que par l'influence très-déci-
sive qu'il exerça sur la forme des têtes, et en général sur
deux des auteurs des tableaux qui nous occupent. On reconnaît une autre main dans les ouvrages suivants : *Scène
de l'Apocalypse*, dans l'église de Notre-Dame. La Vierge
représentée avec des ailes est d'une conception grandiose
et élevée. Une autre *Vierge fuyant devant le dragon à sept
têtes*, d'une plus belle composition encore, est admirablement rendue. Un autre grand tableau, plus difficile à
comprendre, représente probablement l'*Adoration de
l'Antechrist*. Dans l'église de la Sainte-Croix nous trouvons également emprunté à l'Apocalyse l'*Éternel* (dans
un losange), *assis sur son trône, entouré du chœur des
anges, tenant les sept étoiles d'une main, le livre aux sept
sceaux dans l'autre; l'Adoration de l'Agneau par les vingt-
quatre anciens, l'Annonciation, la Visitation, l'Adoration des*

(¹) V. *Kunstwerke und Künstler in Deutschland*, II, p. 226.

Mages, le *Christ avec Marthe et Marie*, la *Madeleine aux pieds du Christ*, le *Christ au jardin* et la *Résurrection de Lazare*. Ces tableaux, à peu près détruits, révèlent un peintre d'un génie créateur (est-ce Wurmser?), un sentiment profond du beau, et une main habile.

On peut attribuer à une troisième main les tableaux suivants, placés dans l'église de Notre-Dame : *Charles IV remettant à Blanche, sa femme, la croix qu'il a reçue du Pape ; le même monarque offrant une bague à son fils Wenceslas*, enfin *le même prince en prière*. L'auteur de ces tableaux (Kunze?) paraît avoir été un très-habile peintre de portraits. On admire surtout la grâce et la forme des mains de ses personnages.

Un quatrième maître a produit les portraits de l'empereur Charles IV et d'Anne du Palatinat, sa quatrième femme, placés au-dessus de l'entrée de la Chapelle Sainte-Catherine. A l'intérieur de la chapelle est la Vierge, d'un type à la Giotto, dû probablement à l'influence de Tommaso de Modène. Elle donne la main à l'impératrice Anne, et l'enfant Jésus tend la sienne à l'empereur. Le peintre a parfaitement réussi ces portraits, surtout celui de l'impératrice.

Les peintures murales de la chapelle Saint-Wenceslas, à la cathédrale de Prague, ont été trop repeintes pour qu'il soit possible de les apprécier. Dans l'église peu connue de Saint-Étienne, à Prague, on voit, au-dessus d'un autel, une Vierge avec l'enfant Jésus, datant probablement de la fin du XIV° siècle. Les traits de la Vierge sont d'une rare beauté et d'une douceur infinie. La tête de l'Enfant est gracieuse, mais les membres sont un peu maigres (¹).

Nous devons citer encore une grande mosaïque placée dans la façade méridionale de la cathédrale de cette ville. Elle se divise en trois compartiments : au milieu le *Christ dans sa gloire*, entouré d'anges ; au-dessous de lui les six saints patrons de la Bohême, plus bas encore les donateurs, Charles IV et sa femme. A gauche est la Vierge, à droite saint Jean-Baptiste ; plusieurs saints les entourent. Tout en bas sont les ressuscités : à droite les bienheureux et à gauche les damnés. C'est un travail assez grossier et qui n'a d'importance que comme spécimen unique en Allemagne d'une mosaïque de grande dimension.

En revanche, un grand nombre de manuscrits ornés de miniatures fournissent de précieux éléments d'appréciation et revèlent à la fois l'originalité et l'importance de l'école bohémienne à cette époque. Bon nombre de ces œuvres, sous divers rapports, ont de telles analogies avec les miniatures contemporaines françaises et flamandes, que l'on peut être certain que Charles IV, qui avait longtemps résidé en France, appela des peintres français à Prague, ou des peintres de la Bohême à Paris. Il nous suffira de citer ici quelques-uns des plus remarquables de ces manuscrits illustrés.

Deux livres de prières appartenant à l'archevêque Ernest de Prague, mort en 1350, l'un à la bibliothèque

---

(¹) C'est **M.** le professeur Wocel qui a bien voulu m'indiquer ce tableau, lors de mon voyage à Prague, en 1860.

6.

du prince Lobkowitz, à Prague, l'autre, et le plus riche, dont l'auteur signe Sbinko de Trotina, à la bibliothèque du musée national de la même ville. Ces deux ouvrages démontrent que le style de cette époque avait atteint son complet développement dès avant l'année 1350.

Le manuscrit d'un *Essai sur les doctrines de la vérité chrétienne*, exécuté en 1373 par Thomas Stitnij, et conservé à la bibliothèque de l'université de Prague (XVII^a 6), montre avec quel goût, quel sentiment, quelle vivacité les Bohémiens rendirent de bonne heure les événements ordinaires de la vie. Les plus belles images sont les suivantes : *Un jeune homme et une belle jeune fille* (fol. 37b), *plusieurs jeunes femmes se consacrant au Seigneur* (fol. 44b), *une femme en prière* (fol. 47b), et *une Bénédiction nuptiale* (fol. 124a) (¹).

Immédiatement après, dans l'ordre chronologique, nous citerons les miniatures de la Bible allemande, exécutée par ordre de l'empereur Wenceslas (1378-1400) et qui se trouve à la bibliothèque impériale de Vienne.

Les admirables miniatures d'un missel provenant de Sbinko Hasen von Hasenburg, ancien archevêque de Prague (1402) et de Presbourg (1411), à la même bibliothèque, prouvent que l'école ne cessa de prospérer jusqu'à la fin de la période. Je citerai, comme ayant un mérite tout à fait hors ligne, l'*Adoration des Rois* et le *Baptême du Christ*.

____

(¹) Pour plus de détails, voyez la description de ces trois manuscrits dans le *Kunstblatt* de 1850, n° 37.

Un Évangéliaire, écrit par un prêtre du nom de Jean de Troppau, pour Albert II, duc d'Autriche, et orné de superbes miniatures (bibl. de Vienne), montre que l'école de la Bohême avait jeté de profondes racines dans la province de Moravie, qui en était une dépendance ('). On peut en dire autant de la Silésie, grâce à deux tableaux qui ont passé d'un couvent de cette contrée au musée de Berlin : le *Christ insulté par des soldats* (n° 1,221), et le *Crucifiement* (n° 1,219). Tous deux trahissent un maître exercé, qui a dû vivre vers 1400.

En Autriche aussi, cette forme de l'art se développa d'une façon remarquable. Nous en trouvons une preuve éclatante dans les miniatures d'un manuscrit de la traduction allemande du *Rationale divinorum officiorum* de Durandus, à la bibliothèque impériale de Vienne. L'ouvrage fut commencé par ordre du même duc Albert II, et complété pour son neveu le duc Guillaume. Les miniatures qui se rapportent à la période de 1384 à 1403 valent les meilleures peintures bohêmes, mais se distinguent par une plus grande vigueur de coloris et des formes plus assurées. Dans les meilleures, une bonne disposition et un dessin correct s'allient à la finesse des têtes et à l'éclat des carnations. La *Cène* et le *Jugement dernier* méritent surtout l'attention. Les portraits des princes mentionnés plus haut dénotent une tendance assez heureuse à l'individualité.

Le style de cette période arrive à son apogée en Alle-

('') *Kunsblatt,* 1850, n° 38.

magne, pendant les dix dernières années du XIV⁰ siècle et les premières années du XV⁰, dans la ville de Cologne. Ce calme spirituel, cette douce quiétude, cette imperturbable pureté morale que la religion seule peut engendrer, se révèlent à un rare degré dans l'école de Cologne. L'harmonie de la couleur, la dégradation des tons, la morbidesse des chairs, la sagesse du modelé, la douceur générale de l'exécution sont en parfaite harmonie avec ce caractère, tandis que le côté faible de l'école est dans l'ignorance de la structure anatomique du corps humain.

Il est encore plus difficile ici que pour l'école de Bohême d'attacher des noms d'auteurs aux œuvres qui ont survécu. Dans la chronique du Limbourg, année 1380, on lit ce qui suit : « Dans ce temps vivait à Cologne un peintre du nom de Wilhelm. Il était considéré comme le meilleur maître de toute l'Allemagne ; il peignait tout homme, quel qu'il fût, comme s'il était vivant (¹). » De ces lignes est venu l'usage d'attribuer les meilleurs tableaux de Cologne à maître Wilhelm ; mais quelque probables que soient ces conjectures, il ne faut pas oublier que l'on n'a de certitude sur l'origine d'aucun des tableaux dont

---

(¹) De Noël, Merlo, le docteur Ennen et Schnaase supposent que le maître Wilhelm, dont il est question ici, n'est autre que Guillaume de Herle, de Cologne. Cela me paraît très-douteux : la chronique que je viens de citer n'aurait guère mentionné, comme vivant en 1380, un peintre dont il est prouvé par pièces authentiques qu'il n'existait plus en 1378, et qui pourrait même avoir cessé de vivre dès 1373, attendu qu'on ne connaît de lui aucune œuvre postérieure à 1372.

il s'agit. Ce qu'on est le mieux fondé à lui attribuer, ce sont les restes de neuf figures de grandeur naturelle, dans une des salles de l'hôtel de ville de Cologne, où on les a récemment débarrassées d'une couche de badigeon qui les recouvrait. Le docteur Ennen, archiviste de la ville, a constaté que, de 1370 à 1380, douze payements ont été faits pour des peintures dont l'auteur est désigné, la première fois, comme « magister Wilhelmus, » et les autres fois simplement comme « *pictor*, » ce qui semble prouver qu'il s'agit toujours du même artiste. Deux têtes encore très-bien conservées révèlent d'après les jugements de Schnaase, qui en donne le dessin (*V. Geschichte der bildenden Künste,* vol. VI, p. 425 et suiv.), la main d'un artiste éminent et rappellent les panneaux dont le maître Wilhelm est supposé l'auteur. La plus ancienne, parmi les œuvres attribuées à ce maître, est probablement la peinture murale de saint Castor à Coblence, dans la niche gothique qui surmonte le monument de Kuno de Falkenstein, archevêque de Trèves, mort en 1386. Cette fresque représente le *Christ en croix* avec la Vierge, saint Jean, saint Pierre, saint Castor et l'archevêque à genoux parmi eux. Saint Pierre et saint Castor rappellent de tous points l'école précédente. La Vierge et saint Jean expriment leur douleur par des gestes animés. L'archevêque ressemble beaucoup encore à un type de convention. Mais des restaurations nombreuses ont défiguré cette relique et empêchent d'en apprécier le caractère primitif.

Plus dignes de la renommée de maître Wilhelm sont quelques parties de nombreux tableaux qui ornèrent jadis l'autel et l'église de Sainte-Claire, et qui se trouvent aujourd'hui à la cathédrale, dans la chapelle de Saint-Jean. Ce sont : la *Nativité*, l'*Annonciation aux bergers*, l'*Enfant au bain*, l'*Adoration des Mages*, la *Présentation au Temple*, la *Fuite en Egypte* et les *Scènes de la Passion* (¹). Les autres parties doivent être l'œuvre d'un artiste moins habile.

Un tableau du musée de Berlin (n° 1,224) se rapproche des précédents. Il comprend 34 compartiments qui représentent des *Scènes de la vie du Christ et de la Vierge*, depuis l'Annonciation jusqu'au Jugement dernier, le tout d'une composition animée et parfois admirable, d'un ton délicat et d'un dessin vif et léger.

Vient ensuite un petit tableau d'autel, à volets, du musée de Cologne. La tête de la Vierge caressée par l'Enfant Jésus exhale dans toute sa plénitude la pureté de caractère, la douceur d'expression et la délicatesse de ton particulière à l'école. Les figures de sainte Catherine et de sainte Barbe présentent les mêmes caractères de tendresse. Il y a beaucoup d'analogie entre ce tableau et un un petit panneau d'autel, n° 1,238, du musée de Berlin, représentant, au centre, la *Vierge*, l'*Enfant et quatre saintes*, et sur les volets, *Sainte Élisabeth de Hongrie* et *Sainte Agnès*.

A Munich (cabinet n° 13), une *Sainte Véronique au suaire* donne une admirable idée du même maître; la

(¹) *V.* Horno. *École d'Hubert Van Eyck*, vol. I, page 240. Je partage entièrement son opinion.

même expression pure et tendre se mêle à une exécution plus soignée, à une couleur plus chaude.

Passant sous silence plusieurs autres ouvrages attribués avec plus ou moins de justice à maître Wilhelm, je me bornerai à faire observer que le nombre de tableaux peints dans sa manière est très-considérable à Cologne et dans les environs, témoin une chapelle fermée de la cathédrale d'Aix-la-Chapelle. A Cologne, on le retrouve surtout au musée. On signale en outre un petit *Christ en croix*, dans la collection de feu M. Dietz. D'autres tableaux du même genre ont été transportés à Munich avec la collection Boisserée; quelques-uns sont allés prendre place dans la chapelle Saint-Maurice à Nuremberg. Le *Jardin d'Eden*, dans la collection Prehn, à la bibliothèque de Francfort, est un tableau de petite dimension, mais d'un grand mérite, dans lequel la gracieuse naïveté de la composition le dispute à la vivacité de la couleur. Probablement, l'un ou l'autre de ces tableaux a pour auteur Guillaume de Herle, cité plus haut, ou bien son disciple Wynrich de Wesel, qui, comme le fait observer avec raison M. Schnaase (¹), devait jouir d'une grande considération, vu que, de 1398 à 1414, il fut cinq fois élu membre du conseil. L'influence de ce maître dut évidemment s'étendre à la Gueldre. On en trouve la preuve dans les miniatures d'un missel hollandais, provenant de la duchesse Marie de Gueldre(1415), et conservé à la bibliothèque de Berlin.

(¹) *Loc. cit.*, p. 424.

En Angleterre, le plus beau spécimen de l'art allemand primitif est un petit triptyque renfermant un grand nombre de figures d'un style élevé et d'une exécution charmante. Ce tableau est la propriété de M. Beresford Hope (¹).

Nous retrouvons en Westphalie de grandes analogies avec les maîtres de Cologne. Il me suffira de signaler les tableaux de *Sainte Dorothée* et *Sainte Ottilie*, provenant du monastère de Soest et placés au musée de la ville de Munster. Ces œuvres révèlent un artiste éminent qui se rapproche de maître Wilhelm par le style et par certaines qualités qui lui sont propres.

Un grand tableau qui ornait jadis l'église Saint-Michel à Lunebourg, aujourd'hui placé dans la Galerie publique à Hanovre, et comprenant plusieurs peintures intéressantes du commencement du XVe siècle, montre que le style des peintres de Cologne s'était introduit aussi dans la basse Saxe.

Nuremberg figure après Cologne et Prague parmi les centres artistiques de l'Allemagne. On trouve ici même plus de science et d'observation des formes du corps humain que dans les écoles de Cologne et de Bohême. La couleur et le modelé aussi ont plus de puissance (²). Malheureusement aucun nom de peintre n'est

----

(¹) *Galeries et cabinets de la Grande-Bretagne*, p. 190.

(²) *V. Künstler und Kunstwerke in Deutschland*, vol. I, p. 165, etc., et 247, etc. V. aussi Hotho, vol. I, p. 291, et Rettberg, la *Vie artistique de Nuremberg*.

arrivé jusquà nous, et la date seule de quelques rares
tableaux nous permet de constater l'époque où ils furent
exécutés.

Un tableau d'autel, offert par un membre de la noble
famille d'Imhof, et dont les panneaux principaux se trouvent dans le chœur de l'église de Saint-Laurent, remonte
à la dernière décade du XIVe siècle. Le compartiment
central comprend le *Couronnement de la Vierge;* les volets
représentent *quatre apôtres.* La tête de la Vierge, les yeux
baissés, est d'une beauté inaccoutumée ; sa taille mince,
d'une remarquable noblesse, et le pli de la draperie
bleue du goût le plus pur. La physionomie du Christ
couronné, contemplant sa mère, est sérieuse et digne.
La carnation de la Vierge est délicate, celle du Christ
d'un ton brun chaud, avec des clairs blanchâtres. Les
panneaux du revers de l'autel, conservés au château
de Nuremberg, représentent au centre le *Corps du
Christ mort, soutenu par la Vierge et saint Jean,* et, sur
les volets, *quatre apôtres.* L'exécution n'est pas moins
belle. La souffrance vaincue est surtout admirablement
exprimée dans la tête du Sauveur. Par contre, le nu est
faiblement traité. Les figures des huit apôtres ont une
expression variée et très-digne.

Immédiatement après viennent se ranger les quatre
ailes d'un tableau d'autel, qui, d'après la tradition, fut
exécuté en 1400 pour la famille Deichsler, et placé dans
l'église, aujourd'hui démolie, de Sainte-Catherine à
Nuremberg. Ces panneaux, exposés aujourd'hui au musée
de Berlin sous les nᵒˢ 1207 à 1210, représentent la *Vierge,*

de formes très-délicates, et l'*Enfant*, de formes très-grêles ; *Saint Pierre martyr*, caractère énergique, couleur éclatante ; *Sainte Élisabeth de Thuringe*, physionomie tendre et délicate ; et enfin *Saint Jean-Baptiste*. Dans l'attitude animée de ce dernier se révèle encore l'élan gothique, tandis que la tête chaudement colorée, au nez aquilin, trahit l'ardent désir de rendre hommage de celui dont le symbole, un agneau assez mal dessiné, repose sur le bras du saint. Les pieds et les mains sont ici d'une correction douteuse.

Un tableau qui orne le monument de Berthold, évêque d'Eichstadt (✝ 1365) dans l'église de Heilbronn, prouve que le style de Nuremberg s'étendit au reste de la Franconie. La Vierge, par la finesse et la grâce de la forme, se rapproche de celle du tableau de la famille Imhof, et semble appartenir encore au XIVe siècle. Le portrait doit son caractère d'individualité à une restauration faite en 1497.

En Souabe aussi le style de cette période atteignit un haut degré de développement. Nous en voyons la preuve dans divers tableaux de cette époque, conservés au musée royal à Stuttgardt (ancienne collection Abel). Deux grands panneaux, contenant l'un, les évangélistes *Saint Luc et Saint Marc avec Saint Paul;* l'autre *Saint Jean l'Evangéliste avec sainte Dorothée et sainte Marguerite* (qui proviennent de l'église d'Almendingen près Ehingen) portent le cachet d'un maître. On en peut dire autant de deux grands tableaux du couvent de Heiligkreuzthal, en Souabe, représentant l'*Ensevelissement du Christ* et le *Cortége des trois Rois*.

Une tendance toute différente qui se manifeste davantage dans le dessin, le naturel et le caractère, mais où le sentiment a moins de part, se révèle dans trois fragments de tableaux du musée de Berlin : le *Mariage de sainte Catherine*, n° 1232 ; les *Deux anges portant un ostensoir*, n° 1231, et *Saint Pierre*, n° 1220. On ne sait pas malheureusement de quelle ville ces tableaux sont originaires.

La peinture sur verre ne commence guère qu'à cette époque à trouver un vaste champ d'application, par suite de l'extension de l'architecture gothique, et elle atteint une grande perfection sans perdre pour cela son caractère primitif d'accessoire ornemental de l'architecture. Nous la voyons employée de deux manières différentes. Tantôt elle orne les élégantes découpures des meneaux et surtout des roses, de vitraux où l'éclat et l'harmonieuse combinaison des couleurs ne sont pas moins admirables peut-être que la vigueur et la puissance de chacune d'elles en particulier : le pourpre, le jaune d'or, le vert émeraude et le bleu foncé y jouent un grand rôle ; tantôt elle remplit les grands compartiments des fenêtres de scènes à personnages ; mais alors même elle reste toujours subordonnée aux lois de l'architecture : soit que de petites compositions séparées, empruntées à l'histoire sainte ou aux légendes, partagent en plusieurs panneaux symétriques tout le champ de la baie, qui offre alors dans son ensemble l'aspect d'un somptueux tapis diapré des teintes les plus harmonieuses ; soit que de grandes figures, Dieu, les patriarches, les prophètes, les saints s'y détachent dans des attitudes solennelles et sculpturales. Ici cependant, l'exécution ne répond guère à la grandeur de la conception. Les sujets, ordinairement importants par eux-mêmes, se relient les uns aux autres par des rapports ingénieux ; leur style se rapproche de celui qui règne dans les genres les plus élevés, la peinture murale et la peinture des tableaux, mais sans en atteindre jamais l'élévation. La cause de cette infériorité gît d'une part dans l'imperfection des procédés matériels, déjà signalée par nous ; de l'autre, dans la nécessité de donner aux images des contours gras et fortement accusés, en raison de l'éloignement où ces peintures se trouvent souvent de l'œil du spectateur. Ces causes toutefois produisent dans les peintures sur verre des effets très-divers ; ainsi, tandis qu'elles engendrent souvent le vague et la confusion dans les petites scènes dont nous parlons plus haut, les grandes figures en subissent si peu l'influence nuisible, que la plupart d'entre elles occupent un rang distingué parmi les plus beaux monuments que nous ait laissés la peinture de cette époque. Néanmoins, la peinture sur verre dérive son importance principalement de ce qu'elle concourt, comme un élément essentiel, à l'effet sublime et merveilleux qu'offrent dans leur ensemble les églises gothiques. Aussi son histoire rentre-t-elle plutôt dans l'histoire de l'architecture gothique que dans celle de la peinture elle-même. L'Allemagne possède fort peu de spécimens de cet art appartenant à la première partie de l'époque qui nous occupe. Nous nous bornerons à citer les vitraux du musée de Darmstadt, provenant de l'église de Wimpfen-im-Thale (¹). Pour le XIVe siècle, nous mentionnerons les belles verrières de la cathédrale de Cologne, qui datent du commencement de ce siècle (²), et celles de la cathédrale de Strasbourg, exécutées pour la plupart par Hans de Kircheim, qui florissait vers 1348. Parmi ces dernières, la grande rose mérite une mention spéciale.

Dans les Pays-Bas, bien peu de vitraux remontant à cette époque ont échappé aux iconoclastes du XVIe siècle et aux vandales de la première révolution française.

[1] V. les illustrations dans l'ouvrage de F. H. Muller, v. I, 8, 18.
[2] V. les illustrations dans le magnifique ouvrage des frères Boisserée, sur la cathédrale de Cologne.

LIVRE III.
LE STYLE TEUTONIQUE OU GERMANIQUE.

DEUXIÈME ÉPOQUE (1420-1530).

DÉVELOPPEMENT COMPLET DU SENTIMENT TEUTONIQUE DANS L'ART AU MOYEN AGE.

CHAPITRE PREMIER.
LES FRÈRES VAN EYCK.

L'école néerlandaise qui, pendant les périodes précédentes, avait acquis une grande habileté dans l'art de peindre, fut aussi la première à produire tous les fruits de son caractère essentiellement teutonique. Ce caractère se manifeste dans les efforts tentés pour traduire, par des formes empruntées à la vie réelle, par la vivacité du dessin, de la couleur, de la perspective, de la lumière et des ombres, les inspirations dont l'esprit de l'artiste était profondément pénétré, et dans la tendance à remplir son cadre au moyen de scènes de la nature ou d'objets vulgaires reproduits dans leurs moindres détails. La grande importance de ce développement du réalisme dans la peinture n'a pas été bien reconnue jusqu'ici. Ce réalisme, porté à son apogée, nous permet de nous rendre compte de la nature particulière de cet enthousiasme pour l'art et pour la foi chrétienne qui animait la race germanique. Les Italiens, ces grands maîtres de l'art parmi les nations latines, ont avec l'art, comme avec le christianisme, des rapports tout à fait différents. Leur peinture religieuse procède de tout autres principes. L'antique race romaine forme le fond de la population de la Péninsule, modifiée en partie seulement par les hordes germaniques qui envahirent ces régions et se fondirent graduellement dans une nouvelle unité. Le sentiment germanique de l'art et la conception germanique de l'idée chrétienne subirent ainsi une profonde altération par le contact avec l'élément indigène. L'existence de nombreux monuments de l'antiquité dut exercer une influence non moins grande sur le développement artistique. Mais bien que la combinaison de ces divers éléments ait abouti aux plus belles créations de l'art chrétien, cependant, comparées à l'art antique et surtout à l'art grec, celles-ci ne révèlent pas une originalité aussi grande que les œuvres de la première école néerlandaise et doivent être considérées plutôt comme une heureuse transition entre le sentiment antique et le sentiment allemand. La haute signification de l'école flamande dans l'histoire générale de l'art provient donc de ce que cette école, libre de toute influence étrangère, nous révèle le contraste des sentiments de la race grecque et de la race germaine, les deux têtes de colonne de la civilisation dans le monde ancien et le monde moderne. Tandis que les Grecs cherchaient à idéaliser non-seulement les conceptions du monde idéal, mais jusqu'à leurs portraits, en simplifiant les formes, et en accentuant les traits les plus importants, les premiers Flamands au contraire traduisirent en portraits les personnifications idéales de la Vierge, des apôtres, des prophètes, des martyrs, et s'efforcèrent de représenter d'une manière exacte les plus petits détails de la nature. Tandis que les Grecs exprimaient les détails du paysage, rivières, fontaines, arbres, etc., sous des formes abstraites, les Flamands cherchaient à les rendre tels qu'ils les avaient vus. En regard de l'idéal et de la tendance des Grecs à tout personnifier, les Flamands créèrent une école réaliste, une école de paysage. Sous ce rapport, les autres races teutoniques, les Allemands d'abord, puis les Anglais, les ont suivis dans la carrière.

Les autres écoles latines, l'école française et l'école espagnole occupent un rang secondaire relativement à l'Italie et aux Pays-Bas. Elles subirent tour à tour l'influence du génie de ces deux nations, les deux éléments se balançant parfois, cédant plus souvent l'un devant l'autre.

Pendant longtemps on a considéré comme une véritable énigme, cette prépondérance du sentiment réaliste, tel qu'il apparaît dans les tableaux des frères Van Eyck.

Cela provient de ce que les œuvres de la génération qui les précéda furent détruites par les iconoclastes dans la tempête qui se déchaîna sur les Pays-Bas au XVIe siècle. Aussi, afin d'expliquer par des données historiques ce développement des tendances réalistes, j'ai eu recours aux sculptures et aux miniatures de l'époque qui précède immédiatement l'apparition des frères Van Eyck. Mes recherches n'ont pas été sans succès. L'examen d'un grand nombre de monuments funéraires et de reliefs, en la possession de M. Dumortier, à Tournay, m'a donné la conviction que l'école de sculpture du moyen âge suivit dès le début une tendance réaliste, et qu'elle était allée très-loin dans cette voie, dès le milieu du XIVe siècle ('). Les statues en pierre, grandeur nature, exécutées en 1396 pour Philippe le Hardi, duc de Bourgogne, par Claes Sluter, et qui ornaient la fontaine de la Chartreuse à Dijon, accusent un caractère de réalité et une science de la nature qui les place sur la même ligne que les tableaux des Van Eyck ('). Elles représentent Moïse (la fontaine

(') Le monument de Colard de Seclin, docteur en droit, construit en 1341, est surtout important, en ce qu'il prouve non-seulement le caractère individuel des portraits, mais l'extension de ce caractère à la figure de l'Enfant Jésus, évidemment peinte d'après nature. V. mon article dans le *Kunsblatt* de 1848, n°s 1 et 3.

(') V. mon article dans le *Kunstblatt* de 1856, n° 27. Ce numéro contient en outre une description des sculptures du même Claes Sluter provenant du monument de Philippe le Hardi, et conservées au musée de Dijon.

s'appelle *Puits de Moyse*), David, Jérémie, Zacharie, Daniel et Isaïe. Nous en concluons que la sculpture dans les Pays-Bas comme en Italie devança la peinture, et l'histoire nous apprenant que les peintres italiens avaient travaillé d'après les fameuses portes de bronze du Baptistère de Florence par Lorenzo Ghiberti, nous pouvons croire que le même fait se produisit dans les Pays-Bas. Nous en trouvons la première preuve dans diverses miniatures exécutées en 1371 par un certain Jean de Bruges, peintre du roi Charles V de France, et qui ornent une traduction de la Vulgate, conservée au musée de Westrenen à La Haye ([1]). Au commencement du volume on voit le portrait de Charles V dessiné de profil, devant lui une figure agenouillée, également de profil, et représentant, comme nous l'apprend une dédicace en vers, Jean Vaudetar, qui offrit cette Bible au roi. Ce sont deux portraits d'un caractère d'individualité très-marqué et d'une carnation très-tendre. Quelques petits sujets historiques, fol. 467, la *Nativité*, l'*Adoration des Rois*, la *Fuite en Égypte*, révèlent encore l'existence d'une génération de peintres flamands antérieurs aux Van Eyck, et très-habiles déjà dans leur art. Les compositions animées, les formes vraies de ces images ont été peintes d'après nature ainsi que les draperies et les attitudes. La désignation expresse de *Pictor* attribuée à Jean de Bruges, tandis que les peintres de miniatures étaient appelés *Illuminator*,

([1]) V. mon article dans le *Deutsches Kunstblatt* de 1856, pp. 268, etc.

nous montre encore qu'il doit avoir peint des tableaux proprement dits. D'autre part, Hubert Van Eyck, qui naquit à Maeseyck, près de Maestricht, en 1366, s'étant fixé à Bruges bien avant 1412 (¹), il n'est pas douteux qu'il ait connu les œuvres de ce maître admirable et subi son influence. Il n'est pas douteux non plus qu'il ait vu les sculptures de Tournay et se soit inspiré de leur esprit. Mais tandis que d'un côté il portait à un merveilleux degré de perfection la tendance réaliste de maîtres tels que Jean de Bruges, il se rattache de l'autre au sentiment idéal de l'époque précédente, lui prêtant une plus grande richesse de style, plus de distinction, une science sérieuse de la nature et une grande variété d'expression. Ses œuvres témoignent d'un enthousiasme élevé et énergique pour la spiritualité de ses conceptions rigoureusement religieuses. Les sujets sont ordinairement traités d'une manière symétrique et selon les formes de l'architecture religieuse de son temps. S'il introduit dans ses œuvres un sentiment plus pittoresque et plus dramatique, ce n'est qu'en se soumettant à ces règles. Ainsi ses têtes accusent une beauté, une dignité qui appartiennent à l'école antérieure, fécondée par un sentiment plus vrai de la nature. Ses draperies joignent le goût pur et moelleux de la période précédente à une plus grande largeur. Le principe réaliste se manifeste dans le soin des détails qu'exige l'indication exacte de l'étoffe des draperies. Ses nus sont

(¹) En 1442, il était membre de la confrérie de la Vierge aux rayons. Voir CARTON, *les trois frères Van Eyck*, p. 93.

étudiés avec une consciencieuse exactitude, les mains tracées avec une grande vérité ; les pieds seuls laissent à désirer. Mais le principal mérite de ses tableaux éclate dans la puissance, toute nouvelle, dans la profondeur, la transparence et l'harmonie du coloris. Pour atteindre à ce résultat, Hubert Van Eyck mit à profit la peinture à l'huile qu'il avait perfectionnée. Employé longtemps avant lui, il est vrai, mais dans des conditions très-imparfaites, ce procédé n'avait servi qu'à des objets secondaires. D'après les découvertes les plus récentes (¹) voici les améliorations qu'il introduisit par degrés dans ce système. Il commença par écarter le principal obstacle qui jusque là avait empêché l'application de la peinture à l'huile aux tableaux proprement dits, car, afin de faire sécher les couleurs plus vite, on avait dû y ajouter un vernis composé d'huile bouillie avec une résine. La couleur trop sombre de la résine, à laquelle on mélait de l'ambre jaune ou plus souvent de la sandaraque, agissait d'une manière différente sur les diverses couleurs. Mais Hubert Van Eyck réussit à composer un vernis incolore qu'il put appliquer à toutes indistinctement. Voici la méthode qu'il suivait pour peindre : Il traçait son contour sur un fond de plâtre assez serré pour que l'huile ne pût en pénétrer la surface, puis il ébauchait avec une légère couche d'outremer d'un brun chaud, assez transparente pour laisser percer le fond de plâtre, et appliquait ensuite les diverses couleurs,

(¹) V. Sir Charles Eastlake, *Matériaux pour l'histoire de la peinture à l'huile*. Londres, 1847, Longman. Chap. VIII-XI.

légères dans les clairs et épaisses dans les ombres, se servant parfois du fond pour mieux les faire ressortir. Dans toutes les autres parties, il conservait l'harmonie entre les couches supérieures et la couleur fondamentale, de manière à réunir partout la vigueur à la clarté. Il acquit à la fin dans le maniement de la brosse cette parfaite liberté que permettait le procédé nouveau, arrêtant le coup de pinceau, ou bien fondant doucement ses touches, selon les exigences du sujet.

Trois ouvrages lui sont aujourd'hui attribués avec raison, mais pour un seul l'authenticité est historiquement prouvée. Je parlerai d'abord des deux autres, parce que d'après toutes les preuves, ils ont dû être exécutés les premiers. L'un est au musée national de la Trinité à Madrid (¹). Il représente d'une façon originale et splendide un sujet traité de bonne heure par les artistes chrétiens, le *Triomphe du Nouveau Testament sur l'Ancien ou de l'Église chrétienne sur la Synagogue par le sacrifice du Christ.* Ce tableau (²) ayant de grandes analogies avec

---

(¹) En 1786 ce tableau était dans la chapelle de Saint-Jérôme à Valence; plus tard il fut placé au couvent del Parral, à Ségovie.

(²) Quoique je n'aie pas vu cette œuvre, je crois avec Passavant qu'elle est d'Hubert Van Eyck. (Voyez l'*Art chrétien en Espagne*, p. 196, etc. Leipzig, 1853, publié par Weigel.) M. Passavant constate que ce tableau ressemble en tous points à celui de Saint-Bavon et en trouve la preuve en ce qui concerne le caractère des têtes, le dessin des mains, l'arrangement des draperies, dans un admirable trait de la collection d'estampes

le chef-d'œuvre d'Hubert Van Eyck, dont il sera parlé
plus loin, et qui dut être commencé en 1420, nous pouvons en reporter l'exécution de 1415 à 1420. Il respire
de tous points l'esprit de l'art religieux au moyen âge.
L'Éternel (¹) est assis sur son trône que surmonte un
somptueux baldaquin gothique terminé en flèche. Il tient
le sceptre d'une main, étendant l'autre pour bénir. La
Vierge lit à sa droite, saint Jean l'Évangeliste écrit à sa
gauche. Sur les bras du trône on voit les attributs des
quatre Évangélistes ; aux pieds de l'Éternel l'agneau sans
tache qu'il offrit en holocauste pour les péchés du genre
humain. Plus bas ce sacrifice est représenté sous la forme
d'un courant d'eau dans lequel flottent des hosties, et qui
arrose un petit jardin, où six anges célèbrent sur divers
instruments la gloire de Dieu. Plus loin, de chaque côté,
d'autres anges chantent des hymnes sous des baldaquins
gothiques. L'un d'eux tient une légende qui explique le
symbole du ruisseau par le 15° verset du chapitre IV du
Cantique des Cantiques : *Fons ortorum, puteus aquarum
viventium. O fontaines des jardins, ó puits d'eau vive et
ruisseaux coulant du Liban!* Cette eau finit par tomber
dans une fontaine gothique qui s'élève au milieu du premier plan et que décore selon l'ancien usage allégorique
un pélican qui nourrit ses petits de son sang. A droite

de Berlin. D'un autre côté, M. Cavalcaselle, dans son livre sur
les Anciens Peintres flamands (p. 92) attribue ce tableau à Jean
Van Eyck.

(¹) Je m'écarte ici de l'opinion de Passavant et de Cavalcaselle
qui voient dans cette figure la seconde personne de la Trinité.

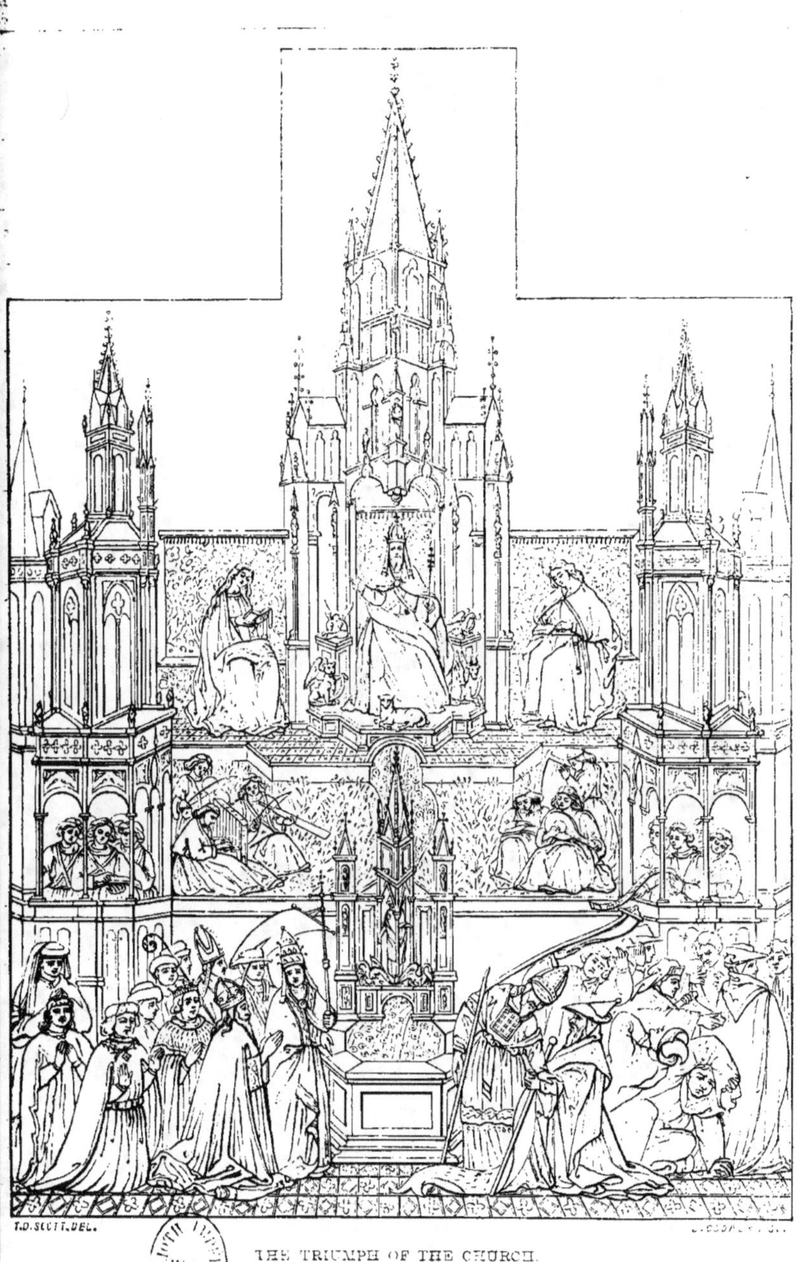

THE TRIUMPH OF THE CHURCH.
In the National Museum, Madrid.

LE TRIOMPHE DE L'EGLISE, musée national à Madrid.

sont les Bienheureux, vainqueurs par Jésus-Christ, le
Pape à leur tête, tenant de la main gauche la croix avec
l'étendard ; de l'autre montrant à l'Empereur agenouillé
près de lui la fontaine, source de la Rédemption. Derrière
eux sont d'autres personnages religieux et laïques. De
l'autre côté on voit le grand prêtre, les yeux bandés,
tenant de la main droite un étendard brisé, s'efforçant de
la main gauche d'empêcher un juif agenouillé de rendre
hommage. Huit autres juifs sont derrière eux faisant des
gestes d'horreur ou de désespoir. Dans les trois figures
principales et dans la physionomie des anges, une profonde expression religieuse se combine avec un sentiment
délicat du beau ; les figures inférieures ont plutôt le caractère de portraits. Les attitudes dramatiques de quelques-
uns des juifs sont surtout admirables. Quant à la couleur
de ce tableau, qui n'a pas moins de cinq pieds six pouces
de hauteur, elle est harmonieuse et claire, l'exécution
très-soignée ; l'œuvre tout entière en un mot trahit la
main d'un maître.

Le second tableau représente *Saint Jérôme arrachant une
épine de la patte d'un lion accroupi* (¹) (musée de Naples).
La tête du saint est majestueuse ; sa robe brune, ample
et drapée avec goût, la carnation d'un rouge brun, d'une
puissance et d'une profondeur étonnantes. Les accessoires,

(¹) Ce tableau fut d'abord attribué, de la façon la plus arbitraire,
à Colantonio di Fiore dont les tableaux authentiques sont peints
dans les formes conventionnelles de l'école de Giotto. J'y ai le
premier reconnu la main d'Hubert Van Eyck pendant mon séjour
à Naples en 1841. Voyez le *Kunstblatt* de 1847, p. 162, etc.

le chapeau de cardinal, les livres, dont l'un est ouvert, les bouteilles, etc., sont d'une vérité frappante (¹).

Toutefois le chef-d'œuvre d'Hubert Van Eyck et celui dont l'authenticité est démontrée par une inscription du tableau même, est le grand tableau d'autel qui un jour figura au grand complet dans l'église de Saint-Bavon à Gand. Judocus Vyts, seigneur de Pamele et bourgmestre de Gand, et sa femme Élisabeth, de l'illustre famille des Borluut, le commandèrent pour leur chapelle mortuaire dans cette église. A cet effet Hubert Van Eyck alla s'établir, vers 1420, à Gand, où il devint en 1422 membre de la confrérie de Notre-Dame (²). Quand on ouvrait les volets, aux jours de grandes fêtes, on voyait le dessus de la partie centrale du tableau, représentant Dieu le Père ayant à ses côtés la Vierge et saint Jean-Baptiste ; à l'intérieur des volets, des anges chantant la gloire de l'Éternel, aux extrémités, dans les deux demi-volets qui venaient couvrir la figure de Dieu le Père, Adam et Ève, représentant la chute de l'homme. Le panneau central inférieur représente l'agneau mystique, dont le sang coule dans un calice ; au-dessus de lui plane le Saint-Esprit sous la forme d'une colombe. Des anges munis des instruments de la Passion adorent l'agneau tandis que des côtés s'avancent quatre groupes comprenant des martyrs, des saints

(¹) Un contour de ce tableau se trouve dans l'*Histoire de l'art par les monuments*, d'Agincourt, *Peinture*, pl. 132. Les éditeurs de la nouvelle édition de Vasari l'attribuent à Jean Van Eyck. Note de la p. 163. *Introduction*, vol. I.

(²) CARTON, *les trois frères Van Eyck*, p. 36.

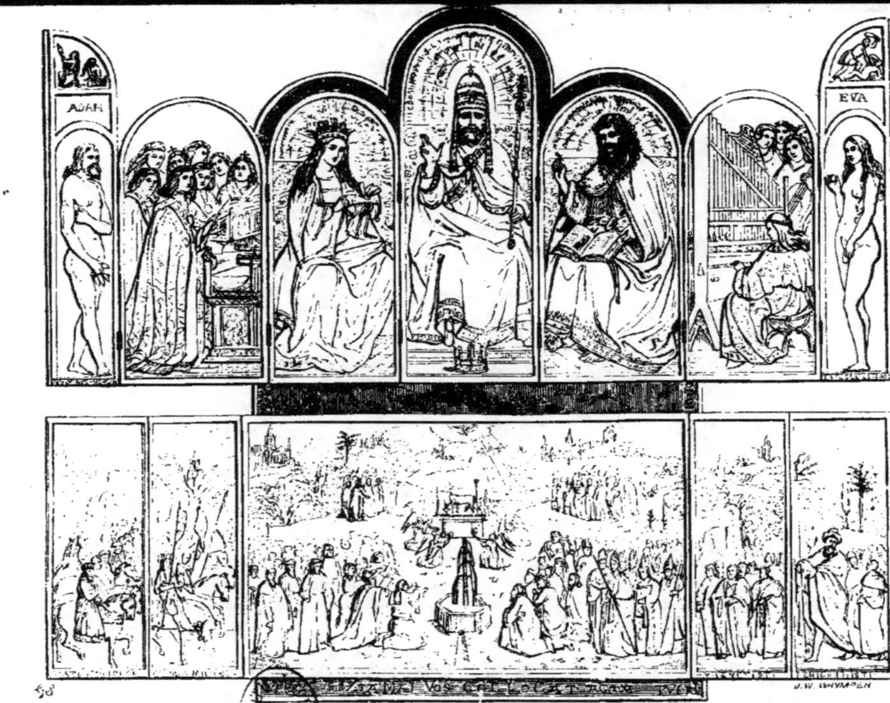

THE ALLEGORY OF THE ADORATION OF THE LAMB.

Painted by John and Hubert van Eyck for the Church of St. John (now St. Bavon) at Ghent, in 1432.

L'ADORATION DE L'AGNEAU, par les frères Van Eyck, église Saint-Bavon, à Gand.

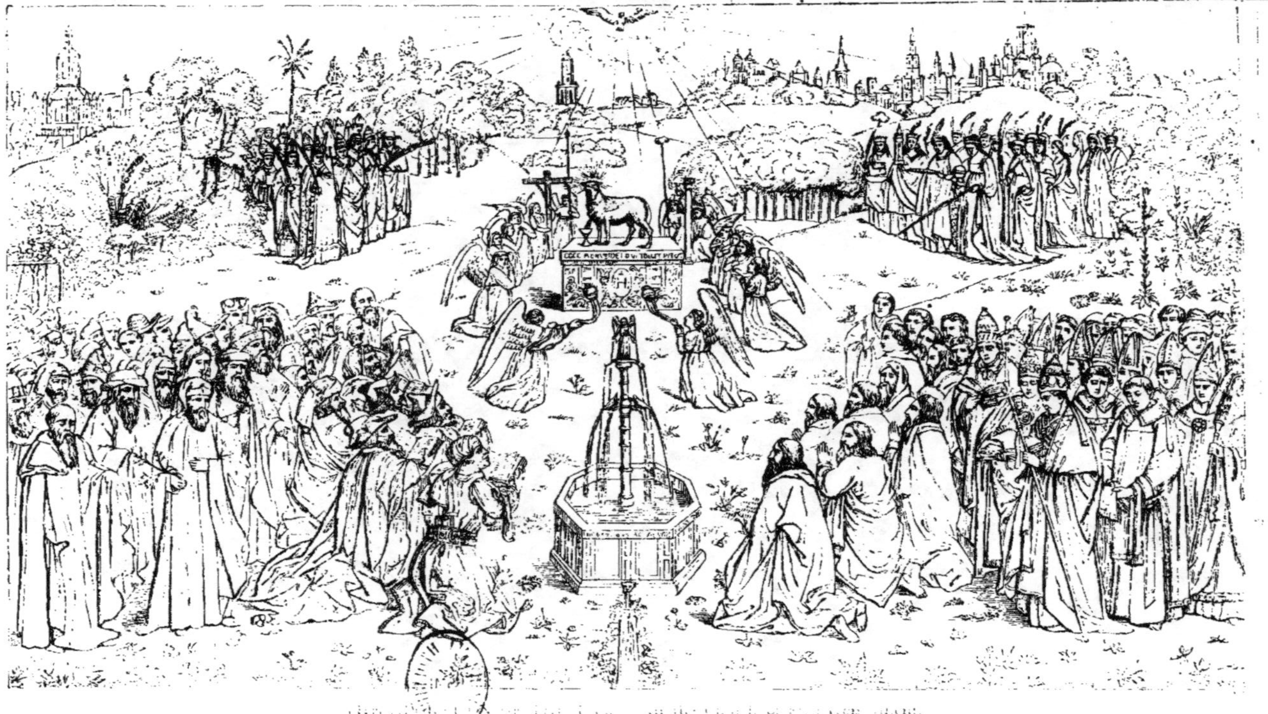

L'ADORATION DE L'AGNEAU (panneau central), à l'église Saint-Bavon, à Gand.

et des saintes, des prêtres et des laïques. Sur l'avant-plan
se trouve la fontaine de vie, dans le lointain on distingue
les tours de la divine Jérusalem. Sur les volets d'autres
groupes s'avancent pour adorer l'agneau, à gauche ceux
qui ont conquis le royaume des cieux par des œuvres
mondaines, les soldats du Christ et les bons juges ; à
droite ceux qui ont acheté le Paradis par la renonciation
aux biens de la terre, les ermites et les pèlerins. Le tout
était complété par un dernier panneau inférieur représentant l'Enfer.

Cette œuvre est aujourd'hui dispersée. Les panneaux du
centre et ceux d'Adam et Ève sont seuls restés à Gand (¹).
Le tableau de l'Enfer, endommagé de bonne heure, est
perdu ; les autres forment un des plus beaux ornements
du musée de Berlin.

Les trois figures du tableau central supérieur ont toute
la dignité sculpturale du style primitif. Elles sont peintes
sur un fond d'or et de tapisserie, selon l'antique usage,
mais au type traditionnel s'ajoute une reproduction heureuse de la vie et de la nature dans toute leur vérité. Ces
figures occupent la limite de deux styles différents et
résument d'une façon merveilleuse les perfections de tous
les deux. Le Père Éternel fait face au spectateur ; la main
droite se lève pour bénir l'agneau et toutes les figures qui
occupent le bas du tableau. Dans la main droite il tient

(¹) Ces volets, qui ornaient depuis de longues années la salle
du chapitre de Saint-Bavon, ont été acquis tout récemment par
le gouvernement belge pour être placés au musée de Bruxelles.

(Note du traducteur.)

I   8.

le sceptre de cristal. Sur sa tête repose la triple couronne, emblème de la Trinité. Les traits sont ceux que les traditions de l'Église attribuent au Christ, mais nobles et bien proportionnés, l'expression énergique, presque dépourvue de passion. La tunique sans ceinture est d'un rouge foncé de même que le manteau, attaché sur la poitrine par une riche agrafe, et descendant des épaules sur les pieds en plis magnifiques. Derrière la figure, à la hauteur de la tête, on voit une tenture verte ornée du pélican d'or, symbole bien connu de la Rédemption. Le fond derrière la tête est d'or avec trois inscriptions tracées en demi-cercle, et définissant la Trinité comme la toute-puissance, la toute-bonté, la toute-miséricorde. Les deux autres figures ont une égale majesté. Toutes deux absorbées dans la lecture des livres saints et tournées vers la figure du centre. La physionomie de saint Jean exprime le calme ascétique, celle de la Vierge une grâce sereine.et une pureté qui rappellent les plus heureuses tentatives de l'art italien.

Sur le volet voisin de la Vierge, comme l'indique la gravure, huit anges couronnés et revêtus de robes superbes chantent devant un lutrin. L'éclat des étoffes et des pierres précieuses est rendu de main de maître, le lutrin richement orné de figures gothiques et les physionomies pleines d'expression. Mais, dans ces efforts tentés pour imiter la nature et nous permettre de distinguer jusqu'aux différentes voix du double quatuor, l'esprit saint a déjà disparu. — Sur le volet du côté opposé, sainte Cécile est assise devant un orgue dont elle touche le clavier avec une expression méditative. Des anges l'accompagnent sur des instruments à corde. L'expression de ces têtes dénote un sentiment plus sérieux et plus doux. — Quant aux étoffes et aux accessoires, ils sont traités de main de maître. Les deux derniers volets de la rangée supérieure, *Adam* et *Eve* (voir la gravure), demeurent, à Gand, cachés au visiteur par respect pour les mœurs (¹). Sauf une certaine dureté dans le dessin, l'artiste a merveilleusement réussi dans cette tentative de peindre des figures nues de grandeur nature. Ève tient dans la main droite le fruit défendu. La forme du maître-autel laissant un espace vide au-dessus de ces panneaux, l'artiste y a placé, du côté d'Adam, le *Sacrifice de Caïn et d'Abel*, du côté d'Ève, la *Mort d'Abel*, c'est-à-dire la conséquence immédiate du péché originel.

La composition du grand tableau central l'*Adoration de l'Agneau* est entièrement symétrique, comme l'exigeait la nature mystique du sujet, mais il y a une telle beauté dans le paysage, dans la transparence de l'atmosphère, dans les arbres et les fleurs, et jusque dans les figures les plus secondaires, que l'on ne songe plus à s'apercevoir de cette disposition de régularité monotone. Le panneau de droite représentant les pèlerins est le moins frappant de la série. Saint Christophe, qui parcourait le monde cherchant le seigneur le plus puissant, marche en tête. C'est un géant, que suivent des pèlerins de différents âges et de moindre taille. A travers les arbres élancés on

(¹) *V.* la note de la page 89.

(Note du traducteur.)

découvre une vallée fertile, dont les nombreux détails attestent une observation étonnante de la nature. Les plis du grand manteau rouge de saint Christophe nous rappellent encore le style de la période précédente. L'expression étrange et capricieuse des figures des pèlerins n'est pas moins remarquable. Le tableau attenant, d'un aspect plus agréable, représente une troupe de saints anachorètes, traversant un défilé de rochers. Saint Paul l'ermite et saint Antoine, qui donnèrent le premier exemple de la retraite, ouvrent la marche que ferment les deux saintes femmes qui passèrent la plus grande partie de leur existence dans le désert, Marie-Madeleine et sainte Marie d'Égypte. Les têtes, pleines de caractère, ont des expressions variées, et sur chaque physionomie on peut, pour ainsi dire, lire l'histoire de la vie du personnage. D'austères vieillards sont devant nous, tous différents les uns des autres, l'un ferme et fort, l'autre plus faible, celui-ci ouvert et franc, celui-là plus dissimulé. Quelques personnages fanatiques lèvent la tête d'un air sauvage, tandis que d'autres s'avancent presque joyeux ou bien luttent encore avec leur nature terrestre. C'est un tableau qui nous fait descendre dans les secrets du cœur humain; un des chefs-d'œuvre de l'art, qui n'a pas besoin, pour être compris, de recherches préalables sur l'époque où il a été conçu et exécuté. Le paysage, les rochers, les coteaux boisés, les arbres chargés de fruits, sont d'une beauté resplendissante, et l'œil irait se perdre dans cet admirable tableau de la vie tranquille, s'il n'était constamment ramené à l'attention des premiers plans.

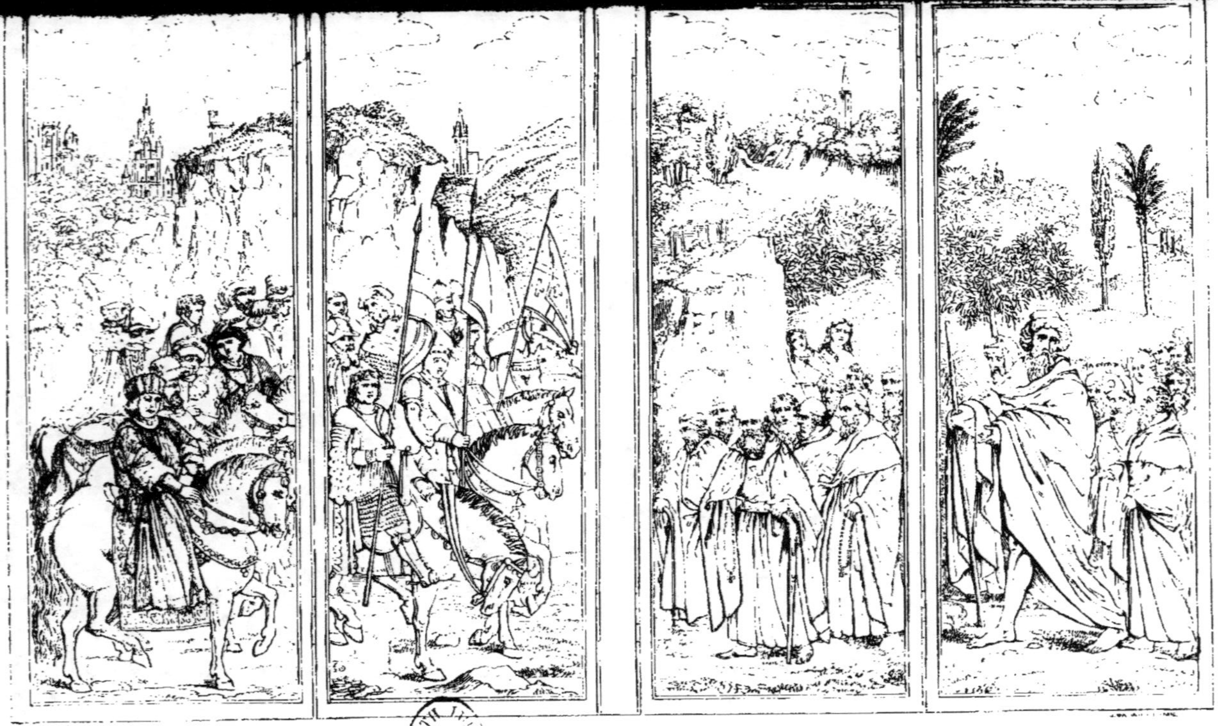

THE HOLY WARRIORS   In the Berlin Gallery   THE HOLY PILGRIMS

LES SAINTS PALADINS.   (Musée de Berlin.)   LES SAINTS PÈLERINS.

Comme l'indique la gravure ci-contre, les panneaux de l'aile opposée diffèrent essentiellement par la conception de ceux qui précèdent. Le sujet par lui-même ne comportait pas un intérêt aussi vif, et le spectateur est plutôt attiré par l'expression d'une certaine harmonie tranquille, combinée avec un grand éclat dans la reproduction des richesses terrestres. Sur le panneau de droite apparaissent les soldats du Christ, montés sur de magnifiques coursiers, nobles figures revêtues d'une armure étincelante et de surcots de formes et de couleurs diverses. Les trois cavaliers qui portent la bannière semblent être saint Sébastien, saint Georges et saint Michel, patrons des anciennes gildes flamandes· qui accompagnaient leurs comtes aux Croisades. Par la tête de saint Georges, le peintre a parfaitement réussi à rendre l'esprit chevaleresque du moyen âge, ce véritable héroïsme qui ne s'humiliait que devant Dieu. Après saint Georges s'avancent des empereurs et des rois. Dans le paysage, d'un fini admirable, les blancs nuages du printemps flottent au-dessus des collines richement tapissées. Le second tableau (le dernier à gauche) représente les *Bons Juges*, également à cheval et tous d'une physionomie imposante. En tête, sur un coursier gris, magnifiquement caparaçonné, s'avance un vieillard au visage bienveillant, vêtu de velours bordé de fourrure. C'est le portrait d'Hubert Van Eyck, tracé par son frère. Jean lui-même se trouve plus au fond, vêtu de noir, tournant vers le spectateur sa figure mordante et un peu dure. La tradition nous apprend que ces figures sont des portraits.

Ces deux panneaux ont surtout le mérite de nous donner une idée exacte des costumes, des armures, des caparaçons, tels qu'ils étaient à la cour de Bourgogne, considérée du temps de Philippe le Bon comme la plus brillante de l'Europe. Les volets supérieurs, fermés, représentaient l'*Annonciation*. Ils étaient disposés de telle sorte que sur les panneaux les plus larges (le revers des anges qui chantent et qui jouent) se trouvaient les images de la Vierge et de l'ange Gabriel, et sur les plus étroits (Adam et Ève), la continuation de la chambre de la Vierge. Ici, comme d'habitude, la couleur était d'une gamme moins brillante, afin que tout l'éclat fût conservé pour la représentation du sujet principal à l'intérieur. L'ange et la Sainte Vierge sont revêtus d'une robe blanche flottante, mais les ailes de l'ange ont le doux éclat de l'aile du perroquet vert. Les têtes respirent la noblesse ; le mobilier est rendu avec beaucoup d'exactitude ainsi que la vue qui s'étend, à travers les arcades de l'appartement de la Vierge, dans les rues d'une ville qui doit être Gand. Dans les panneaux cintrés qui surmontent ceux-ci figurent à droite et à gauche les prophètes Michée et Zacharie, dont les têtes ont beaucoup de dignité, mais dont l'attitude a quelque chose de roide et de forcé. Au centre, au-dessus du revers d'*Adam et Ève,* deux figures agenouillées représentant des *sibylles*.

La partie extérieure des ailes inférieures contient les deux saint Jean lourdement drapés, ayant dans les plis de leur robe quelque chose d'anguleux imité de la sculpture de l'époque, qui avait abandonné déjà l'ancien style ger-

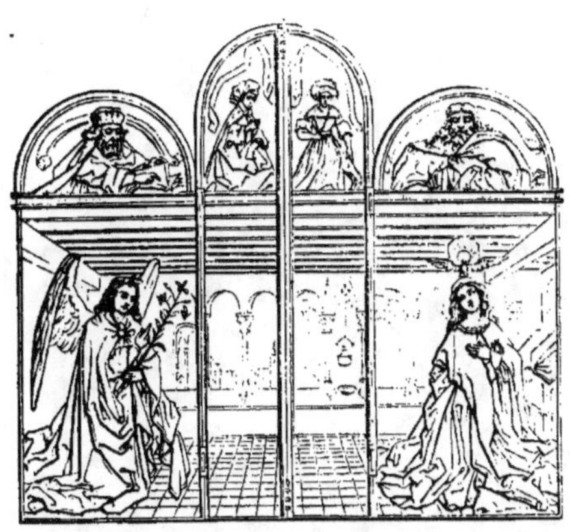

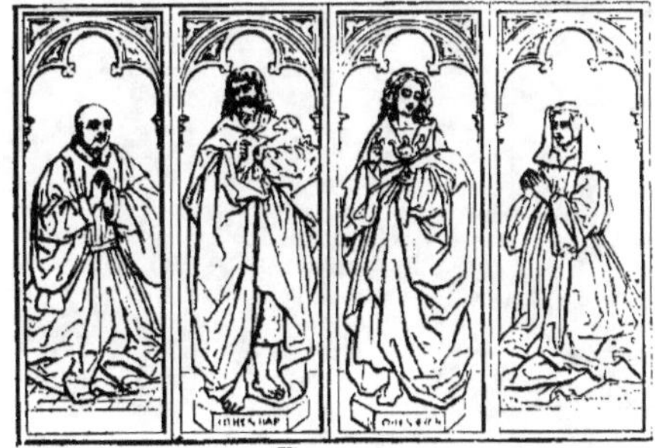

Outer Shutters of the great Van Eyck picture at Berlin

Volets extérieurs du grand tableau des Van Eyck, musée de Berlin.

manique. Ce caractère s'introduisit de plus en plus dans le style du XVe siècle, et la draperie des figures de l'*Annonciation* révèle une tendance analogue. Les têtes respirent un sentiment de beauté bien rare dans cette école. Saint Jean-Baptiste, qui de la main droite montre l'agneau qui repose sur son bras gauche, représente dignement le dernier des prophètes, sous des traits énergiques et fiers. Il a la barbe et la chevelure abondantes. Saint Jean l'Évangéliste, au contraire, apparaît sous la forme d'un jeune homme, aux traits délicats, regardant avec beaucoup de calme un monstre à quatre têtes de serpent surgissant d'un calice qu'il bénit.

Les portraits des donateurs sont d'une fidélité inimitable. Ils trahissent la main soigneuse de Jean Van Eyck, mais frisent de bien près la limite où devrait s'arrêter la reproduction des traits vulgaires du premier venu. Toutefois l'artiste s'est occupé de l'expression des physionomies au moins autant que de la forme du corps. Le vieux Judocus Vyts, à la générosité duquel la postérité est redevable de ce chef-d'œuvre, est habillé d'une simple robe rouge bordée de fourrure, agenouillé, les mains jointes et les yeux levés vers le ciel. Sa figure pourtant n'a rien d'attrayant; le front est bas et étroit, le regard sans vigueur. La bouche seule trahit une certaine bienveillance, et l'ensemble atteste le caractère d'un homme d'affaires. L'idée de la commande d'un pareil chef-d'œuvre se trouve dans la physionomie intelligente, expansive et noble de sa femme, agenouillée vis-à-vis de lui dans un costume plus simple encore.

Hubert Van Eyck n'eut malheureusement pas le temps d'achever cet immense travail. Il mourut le 16 septembre 1426 et fut enterré dans le caveau de famille des Vyts, près de leur chapelle, dans la cathédrale. Le frère cadet et l'élève d'Hubert, Jean Van Eyck, ne consentit qu'à la requête de Judocus Vyts, à terminer les parties inachevées du maître-autel (¹).

En comparant attentivement les divers panneaux, avec les œuvres authentiques de Jean Van Eyck, on arrive à constater dans plusieurs d'entre eux des différences de dessin, de coloris, de draperies et de style qui révèlent d'une manière positive la main d'Hubert. Ce sont les suivantes. Dans la partie intérieure de la série supérieure : *Dieu, la Vierge, saint Jean-Baptiste, sainte Cécile avec le concert des anges, Adam et Ève.* Dans la série inférieure :

(¹) Cela résulte de l'inscription suivante, tracée sur le cadre du panneau extérieur :

> « Pictor Hubertus ab Eyck major, quo nemo repertus
> Incepit ; pondusque Johannes arte secundus
> Frater perfecit Judoci Vyd prece fretus. »
> VersV seXtu MaI. Vos CoLLoCat aCta tVerI (1432)

Cette inscription, cachée sous une couche de couleur verte, fut retrouvée à Berlin en 1823. Le premier mot et la seconde moitié de la troisième ligne qui manquaient, furent heureusement fournis par une vieille copie de l'inscription, découverte par M. de Bast, l'antiquaire belge. Pour une différence dans la ponctuation de la deuxième ligne, *V.* Carton, *les trois frères Van Eyck*, p. 57, et mon compte-rendu de cet écrit dans le *Kunstblatt* de 1849, nᵒˢ 16 et 17, et Hotho, *Die Schule von Hubert Van Eyck*, II, p. 82.

Le côté des *apôtres et des saints, les ermites et les pèlerins,*
à l'exception toutefois du paysage.

Jean Van Eyck d'autre part est l'auteur du panneau
représentant les *Anges chantant;* de la partie du tableau
principal, comprenant les *patriarches* et les *prophètes* et
du paysage tout entier; il faut lui attribuer encore les
Soldats du Christ, les *Bons juges* et le paysage du panneau
des *Ermites* et des *Pèlerins,* enfin toute la partie extérieure
des volets, comprenant les portraits des fondateurs et
l'*Annonciation.* Le *Prophète Zacharie* et la *Sibylle* seuls
accusent un pinceau moins expérimenté (¹).

Jusqu'à ces derniers temps, le nom de Jean Van Eyck
a complétement éclipsé celui d'Hubert. L'aîné des deux
frères avait le premier mis en pratique le nouveau procédé de peinture, mais sa gloire ne dépassa la Belgique
et ne franchit les Alpes qu'après sa mort, et Jean recueil-
lit ainsi tous les avantages de cette légitime célébrité. Dès
1455 il était cité dans les écrits de Facius, le docteur italien, comme le premier peintre du siècle, tandis qu'il
n'était pas fait mention d'Hubert (²). Giovanni Santi, dans

(¹) Hotho, dans son livre II, p. 89, réduit à peu de chose la
part de Jean Van Eyck dans l'exécution de cet autel. Le cadre
de mon livre n'admettant pas la controverse, je dois me borner
ici à dire que ses preuves ne m'ont pas convaincu. L'inscription seule du tableau est pour moi un argument contre cette
opinion.

(²) *De viris illustribus,* p. 46. « *Johannes Gallicus nostri sæculi
pictorum princeps judicatus est.* »
V. aussi *Les anciens peintres flamands* (p. 47, etc.).

son poëme bien connu, ne parle que du « *Gran Jannes* ».
C'est chez Jean que Antonello de Messine se rendit à
Bruges pour s'initier à la nouvelle méthode. C'est lui
encore que Vasari cite dans sa première édition de 1550.
Hubert n'est mentionné, et d'une manière tout à fait inci-
dente, que dans l'édition de 1568. La plupart des écrivains ont copié Vasari et l'on n'a tenu compte que tout
récemment de Van Mander, qui, en 1604, dans son
ouvrage sur les peintres, a donné une biographie détaillée
d'Hubert.

Quoique nous ne possédions aucune donnée certaine
sur la date de la naissance de Jean Van Eyck, nous pouvons la fixer d'une manière assez sûre à l'année 1396.
Son portrait, introduit dans le panneau des *Bons Juges,* ne
peut guère avoir été peint avant 1430, et représente un
homme de 35 ans au plus. Il est prouvé, d'autre part, qu'il
mourut en 1441 (¹), par conséquent dans sa 46ᵉ année,
c'est-à-dire relativement jeune (²). Grâce aux recherches
de notre temps, on a recueilli quelques particularités de
sa vie. En 1420, il montra à la gilde des peintres à

(¹) M. de Stoop, de Bruges, a découvert le compte de ses funérailles à l'église de Saint-Donatien. — Voir CARTON, *les trois
frères Van Eyck*, p. 42.

(²) Voir *Historie van Belgie,* par Marc Van Vaernewyck, édition de 1649, p. 119, et le poëme en l'honneur de Lucas de
Heere, maître de Van Mander, à ce passage : « *Van dezer wereldt
vrough dees edel Bloeme schiedt.* » M. Carton donne d'autres
preuves quant à la date de la naissance de Van Eyck, dans
l'ouvrage précité, p. 27.

Anvers, une tête peinte à l'huile qui produisit une telle sensation que plus de cent ans après, la haute bourgeoisie d'Anvers fit présent à la gilde d'un gobelet représentant cet événement (¹). Jean Van Eyck était probablement alors au service de Jean de Bavière, évêque de Liége, de 1390-1418, surnommé Jean sans Pitié, et devenu plus tard par son mariage duc de Luxembourg (²). Quatre mois plus tard le duc mourut, et l'artiste entra à la cour de Philippe le Bon, duc de Bourgogne (³), avec un traitement de 100 livres dont il jouit jusqu'à sa mort. Le duc avait en lui une telle confiance, qu'il le chargea de plusieurs missions secrètes qui durent plus d'une fois mettre obstacle à ses travaux artistiques. Deux voyages de ce genre, accomplis en 1426, l'empêchèrent de s'occuper de sa grande entreprise, qu'il dut abandonner encore en 1425, pour accompagner en Portugal l'ambassade des seigneurs de Lannoy et de Roubaix, afin de peindre le portrait d'Isabelle, la fiancée de son maître. Ce ne fut que vers la fin de 1429, rentré à Bruges et propriétaire d'une maison, qu'il put reprendre le travail du maître-autel, exposé enfin au public, le 6 mai 1432 (4).

(¹) V. *Notice sur l'Académie d'Anvers*, 1824, par Von Kirchoff. Comp. *Les anciens peintres flamands*, par Cavalcaselle, p. 45.

(²) J. Van Eyck fut au service de ce prince dont le territoire comprenait la ville de Maeseyck, et sa fille entra comme religieuse dans un couvent de cette localité. Ces deux faits semblent prouver l'origine de la famille.

(³) V. LÉON DE LABORDE, *Les ducs de Bourgogne*.

(4) LÉON DE LABORDE, *Les ducs de Bourgogne*, vol. I, p. 225 et *Les anciens peintres flamands*, p. 52, etc.

Nous possédons heureusement plusieurs tableaux authentiques de Jean Van Eyck, dans lesquels les qualités de son génie se reconnaissent plus aisément que dans les parties exécutées pour le maître-autel, avec la pieuse intention de se conformer au style de son frère qui avait été son maître. Ses propres ouvrages ont un tout autre caractère que ceux d'Hubert. Il n'est pas transporté de cet enthousiasme pour le somptueux prestige de l'art religieux au moyen âge, ni pénétré de ce sentiment de la beauté qui animait son frère aîné. En revanche, il saisit mieux l'individualité dans la nature. Pour la tête du Christ, il conserve l'ancien type byzantin, mais ses vierges et ses saints ont tous le caractère de portraits et parfois d'une laideur dépourvue de tout sentiment élevé. Le caractère essentiellement réaliste de Jean éclate avec une rare puissance dans l'admirable exécution des étoffes, des fonds et des petits détails de ses tableaux. Mais, dans les figures empruntées au monde idéal, il imite la sculpture de son temps, en chargeant ses draperies de plis anguleux et roides, et souvent ses mains sont trop étroites. Là, au contraire, où il peut se borner à peindre des portraits, objet de sa prédilection, il atteint une vérité de forme et de couleur sans rivale à son époque et peut-être depuis.

En ce qui concerne sa participation au développement du procédé de peinture à l'huile, je crois avec M. Cavalcaselle qu'il trouva probablement son frère, beaucoup plus âgé que lui, en possession du système. Il a pu cependant par la pratique l'amener à une plus grande perfec-

tion (¹). Il manie la brosse avec encore plus de facilité
qu'Hubert et se trouve ainsi à même de rendre tous les
objets avec une merveilleuse exactitude. Tantôt, dans les
chairs, nous voyons les couleurs fondues avec une extrême
douceur ; tantôt, dans les chevelures flottantes, elles sont
légèrement jetées sur le panneau. Par son désir de donner
du relief au modelé, les chairs approchent du blanc pur
dans les clairs et prennent dans les ombres un ton brun
un peu lourd et brisé de jaune. Chez Hubert, au contraire,
le brun des ombres a une tendance au rouge. La netteté
de sa vue et la merveilleuse fermeté de sa main portèrent
Jean Van Eyck à peindre, de préférence, des figures de
dimensions restreintes. Le plaisir qu'il prenait à imiter
toutes les formes de la nature lui fit abandonner de temps
en temps les sujets religieux, pour peindre par exemple
la *Chasse aux loutres* (²) et la *Salle de Bains* (³) cités
comme d'admirables tableaux, mais aujourd'hui perdus.
Enfin il aimait à tel point de représenter des paysages
avec des vues lointaines, qu'il ne se bornait pas à en
introduire dans le fond de ses tableaux historiques, mais
on connaît de lui une œuvre qui représente exclusivement un paysage (⁴). En dehors des tableaux de Van Eyck

(¹) Cavalcaselle, pp. 44 et 46. D'après la date 1417, inscrite
sur un tableau à l'huile de Pieter Christophsen (musée Städel
à Francfort), il paraît que le nouveau procédé était déjà en
vogue, à une époque où Jean Van Eyck n'avait guère que
20 ans.

(²) *Anonimo*, par Morelli, p. 44.

(³) V. *Facius*.

(⁴) La représentation du monde que (d'après Facius) il fit pour

qui se trouvent en Belgique, je ne citerai que ceux dont l'accès est facile. Dans cette énumération je tâcherai de suivre l'ordre chronologique. Quant aux œuvres d'une importance secondaire, je les passerai complétement sous silence.

Le plus ancien tableau connu de Jean Van Eyck est la *Consécration de Thomas Becket, archevêque de Cantorbéry*, dans la galerie du duc de Devonshire à Chatsworth, signée et datée de 1421. Quoique ce tableau contienne quelques belles têtes et soit d'un ton vigoureux, on y reconnaît aisément une production de la jeunesse du maître (¹).

Saint François agenouillé devant un rocher et recevant les saints stigmates. Ce petit tableau, qui se trouve à la résidence de lord Heytesbury dans le Wiltshire, est remarquable par la solidité et la délicatesse de l'exécution, la profondeur et la chaleur du ton. Lord Heytesbury l'ayant acheté d'un médecin à Lisbonne, il est probable que ce tableau fut exécuté par Van Eyck pendant son séjour en Portugal, 1428-1429 (²).

Immédiatement après, dans l'ordre chronologique, viennent les volets du maître-autel de Gand qui se trouvent au musée de Berlin. Je suis tenté, en outre, d'attribuer à Jean les paysages des volets où l'on voit des *Ermites*

Philippe le Bon n'était pas autre chose qu'un paysage renommé pour l'indication des villes et des villages et l'illusion de la perspective.

(¹) *Trésors de l'art*, vol. III, p. 349.
(²) *Galeries et cabinets de la Grande-Bretagne*, p. 389.

et des *Pèlerins* peints par son frère Hubert, et ce parce
que la végétation méridionale, les orangers, les pins-
parasols, les cyprès, les palmiers, sont rendus avec une
grande fidélité, et que, des deux frères, Jean seul avait
eu occasion de les voir, dans son voyage en Portugal.

La Vierge et l'Enfant assis sous un appentis, avec cette
inscription : *Completum anno domini MCCCCXXXII per
Johannem de Eyck, Brugis*, et la devise : « *Als ich
chan* » (¹). La tête de la Vierge est d'une rare noblesse,
mais les plis de la draperie sont roides et anguleux. Le
tableau se trouve à Ince Hall, près de Liverpool.

Un portrait d'homme, dans la Galerie Nationale, nº 222,
signé « *Johes de Eyck me fecit año MCCCC33, Oct. 21* »
et la devise ci-dessus. Ce tableau est d'une vérité merveilleuse et d'une exécution magistrale.

Dans la Galerie Nationale, nº 186, sont les portraits de
Jean et de sa femme, qu'il épousa probablement en 1430.
Les époux, en costume de fête, sont représentés debout,
se tenant par la main — dans une chambre peu vaste —
avec de nombreux accessoires, à leurs pieds un chien
terrier. Signé « *Johannes de Eyck fuit hic 1434.* » Aucun
autre tableau de lui ne révèle un aussi complet développement du génie du maître. Outre les qualités spéciales
que nous avons déjà signalées et qu'il déploie ici dans
tout leur éclat, nous constatons une intelligence du clair-
obscur qui ne se retrouve dans aucun autre tableau de

(¹) D'après CARTON, partie d'un proverbe hollandais, « *Als ik
kan, niet als ik wil.* »

l'époque. Il n'est pas étonnant que la princesse Marie de Hongrie, sœur de Charles-Quint et gouvernante des Pays-Bas, ait pour ce tableau, comme le dit Van Mander, accordé une rente de 100 florins au barbier qui en était propriétaire (¹).

La *Vierge avec l'Enfant, à qui sainte Barbe présente le donateur, un ecclésiastique en robe blanche*. Fond, paysage et architecture. Cette œuvre remarquable est en réalité une miniature à l'huile. Dans l'ordre chronologique, elle suit de très-près la précédente. (Burleigh-house, résidence du marquis d'Exeter).

Il y a une relation très-étroite entre ce tableau et le nº 162 du Louvre, représentant la *Vierge couronnée par un ange, tandis que le donateur, Rollin, chancelier de Philippe le Bon* (²), *adore à genoux l'Enfant Jésus qu'elle tient dans son giron*. Les traits de la Vierge sont jolis, mais d'une expression peu religieuse ; l'Enfant d'une élégance inusitée chez ce maître, l'ange très-beau, et le portrait du donateur d'une étonnante énergie. Le manteau de la Vierge se brise en plis nombreux et aigus. Le paysage, une ville assise au bord d'une rivière, des montagnes couronnées de neige dans le fond, surpasse en richesse toutes les autres productions du maître.

(¹) *Van Mander*, p. 126. Entre deux personnages, il en place un troisième qu'il appelle *Fides*. Ce fait ne prouve rien, car il parle du tableau par ouï-dire.

(²) *D'après Courtépée, Descript. hist. et topogr. du duché de Bourgogne*, cité par Cavalcaselle dans son *Histoire*, p. 197, ce tableau, orna jadis la sacristie de Notre-Dame, à Autun.

Nous citerons ensuite un tableau daté de 1436, et placé dans la collection de l'Académie de Bruges, mais d'un mérite très-inégal. La Vierge, assise sous un dais, est d'une laideur inaccoutumée. L'Enfant, qui joue avec un perroquet, a les traits d'un petit vieillard. La tête de saint George, placée à la gauche de la madone, est dépourvue de toute expression religieuse. Saint Donatien, debout vis-à-vis de lui, est au contraire plein de dignité, mais la figure du donateur, le chanoine George de Pala, présenté à la Vierge par saint Donatien, est de tous points admirable. Les traits ont une fermeté qui frise la rudesse (¹). Cette œuvre, dont les figures ont deux tiers de grandeur naturelle, est la plus grande que nous connaissions de Jean Van Eyck.

Le portrait de Jean de Leeuw, dans la galerie du Belvédère, porte la même date. On y remarque la même vigueur de contour, mais un ton exceptionnellement gris dans les ombres.

Sainte Ursule assise devant une riche tour gothique, — son attribut ordinaire, — au Musée d'Anvers (²) et daté de 1437. Ce tableau offre un intérêt spécial en ce qu'il montre comment Jean Van Eyck traitait la grisaille. Quoique exécuté avec la pointe de la brosse, il ressemble, à s'y méprendre, à un dessin à la plume.

(¹) V. la gravure de ce tableau, peu soignée quant aux têtes, dans CARTON, *les trois frères Van Eyck*, p. 72. On y trouve les inscriptions très-détaillées du cadre.

(²) Ce tableau ainsi que le précédent a été photographié par E. Fierlants. Bruxelles, C. Muquardt.

La *Tête du Christ,* comme Sauveur du monde, 1438, au Musée de Berlin, montre combien Van Eyck tenait à rester fidèle au type primitif et barbu des peintres orientaux, mais en le vivifiant de sa couleur puissante et de sa magistrale connaissance des détails.

Le portrait de sa femme, laquelle n'avait d'ailleurs rien de séduisant (1439), se trouve à l'Académie de Bruges. C'est une merveille de délicatesse et d'énergie. La couleur est plus vraie, quoique moins chaude, que dans les autres portraits de Van Eyck (¹).

La *Vierge sur son trône, donnant le sein à l'Enfant Jésus.* Les traits sont agréables, mais d'un caractère peu religieux. L'Enfant, de formes gauches, a moins de charme. Les plis aigus et admirablement rendus de la robe de la Vierge cachent entièrement les formes. Ce tableau, appelé du nom de son ancien propriétaire, la madone de Lucques, est aujourd'hui au Musée Städel, à Francfort.

A la série de ses tableaux les plus achevés appartient un petit tableau d'autel, de la galerie de Dresde. Le panneau central représente la *Vierge avec l'Enfant Jésus,* assise dans une riche chapelle d'architecture romane; la partie intérieure des volets comprend *Sainte Catherine et Saint George,* ce dernier présentant le donateur. Sur la partie extérieure on voit l'*Annonciation,* en grisaille.

Je dois mentionner en dernier lieu les robes sacerdo-

(¹) Sur le bord supérieur de ce tableau se trouve l'inscription : « *Conjux meus Johannes me complevit 1439, 11 Juni.* » Sur le bord inférieur : « *Etas mea triginta tria annorum. ALS IXH XAN.* » (Photographié par E. Fierlants. Brux., C. Muquardt.)

tales du trésor impérial de Vienne, qui ont été brodées d'après les cartons de Jean Van Eyck, sur l'ordre de Philippe le Bon, pour la fête de la Toison d'or. Une *Figure de l'Eternel,* un *Baptême du Christ* et plusieurs saints révèlent le sentiment habituel de Jean Van Eyck.

Les frères Van Eyck avaient une sœur nommée Marguerite, que l'on dit avoir été une artiste habile ; mais on ne connaît aucune œuvre qui puisse lui être attribuée avec quelque certitude. Elle mourut avant son frère Jean, et fut inhumée, ainsi que Hubert, dans la cathédrale de Gand.

Il y a tout au plus dix années, on leur a découvert un troisième frère nommé Lambert Van Eyck. Une note inscrite sur le registre de la cathédrale de Bruges, à la date du 21 mars 1442, constate que, sur la requête de Lambert Van Eyck, frère du célèbre peintre Jean Van Eyck, le chapitre accorda la permission, sauf approbation de l'évêque, de transporter le corps de ce dernier de l'extérieur de l'église dans l'intérieur de l'édifice, près des fonts baptismaux (¹). Ce troisième frère aurait peu d'importance, s'il ne semblait résulter d'une pièce trouvée aux archives de Lille, que lui aussi fut peintre (²). S'il le

(¹) V. sur tous ces points Carton, *les trois frères Van Eyck.*

(²) On lit au registre des comptes du duc Philippe le Bon : « A Lambert de Heck, frère de Johannes de Heck, peintre de Monseigneur, pour avoir été, à plusieurs fois, devers mondit seigneur, pour aucunes besognes que mondit seigneur vouloit faire faire. » Ce registre, mentionnant en même temps le peintre Huc de Boulogne, il est probable que par le mot *besognes,* on

fut réellement, on peut lui attribuer un tableau inachevé qui, d'après une notice toute récente sur Jean Van Eyck, fut peint en 1445 pour Nicolas de Maelbeke, abbé et doyen du monastère de Saint-Martin, à Ypres ; placé en 1447 sur la tombe du donateur dans l'église du couvent, recueilli par l'évêque d'Ypres et placé dans son palais pendant l'invasion française à la fin du siècle dernier, et enfin, après avoir longtemps appartenu à M. Bogaert, libraire à Bruges (¹), acheté par M. Van der Schrieck, à Louvain (²). Il se compose d'un panneau central et de deux volets arrondis en haut. Le panneau, qui a 5 pieds 6 pouces de hauteur, représente, sous des arcades à plein cintre, la Vierge, une riche couronne placée sur sa longue chevelure flottante, revêtue d'un large manteau de pourpre somptueusement orné, et tenant dans ses bras l'Enfant Jésus ; le donateur du tableau est à genoux devant elle. A travers les arcades on voit un paysage accidenté, avec un grand nombre de détails accessoires. Les volets comprennent quatre sujets de l'Écriture, dont quel-

entendait des peintures d'un ordre inférieur. Je partage sur ce point l'opinion de M. Carton et du comte Léon de Laborde.

(¹) Passavant considère ce tableau comme une copie, mais le docteur de Merssman, connaisseur distingué à Bruges, a prouvé que c'est bien ce tableau qui a figuré jadis dans l'église d'Ypres. V. CARTON, *les trois frères,* etc. Il est peu probable qu'on ait songé à faire une copie d'une œuvre à peine commencée.

(²) La galerie de cet amateur a été vendue au mois d'avril 1861. L'acquéreur du tableau est M. Schollaert, son gendre.

(Note du traducteur.)

ques-uns à peine esquissés, tous relatifs au mystère de la Nativité, selon l'esprit des anciens symboles chrétiens. C'est *Moïse et le buisson ardent*, la *Porte fermée d'Ézéchiel*, *Gédéon avec l'ange et la Toison miraculeuse*, et *Aaron avec la verge*. Sur la partie extérieure des volets on voit la *Vierge* (en grisaille) *avec l'Enfant Jésus apparaissant à l'empereur Auguste, et la sibylle de Tibur lui expliquant le sens de sa vision*. Les parties principales de cet ouvrage, notamment la Vierge et le donateur, sont d'un dessin trop faible, les chairs surtout sont traitées avec trop peu d'habileté, pour être de Jean Van Eyck, qui d'ailleurs ne put travailler à ce tableau, puisqu'il mourut en 1441. Par contre, les accessoires, la chevelure de la Vierge et surtout le paysage présentent une telle analogie avec les œuvres de Jean, qu'ils doivent procéder sans doute aucun de l'atelier d'un peintre contemporain. L'ancienne notice qui cite Jean Van Eyck comme l'auteur du tableau milite même en faveur de Lambert, en ce sens qu'on était fortement intéressé à faire passer ce triptyque pour l'œuvre du plus célèbre des trois frères (¹). Plusieurs des figures secondaires présentent une analogie tellement frappante avec les deux sibylles et le prophète Zacharie du grand tableau de Gand, que je serais presque tenté d'attribuer ces dernières, les plus faibles parties de ce vaste ouvrage, à Lambert Van Eyck. Celui-ci peut être, pour les mêmes raisons, l'auteur du grand tableau de l'Académie de Bruges, qui se rapproche si étroitement de l'original,

______

(¹) **V.** mon article dans le *Kunstblatt* de 1849, nᵒˢ 16 et 17.

et figure aujourd'hui, sous le nº 11, au musée d'Anvers.

On peut admettre, comme certain, que les frères Van Eyck ont aussi peint la miniature, quand l'occasion s'en présentait. On est amené à le supposer, d'abord, par leur habitude de soigner minutieusement tous les détails de leurs œuvres, et ensuite, parce que leur prédécesseur dans la carrière, Jean de Bruges, leur en avait donné l'exemple. Il existe, en effet, à la Bibliothèque impériale, à Paris, un manuscrit dont les miniatures ne sont pas seulement inspirées par les mêmes tendances artistiques qui guidaient les frères Van Eyck, mais trahissent en outre, par l'ampleur et la facture, un peintre habitué à travailler dans de plus grandes proportions. Nous voulons parler du fameux bréviaire de 1424, qui appartint au duc de Bedford, régent de France et mari d'une sœur de Philippe le Bon, (¹). Ce manuscrit, outre un grand nombre de toutes petites images, distribuées quatre à quatre sur les marges des feuillets, en renferme 45 de dimensions plus grandes. On y reconnaît l'œuvre d'au moins trois artistes différents. Il y en a d'Hubert Van Eyck, reconnaissables à leur affinité avec les parties de l'autel de Gand, qui peuvent avec certitude être attribuées à ce maître. Une des plus remarquables est la toute première, représentant, dans sa partie supérieure, la *Sainte Trinité, dans un cercle et entourée de chœurs d'anges ;* au-dessous,

---

(¹) V., pour plus de détails, *Kunstwerke und Künstler in Paris*, p. 351 et suiv.

Abraham, Isaac, Jacob, Moïse, David et le prophète Malachie, en adoration. Quelques autres de ces miniatures, par exemple : l'*Ascension, avec les patriarches et les anges attendant Jésus-Christ dans le ciel,* un *saint Jean-Baptiste,* une *Messe et sermon dans une église,* etc., semblent devoir être attribuées à Jean Van Eyck, d'après les analogies qu'elles présentent avec les tableaux de ce dernier. D'autres enfin, qui dénotent une main moins exercée, pourraient bien être l'œuvre de Marguerite Van Eyck.

CHAPITRE II.

ÉCOLE DES FRÈRES VAN EYCK JUSQUE VERS LA FIN DU XVᵉ SIÈCLE.

Les tendances réalistes de l'école de Bruges, si admirablement mises en œuvre, et l'influence de cette magnifique application de la peinture à l'huile se propagèrent
bientôt dans tous les pays de l'Europe où l'on pratiquait
l'art avec quelque succès. Elles se firent naturellement
sentir avec plus d'énergie dans les Pays-Bas, puis en
Allemagne, et de là s'étendirent à la France, à l'Angleterre, à l'Italie, à l'Espagne, au Portugal. Nous n'avons
à constater leurs progrès que dans les deux premières
de ces contrées.

Parmi les disciples des Van Eyck dans les Pays-Bas
sur lesquels il nous est resté des renseignements, quelques-uns paraissent avoir été doués de facultés puis-
santes, bien que pas un d'entre eux n'ait atteint la
hauteur de ses grands devanciers. Un nombre considé-

rable de ces œuvres existe encore, éparpillé dans toute l'Europe, mais c'est bien peu de chose en comparaison de la quantité d'autrefois. Plus rares encore sont les détails sur la vie de ces peintres, quoique depuis dix ans, les archives nous aient fourni bon nombre de dates et de faits nouveaux (¹).

On peut considérer comme ayant étudié avec Jean Van Eyck, dans l'atelier d'Hubert, les trois peintres dont les noms suivent : PIERRE CHRISTOPHSEN (²), ou fils de Christophe. A en juger par un tableau daté de 1417, qui se trouve au musée Städel, à Francfort (n° 402), et représentant la *Vierge et l'Enfant Jésus avec saint Jérôme et saint François*, cet artiste doit être né au plus tard dans les dix dernières années du XIVᵉ siècle, et dès lors considéré comme un élève d'Hubert.

L'ampleur et le goût pur des draperies, l'entente de la couleur, révèlent l'inspiration de ce maître. Mais la tête de la Vierge et surtout celle de l'Enfant ne respirent

(¹) Les auteurs les plus distingués de ces recherches ont été le comte Léon de Laborde, à Paris; M. Wauters, archiviste à Bruxelles; l'abbé Carton, à Bruges; M. Édouard Van Even, archiviste à Louvain; l'Anglais M. James Weale, à Bruges, et plusieurs autres Belges dont les noms sont cités dans l'introduction au catalogue du musée d'Anvers de 1857, p. IX, etc.

(²) Ainsi nommé d'après l'inscription « Petrus XPR » qui se trouve sur ses tableaux. Vasari traduit cela par « *Pietro Crista.* » Dans les archives de la cathédrale de Cambray (voyez DE LABORDE, introduction, p. CXXV et suiv.), il est désigné sous le nom de Petrus Christus, de Bruges.

pas, à beaucoup près, le même sentiment du beau que celles d'Hubert.

A la même époque appartiennent encore quatre petits panneaux de la galerie de Madrid (n° 454) représentant l'*Annonciation*, la *Visitation*, la *Nativité* et l'*Adoration des Rois*. Les portails gothiques qui les encadrent sont décorés de sujets en grisaille (¹). Les derniers ouvrages de Pierre Christophsen sont plus faibles sous certains rapports. Les têtes manquent parfois de sentiment religieux; le dessin, surtout celui des pieds, est faible, et l'exécution maigre. Dans cette catégorie se rangent *Saint Éloi vendant un anneau à des fiancés*, tableau daté de 1449, provenant de la salle des orfévres à Anvers, et acheté par M. Oppenheim, banquier à Cologne. Puis deux volets, datés de 1452, provenant d'un tableau d'autel de Burgos, transférés de là à Ségovie, ensuite au musée de Berlin, où ils figurent sous le n° 529 A. et B. Ils représentent l'*Annonciation*, la *Nativité* et le *Jugement dernier* (²). Ils sont dignes d'intérêt pourtant par la force étonnante et la fraîcheur du coloris, ainsi que par le soin des détails.

Tout à côté de ces œuvres se range une *Vierge avec l'Enfant*, à qui sainte Anne présente une poire (musée de Dresde, n° 1613); tableau désigné comme appartenant

---

(¹) Voyez Passavant. *L'Art chrétien en Espagne*, p. 129; et Cavalcaselle, *Anciens peintres flamands*, p. 119.

(²) Voyez un article de moi dans le *Deutsche Kunstblatt* de 1854, p. 65.

à l'école des Van Eyck. Mais le maître se montre sous un jour plus favorable dans un portrait de la nièce du fameux Talbot, au musée de Berlin, n° 582 (1).

Justus Van Ghent, cité par Vasari comme un des premiers peintres à l'huile de l'école des Van Eyck (2), fut, d'après un vieux manuscrit flamand, élève d'Hubert (3). On ne sait rien de sa naissance, ni des premiers temps de sa carrière; mais s'il fut élève d'un maître mort en 1426, il n'a guère pu naître plus tard que 1400. Le fait également cité par Vasari et confirmé par des preuves historiques (4), qu'il a peint un grand tableau pour le maître-autel de l'église de la confrérie du *Corpus Christi*, à Urbino, en 1474, prouve qu'à cette époque il était un artiste hautement apprécié, même en Italie. Le tableau qui se trouve encore aujourd'hui dans l'église atteste en outre qu'il méritait jusqu'à un certain point sa réputation. C'est le *Christ présentant le calice aux apôtres*, dont les uns sont debout, les autres agenouillés autour de lui. La composition en est habile, sauf le Christ dont la tête et l'attitude sont manquées. L'aspect grave et majestueux des

(1) Sur le cadre primitif, aujourd'hui perdu, on lisait une inscription indiquant le nom du peintre et celui du modèle.

(2) Édit. de Sienne, vol. I, p. 177, et vol. XI, p. 64, où il est appelé *Giusto da Guant*.

(3) V. DE BAST. *Messager des Sciences*. Gand, 1824, p. 133; quoiqu'il soit appelé ici Judocus, je suis convaincu qu'il s'agit du même individu.

(4) PUNGILEONI. *Elogio storico di Giovanni Santi*, p. 64., etc. Urbino, 1822.

apôtres rappelle ceux d'Hubert Van Eyck dans le tableau de Saint-Bavon. On en peut dire autant des formes des mains et du reste des figures, qui sont à peu près trois quarts de grandeur naturelle. Enfin les tons brunâtres des chairs, quoique moins profonds et moins transparents, ressemblent à ceux du maître.

Les portraits de Federigo di Montefeltre, duc d'Urbino, de Caterino Zeno, envoyé de la république de Venise, et d'un homme âgé, probablement le peintre lui-même, sont frappants de vie et de vérité. La *Predella*, contenant des représentations allégoriques du Saint-Sacrement, n'existe plus. Un autre tableau mentionné dans le manuscrit flamand, la *Décollation de saint Jean-Baptiste*, ornait la cathédrale de Gand et fut détruit par les iconoclastes. Deux autres enfin, qui représentaient le *Crucifiement de saint Pierre* et la *Décapitation de saint Paul*, et qui, en 1763, se trouvaient encore dans l'église Saint-Jacques de la même ville, ont disparu ([1]).

Au premier rang des disciples des Van Eyck nous trouvons Thierry Stuerbout, né à Harlem, vers 1391 ([2]). Ce peintre fut désigné par Vasari ([3]) et plus tard par Van Mander ([4]), sous le nom de Thierry de Harlem.

([1]) *Anciens peintres flamands*, p. 157.

([2]) Ceci résulte des actes d'un procès dans lequel il fut cité comme témoin à Bruxelles, le 9 décembre 1467. Il avait alors 76 ans. Voyez la notice de M. Wauters, dans les *Chroniques de la société historique d'Utrecht*, 2ᵉ série, 6ᵉ année, p. 268.

([3]) VASARI, vol. XI, p. 68, édit. de Sienne.

([4]) Id., p. 129, b.

Il reçut probablement sa première instruction de son père, également appelé Thierry ou Dierick Stuerbout, nom que l'on a souvent abrégé en *Bout*. Mais comme le père, qui était renommé pour ses fonds de paysages [1], ne vivait plus en 1400 [2], son fils doit avoir été placé de bonne heure à l'école de quelque autre peintre. La meilleure à cette époque était l'atelier d'Hubert Van Eyck, et comme les œuvres d'aucun autre artiste contemporain dans les Pays-Bas n'ont autant d'analogie (surtout pour ce qui concerne les têtes) que les œuvres de Stuerbout, avec les parties du tableau de Saint-Bavon que l'on sait être de la main d'Hubert [3], sa supériorité paraît incontestablement due aux leçons de ce grand maître. Pendant quelque temps il résida à Harlem, sa ville natale, et y exerça son art; Van Mander cite la maison qu'il habitait [4]. Plus tard il se rendit à Louvain. On ne connaît

[1] Nous avons à l'appui de ce fait le témoignage de Jean Molanus (écrivain très-estimé, mort en 1585), dans sa description manuscrite de Louvain, découverte à la Bibliothèque de Bourgogne en 1835, et qui sera publiée prochainement. Le paysage, comme branche distincte de l'art, ne remonte pas au delà du XVI⁰ siècle. Mais des miniatures très-anciennes prouvent qu'en Hollande de très-bonne heure on plaça des figures de petites dimensions sur des fonds vastes et travaillés avec beaucoup de soin.

[2] Voyez le même Molanus, *loc. cit.*

[3] Cette analogie est si grande que j'ai moi-même attribué à Justus Van Ghent (disciple d'Hubert Van Eyck), plusieurs tableaux authentiquement reconnus aujourd'hui comme étant de Thierry Stuerbout. V. *Kunstblatt* de 1847, p. 178.

[4] Cavalcaselle constate (*Anciens Peintres flamands.* p. 311),

pas exactement la date de son établissement dans cette ville, mais d'après Molanus, il y avait en 1438 (¹) un frère qui fut nommé peintre de la ville en 1454 (²) et son arrivée dut se rapporter à cette époque. De toute manière il vivait à Louvain en 1461, puisqu'il y reçut alors l'emploi de *portraiteur* de la cité, et qu'en 1462 il y exécuta un tableau (³). Les années suivantes, la confrérie du Saint-Sacrement le chargea d'orner deux chapelles de l'église Saint-Pierre. Pour la plus petite il exécuta un triptyque, représentant au centre le *Martyre de saint Erasme*, et sur les volets *Saint Jérôme* et *Saint Bernard*. Pour la plus grande il fit un tableau d'autel comprenant au centre *la Cène*, et sur les volets quatre compartiments superposés, avec quatre sujets empruntés à l'Ancien Testament et symbolisant la Sainte Cène. Le dernier tableau, auquel il travailla pendant plusieurs années, recevant de temps en temps de légers à-compte, fut

qu'il y demeura pendant plusieurs années. Van Mander ne va pas aussi loin.

(¹) Pour tous les détails relatifs à Dirk Stuerbout, voyez l'intéressante brochure publiée par Ed. Van Even, *Nederlandsche Konstenaers*. Amsterdam, 1858.

(²) Cet emploi, d'après la brochure susdite, ne consistait qu'à peindre des ornements. Un autre frère, appelé Albert, s'établit également à Louvain.

(³) Cela résulte de l'inscription latine d'un tableau qui se trouvait à Harlem du temps de Van Mander, inscription dont nous ne possédons que la traduction en hollandais : « *Duysent vier hunderd en twee en tsestich jaer nae Christus gheboort, heeft Dirk, die te Haarlem is ghebooren my te Lowen ghemaeckt, de*

achevé en 1467 (¹). L'année suivante il termina deux
ouvrages commandés par les magistrats de Louvain pour
la salle du Conseil à l'hôtel de ville, dont la construction
venait d'être terminée en 1460. Ces tableaux, dont les
personnages sont de grandeur naturelle, devaient servir
d'enseignement aux juges. Le sujet est emprunté à une
légende de la chronique de Godefroid de Viterbe, écrite
au xııᵉ siècle. L'empereur Othon III, sur le faux témoignage de l'impératrice, a fait mettre à mort un des seigneurs de sa cour. La femme de l'infortuné démontre,
par l'épreuve du feu, l'innocence de son mari, et l'impératrice est condamnée à périr dans les flammes (²). Comme
prix de ces tableaux, le peintre reçut la somme, importante

euwighge rust moet hem ghewerden. » Ce tableau comprenait les
figures, grandeur naturelle, du Christ, de saint Pierre et de
saint Paul.

(¹) Le passage suivant de Molanus prouve à l'évidence que ces
deux tableaux, montrés dans l'église comme des Memling et
attribués par moi à Justus Van Ghent, sont bien de Stuerbout :
« *Theodorici filii opus sunt in ecclesia D. Petri duo altaria ve-
nerabilis sacramenti quæ multum ex arte commendantur.* »
M. Van Even a trouvé dans les archives de la confrérie du Saint-
Sacrement la confirmation la plus complète de ce passage en ce
qui concerne le dernier tableau. Il a retrouvé jusqu'au reçu du
peintre, daté de 1467. Il est ainsi conçu : « *Ic Dieric Bouts
kenne mi vernucht (sic) en wel betaelt, als van den werc dat ic
ghemackt hebbe den heiligen sacrament.* »

(²) Ceci résulte d'une note des Annales de Louvain, publiée
dans le *Messager des Sciences*, p. 18, en 1832, et reproduite par
Cavalcaselle dans les *Anciens Peintres flamands*, p. 290.

pour l'époque, de 230 couronnes, preuve évidente de la haute estime dont jouissaient ses œuvres. Les magistrats lui prouvèrent d'ailleurs leur satisfaction en lui commandant sur-le-champ deux autres travaux.

Le premier fut terminé en 1472. C'était un grand tableau à volets ayant six pieds de haut sur quatre de large, représentant le *Jugement dernier*, et destiné à la salle des Échevins. L'autre, qui devait figurer dans une galerie de tableaux créée par les autorités communales à l'hôtel de ville, se composait de quatre panneaux, de douze pieds de hauteur et mesurant une largeur totale de vingt-six pieds, ce qui en aurait fait le plus grand ouvrage connu de cette école. L'artiste entreprit ces deux travaux pour 500 couronnes, mais la mort vint l'interrompre en 1479 (¹), à l'âge de 87 ans, alors qu'il allait achever le deuxième compartiment de sa grande œuvre. La plus grande partie de ces tableaux existant encore, je suis à même, non-seulement de formuler une opinion exacte sur le style de ce maître, mais aussi de constater l'authenticité des autres productions de son pinceau. Dans ses compositions religieuses, la ferveur particulière à la première école flamande se joint à une expression de calme, de solennité, à une teinte mélancolique qui leur donnent un charme tout particulier. Dans l'arrangement

(¹) Pour ce qui regarde sa mort et l'appréciation du tableau inachevé par Hugo Vander Goes, dont il sera reparlé plus loin, voyez l'ouvrage de M. Van Even, p. 14. Voir aussi le passage relatif à ces peintures dans les Annales de Louvain, les *Anciens Peintres flamands*, p. 291.

des personnages le sens pittoresque l'emporte souvent à tel
point sur la symétrie qu'on est tenté d'y trouver je ne sais
quoi d'accidentel et de décousu. En même temps les attitudes
ont une roideur anguleuse qui se trahit surtout dans la
disposition des jambes; les corps manquent parfois de proportion, certaines parties, les jambes surtout, sont trop
longues et trop maigres. En revanche le caractère très-varié
des têtes révèle un sentiment délicat du beau. Le dessin est
habile, les mains toujours bien traitées. En ce qui concerne les draperies, aucun peintre de cette école ne se
rapproche autant d'Hubert Van Eyck et ne s'écarte davantage de la roideur des plis, particulière à Jean Van
Eyck. Mais son mérite éclate surtout dans le coloris et
dans le style des paysages qui forment le fond de ses
tableaux. Pour la puissance et la profondeur de la couleur, on ne peut lui comparer aucun artiste contemporain ; ses chairs ont des teintes chaudes, les ombres des
tons brunâtres d'une transparence rare. Le rouge et le
vert de ses draperies ont le moelleux et l'éclat du rubis
et de l'émeraude. L'effet de ses tons verts se reproduit
dans les arbres et les plantes de ses paysages, dont la
douceur et la perspective aérienne lui assignent la première place parmi ses confrères. L'exemple de son père,
si éminent dans cette spécialité, lui a sans doute été d'un
grand secours. Nous savons positivement qu'un tableau
de Dierick, représentant des événements de la vie de saint
Bavon, se trouvait encore en 1609 entre les mains d'un
M. F. Blin, à Harlem. Les environs de la ville y étaient
représentés avec une telle précision, que l'on reconnais-

sait un arbre creux bien connu de son temps (¹). En résumé, l'on trouve dans les tableaux de Stuerbout, surtout dans la riche exécution des étoffes, une ampleur et un charme qui relègue au-dessous de lui Rogier Vander Weyden l'aîné, son confrère, qui cependant lui est supérieur sous d'autres rapports.

On connaît un assez bon nombre d'ouvrages attribués à Stuerbout. Mais mon cadre ne me permet de mentionner que les plus remarquables et ceux dont l'accès est le plus facile.

Parmi ceux que je connais, les plus anciens me paraissent être deux petits panneaux représentant huit épisodes de la légende de sainte Ursule, dans la chapelle des Sœurs Noires à Bruges, et faussement attribués à Memling. Ces peintures, d'une extrême délicatesse, furent peut-être exécutées vers 1426, avant la mort d'Hubert Van Eyck et par conséquent avant le retour du peintre à Harlem. La partie extérieure représentant les *Quatre Évangélistes,* les *Quatre Pères de l'Église* et l'*Annonciation* en grisaille, mérite également de fixer l'attention.

Immédiatement après viennent deux pièces appartenant à un grand tableau d'autel. L'une, représentant *Judas et sa troupe arrêtant le Seigneur*, figure à Munich (cabinets, nº 58). La composition en est riche et animée,

---

(¹) La description de ce tableau se trouve dans une note d'une traduction française de l'*Histoire des Pays-Bas*, de *Guicciardini*, publiée à Amsterdam, en 1609, par Pieter Van Berge. V. **Ed. Van Even**, p. 29, etc.

mais par la maigreur des formes, l'anguleux des attitudes et la rudesse du contour, elle appartient à la première période de la carrière de l'artiste. On retrouve déjà
dans cette œuvre son admirable sentiment des physionomies, la variété des carnations ainsi que la puissance
et la profondeur du coloris. L'autre morceau, l'*Ascension,*
attribué erronément à Memling, orne la chapelle de Saint-
Maurice à Nuremberg (n° 23). Ce tableau plaît encore par
l'expression de dignité de la tête du Sauveur, mais il a
été dénaturé par trop de restaurations.

Un tableau, qui a beaucoup d'analogie avec celui que
je viens de décrire, se trouve dans la collection de l'Académie des beaux-arts, à Vienne, et y figure, par erreur,
sous le nom de Memling. Il représente, sous une construction de style gothique, Dieu le Père, assis sur son
trône, et Jésus-Christ, couronnant la sainte Vierge
comme reine du ciel. Derrière ces figures se déroule un
tapis de brocart d'or. De chaque côté, trois anges qui
chantent. C'est un tableau d'une beauté exquise.

Les *Funérailles d'un évêque, dans le presbytère d'une
église,* tableau qui fait partie de la collection de sir Charles
Eastlake, président de l'académie des beaux-arts, à Londres, est d'un coloris moins chaud que le précédent, mais
de formes plus accentuées; les physionomies y ont un
caractère plus marqué d'individualité. Au point de vue
de la distribution ingénieuse de la composition, de la
variété et de l'expression des têtes et du fini de l'exécution, ce tableau, dont les dimensions sont de 3 1/2 pieds
de hauteur et autant de largeur, doit être rangé parmi les

œuvres les plus remarquables du maître. L'église représentée dans ce tableau est dédiée à saint Pierre comme la cathédrale de Louvain, ce qui fait supposer que le sujet se rapportait d'une manière quelconque à cette ville.

A ces ouvrages succèdent probablement dans l'ordre chronologique le petit tableau d'autel de la cathédrale de Bruges (au centre, le *Martyre de saint Hippolyte,* écartelé par quatre chevaux), le volet représentant le roi qui ordonna le supplice, avec quatre autres figures, et le portrait en partie détruit du donateur et de sa femme.

L'expression de douleur du saint est très-bien rendue, la carnation brunâtre et d'un bon modelé. Mais pour l'époque, les chevaux d'un dessin correct et plein de feu constituent la partie la plus remarquable de l'œuvre. Le paysage du fond révèle déjà les facultés spéciales de l'artiste pour ce genre. Malheureusement le tableau du milieu a subi de nombreuses retouches.

A côté de ce morceau vient se placer le *Martyre de saint Érasme* dont j'ai déjà parlé, et qui se trouve dans l'église Saint-Pierre, à Louvain ; il fut exécuté vers 1463 ou 1464. Le dessin du corps du martyr dénote un progrès évident. En reproduisant l'horrible supplice de ce saint, auquel on arrache les entrailles, le peintre a su éviter ce qu'un pareil sujet a de trop répugnant, mais aux dépens de la vérité et par l'absence de sang et de toute contraction des traits. Quelques-unes des têtes ont moins de chaleur et de clarté que d'habitude, mais on ne peut qu'admirer l'excellence du modelé. Le manteau de saint Jérôme, sur le volet, doit être considéré au point de vue du dessin et de la couleur, comme un des plus brillants morceaux de toute l'école. Le paysage est en outre un des plus beaux spécimens de la manière du maître.

Nous citerons encore le grand tableau d'autel qu'il acheva en 1467 pour la même église de Louvain, et qui représente *la Cène*. Ici le peintre apparaît dans tout l'éclat de son talent. Les figures du Christ et des apôtres sont distribuées avec beaucoup de sens artistique, autour d'une table oblongue, et révèlent une admirable variété d'attitudes, de caractère et d'expression. La noble tête du Sauveur forme un frappant contraste avec celle de Judas, que distinguent sa chevelure d'un noir de jais et sa physionomie méchante. J'avais supposé que la tête de l'un des personnages secondaires était le portrait du peintre. M. Van Even, qui partage cette opinion, a, dans sa brochure, donné le contour de cette tête qui est celle d'un homme âgé, aux traits distingués et à l'expression sérieuse. Les volets du tableau ne le cèdent en rien à la partie principale. Il y en a deux à Munich (cabinets nᵒˢ 44 et 55) représentant *Abraham et Melchisédech*, et la *Récolte de la manne;* deux autres à Berlin (nᵒˢ 533 et 539), ce sont *Élie dans le désert nourri par un ange*, et la *Première célébration des Pâques juives*. La *Récolte de la manne*, à Munich, a beaucoup perdu de son caractère primitif, par des retouches; mais, de même que l'*Abraham et Melchisédech*, très-bien conservé, il est encore très-remarquable par le beau paysage du fond.

Les deux tableaux illustrant la légende d'Othon, quoique les plus grands et les derniers du maître (1468) sont loin d'être son meilleur ouvrage. Dans ces figures de grandeur naturelle, les défauts du maître, les attitudes anguleuses, la maigreur et la longueur démesurée des membres choquent beaucoup plus que dans ses compositions les plus petites. Mais la vivacité des physionomies, le ton vigoureux de la couleur, quoique affaibli çà et là par le nettoyage, et les soins apportés à l'exécution, assignent à ces tableaux une incontestable valeur. Conservés à l'hôtel de ville de Louvain jusqu'en 1827, achetés au prix de 10,000 florins par Guillaume Ier de Hollande, qui les légua à son fils Guillaume II, ils restèrent dans la galerie de ce dernier jusqu'à la vente qu'en fit la reine douairière. M. Nieuwenhuys les racheta et les plaça dans sa maison à Bruxelles ([1]).

L'influence de ce grand peintre, sans être aussi générale que celle de Rogier Van der Weyden l'aîné, dut être considérable ([2]). Elle se retrouve de la façon la plus positive dans les œuvres de Hans Memling. Celui-ci a dû à Stuerbout, non-seulement la profondeur et la clarté du coloris, mais encore cette douceur, ce velouté par lequel il est supérieur à son propre maître, Rogier Van der Weyden l'aîné. C'est pour cela que la plupart des tableaux de Stuerbout ont été attribués à Memling.

([1]) Il les a depuis vendus au gouvernement belge, et les deux tableaux de Stuerbout figurent actuellement au Musée de Bruxelles. (*Note du Traducteur.*).

([2]) Ses frères et plusieurs de ses fils, tous peintres, paraissent avoir occupé dans l'art un rang très-secondaire.

Les peintres énumérés ci-après peuvent être considérés
à coup sûr comme les élèves de Jean Van Eyck. Parmi
ceux-ci le plus célèbre est Rogier Van der Weyden l'aîné,
connu, jusqu'en 1846, sous le nom de Roger de Bruges.
A cette époque, M. Wauters, archiviste à Bruxelles,
découvrit le premier qu'il s'appelait Rogier Van der
Weyden et qu'il était né dans la capitale de la Belgique [1].
Il naquit probablement pendant les dix dernières années
du XIVᵉ ou plus tard au commencement du XVᵉ siècle,
car sa réputation était déjà si bien établie en 1430 que
le pape Martin V, qui mourut en 1431, fit hommage
d'un petit tableau d'autel peint par lui à Juan II, roi
d'Espagne [2]. Dans les premières années, lorsqu'il travaillait encore sous la surveillance de Jean Van Eyck à
Bruges, Rogier Van der Weyden exécuta un grand nombre de peintures à la détrempe, dont les figures étaient
de grandeur naturelle [3]. Toutefois, dès 1436, il occupait l'emploi honorable de peintre officiel de la ville de
Bruxelles. Le principal ouvrage qu'il exécuta en cette
qualité fut un tableau destiné à la salle de justice de
l'hôtel de ville de Bruxelles. Conformément à l'usage de
l'époque, ce tableau rappelait aux magistrats des actes
d'une justice sévère. Sur le panneau central on voyait
Herkenbald, juge à Bruxelles au XIᵉ siècle, exécutant

---

[1] Voir le 1ᵉʳ numéro du *Messager des Sciences historiques*,
Bruxelles.

[2] Voir PASSAVANT, dans le *Kunstblatt* de 1843, et mon article
dans le *Deutsche Kunstblatt* de 1854, p. 57.

[3] VAN MANDER, fol. 1266.

de ses propres mains son neveu qui avait déshonoré une jeune fille ; puis l'hostie consacrée, que lui avait refusée le prêtre, apportée aux lèvres de l'austère magistrat par l'effet d'un miracle. Sur les volets on voyait des actes de la justice de Trajan.

Cette œuvre, qui fut admirée par Albert Durer pendant son voyage dans les Pays-Bas (¹), se trouvait encore à sa place primitive au XVIIᵉ siècle. Elle aura disparu dans l'incendie de l'hôtel de ville, lors du bombardement de Bruxelles par les Français, en 1695.

Rogier Van der Weyden exécuta d'autres travaux importants pour des particuliers haut placés. Dans le nombre figure un tableau d'autel peint de 1440 à 1447 pour la chapelle de l'hôpital de Beaune (Bourgogne), fondée par Nicolas Rollin, chancelier de Philippe le Bon. Cette œuvre orne encore l'une des salles de cette institution (²). En 1449 il se rendit en Italie où il exécuta pour Lionello d'Este, seigneur de Ferrare, un autre triptyque représentant au centre la *Descente de croix*, et sur l'un des volets *Adam et Ève chassés du Paradis terrestre*, composition qui excita l'admiration la plus vive (³). En 1450, il assistait à Rome à la célébration du jubilé (⁴). Avant de quitter l'Italie, il visita Florence, où il travailla pour

---

(¹) *Reliquien von Albrecht Dürer.* Nuremberg, 1826, p. 81.

(²) Voir Passavant, *Kunstblatt*, nᵒ 59, et un article de moi dans le *Deutsche Kunstblatt*, 1856, p. 239.

(³) Colucci, *Antichità Picene*, t. XV, p. 143. Cyriacus d'Ancone l'appelle ici *pictorum decus*.

(⁴) Facius, op. cit., p. 45.

les Médicis, ainsi que le prouve un tableau placé aujourd'hui à Francfort, et dont nous donnons plus loin la description. Après son retour à Bruxelles il peignit un panneau pour Pierre Bladolin, trésorier de Philippe le Bon, qui en fit hommage à une église fondée par lui dans la ville de Middelbourg, en 1450 ([1]). Ce tableau est au musée de Berlin. Un autre grand ouvrage peint de 1454 à 1459 pour l'évêque Jean de Cambrai ([2]), a malheureusement disparu. Rogier Van der Weyden mourut le 16 juin 1464 et fut enterré à Bruxelles dans la cathédrale ([3]).

Quoiqu'il résulte de nombreux documents que Rogier Van der Weyden fut l'élève de Jean Van Eyck, ses œuvres révèlent en outre l'influence très-décidée d'Hubert. Sa manière de comprendre le côté moral de l'art le rapproche bien plus de l'aîné des deux frères, et il dut connaître intimement Hubert qui ne mourut qu'en 1426. Comme lui il traita avec un vif enthousiasme les sujets inspirés par le mysticisme du moyen âge. Par la pureté de style des draperies il se rapproche encore plutôt d'Hubert que de Jean. Mais il ressemble à ce dernier par sa façon magistrale de rendre les objets, et par le peu de souci de la beauté, qui parfois distingue ses œuvres. La

([1]) *Messager des sciences et des arts en Belgique.* 1835, p. 333-348.

([2]) Léon de Laborde. *Les ducs de Bourgogne*, t. I, intr., p. 58.

([3]) Voir Sweertius. *Monumenta sepulcralia Brabantiæ*, p. 284, et Wauters, *Registre des sépultures, Messager des sciences historiques*, 1845. p. 145.

préoccupation trop absolue du réel le conduisit même quelquefois à représenter des objets répugnants et sans goût. Ainsi ses nus sont maigres, les doigts trop longs, les pieds, surtout dans ses premiers ouvrages, mal conformés. Sa couleur, en revanche, sans égaler en profondeur et en éclat celle du maître, possède une étonnante vigueur. Ses carnations, dans la première période, ont une teinte dorée qui se rafraîchit par la suite. Je ne citerai que ses plus beaux tableaux, dans l'ordre où ils ont probablement été peints.

Le petit triptyque offert par le pape Martin V au roi d'Espagne Jean II (¹), rapporté en France par le général Armagnac et placé aujourd'hui au musée de Berlin (n° 534 A), représente la *Nativité*, le *Christ mort sur les genoux de la Vierge*, et le *Christ apparaissant à sa mère après la Résurrection*. Ces trois compositions sont d'une grande énergie de sentiment, d'une couleur éclatante, exécutées avec le soin des miniatures, mais on peut leur reprocher la maigreur des membres. Des bordures peintes, dans le genre des portails gothiques, contiennent, en grisailles, différents sujets empruntés à la vie de la sainte Vierge et à la passion de Jésus-Christ. Ce tableau est d'autant plus important que, son authenticité étant établie, il a servi de point de départ à Passavant pour reconnaître d'autres œuvres du même maître.

(¹) On l'a faussement considéré comme l'autel de voyage de Charles-Quint. V. Passavant, *Christliche Kunst in Spanien*, p. 130.

Un triptyque, représentant trois scènes de la vie de saint Jean-Baptiste, *sa Naissance*, le *Baptême du Christ* et la *Décollation,* figure aujourd'hui au Musée de Berlin (n° 534 B). Ce tableau vient d'Espagne ([1]). Il est entouré de bordures comme le précédent, dont il a le style et les qualités.

Dans la galerie impériale à Vienne on voit, avec le nom de Martin Schongauer, un triptyque qui pourrait bien dater de la première époque de Rogier Van der Weyden, mais qui, en tout cas, est une de ses plus belles œuvres. La pièce du milieu représente le Christ sur la croix dont la sainte Vierge embrasse le tronc. D'un côté, saint Jean qui soutient la Vierge, de l'autre, les donateurs, mari et femme, en adoration. Sous le rapport des formes, du coloris et de l'expression, cette vierge a beaucoup d'analogie avec celle du triptyque donné par le pape à Jean II. La Madeleine, sur le volet de droite, doit être rangée parmi les plus belles productions du maître. La sainte Véronique (volet gauche) est aussi très-remarquable. Au-dessus planent quatre anges, d'un bleu foncé. Le paysage et les ciels ont été dénaturés par les retouches.

Un triptyque dans la collection du marquis de Westminster à Londres. Figures demi-grandeur. Peint pour un monument funéraire. Au centre, le *Christ donnant*

([1]) Je n'admets pas avec Passavant et Cavalcaselle que ce tableau ait appartenu à la Chartreuse de Miraflores. Voyez les raisons dans le *Deutsche Kunstblatt,* 1854, p. 58.

la bénédiction, tenant le globe dans la main gauche , la physionomie sévère et presque sombre, et, chose inusitée, les cheveux noirs. A sa droite, la Vierge, noble physionomie, en adoration ; à gauche, saint Jean l'Évangéliste ; belle tête d'une grande force de coloris, tenant le calice. Sur l'un des volets on voit la *Madeleine* repentante et portant la boîte de parfums. Sur l'autre le *Saint Jean-Baptiste* d'un grand caractère, montrant le Christ de la main droite. Cet ouvrage, le plus important que l'Angleterre possède de ce maître, se rapproche beaucoup, pour la chaleur du coloris, des œuvres précédentes (¹).

Le *Jugement dernier,* à l'hôpital de Beaune, le travail le plus considérable que nous possédions du maître. Quoique, dans la composition, il soit resté fidèle aux formes traditionnelles, l'arrangement symétrique de la partie supérieure est rompu par l'indépendance et la variété des motifs. Les têtes , surtout celles de saint Jean-Baptiste et de quelques-uns des apôtres, ont une élévation de caractère inusitée , une expression de sympathie touchante. Derrière les apôtres, sur le volet de droite, se trouve le pape Eugène IV ; à côté de lui, couronne en tête, Philippe le Bon ; vis-à-vis sur l'aile gauche, probablement la seconde femme de Philippe, Isabelle de Portugal. La partie inférieure, séparée de l'autre par des

(¹) V. pour une description plus détaillée, *Trésors de l'Art,* II, p. 161, etc. Dans la galerie même, le tableau est attribué erronément à Memling.

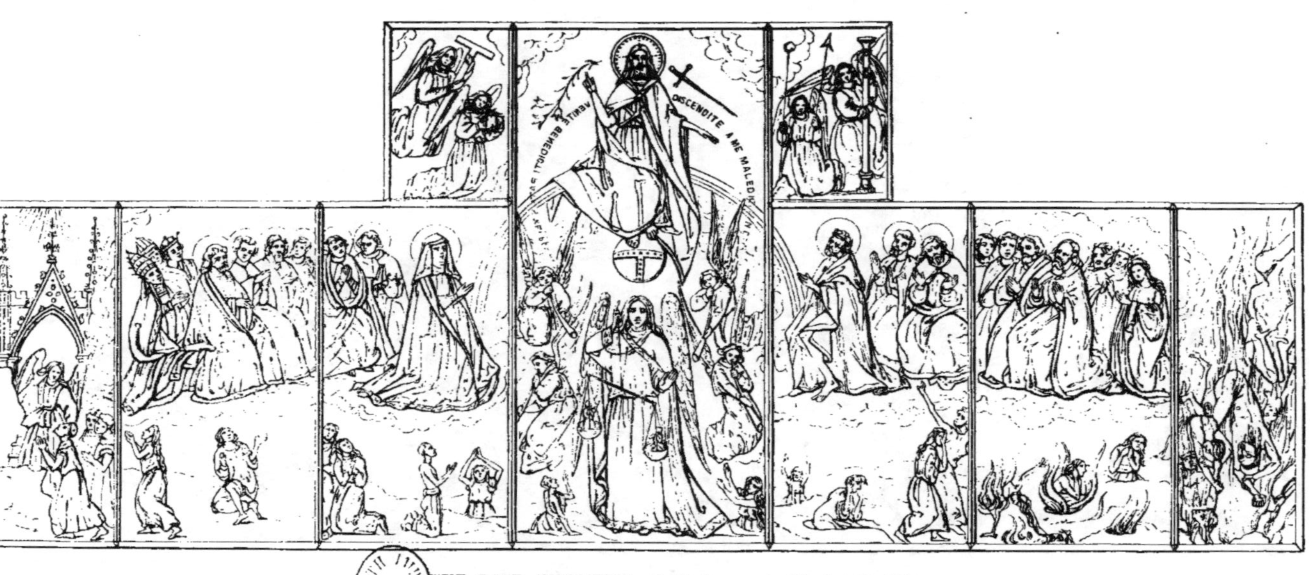

THE LAST JUDGMENT.   By Rogier van der Weyden the Elder

LE JUGEMENT DERNIER, par Rogier Van der Weyden l'aîné.

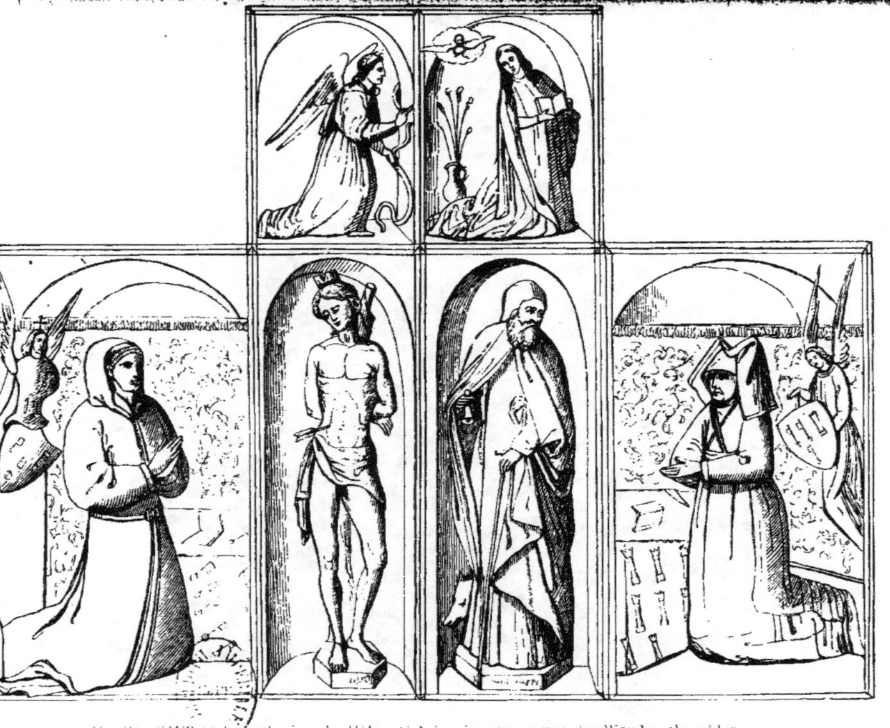

VOLETS EXTÉRIEURS DU JUGEMENT DERNIER, par Rogier Van der Weyden l'aîné.

couches de nuages, semble un peu vide, et a subi des
repeints qui l'ont dénaturée. La tête de l'archange Michel
est belle, mais le corps trop long. Sur les parties extérieures on voit les figures agenouillées du donateur Rollin
et de sa femme Guigonne de Salin, deux portraits d'une
haute valeur. Les figures en grisaille de *Saint Sébastien* et de
Saint Antoine représentées sous forme de statues, et l'*Annonciation* rendue par le même procédé, sont de la main
d'un élève.

Immédiatement après ce tableau, nous placerons celui
de l'institut Staedel à Francfort. Il fut exécuté par ordre
de Pierre et de Jean de Médicis et représente leurs saints
patrons, ainsi que ceux de leur famille, les saints Cosme
et Damien entourant la Vierge et l'Enfant Jésus. L'exécution de ce tableau est d'un fini extrême et révèle un progrès sous le rapport du dessin.

Saint Luc peignant la Vierge, à Munich (n° 42).
La tête de la Vierge est une sorte de portrait sans
beauté ; l'enfant, d'une maigreur désagréable. Le *Saint
Luc*, bien qu'il paraisse aussi être un portrait, offre plus
de charme. Le paysage est d'une grande transparence et
le coloris d'une étonnante vigueur.

Le triptyque exécuté pour Pierre Bladolin appartient
au musée de Berlin (n° 535). Il représente au centre la
Nativité du Christ. Dans les ruines d'un édifice en pierre
couvert d'un mauvais toit de chaume, où, fidèle à une
vieille tradition, l'artiste n'a pas manqué de figurer un
temple antique, Marie et trois anges adorent le divin enfant couché sur le sol. Derrière la Vierge, saint Joseph

tient un bout de torche encore allumée ; en face de lui est agenouillé le donateur Bladolin, en fourrure noire ; on aperçoit au fond, à gauche, la ville de Bethléem ; à droite, sur un coteau éclairé par les premières lueurs du jour, l'annonciation aux bergers. Le volet droit représente la révélation de l'avénement du Christ à l'Occident, personnifié dans la sibylle de Tibur qui, à genoux et l'encensoir à la main, montre à l'empereur Auguste Marie apparaissant dans les airs avec l'enfant Jésus dans son giron. Le volet gauche est l'*Annonciation* du Christ à l'Orient, figuré par les trois mages adorant l'étoile au milieu de laquelle apparaît le Christ enfant. L'exécution de ce retable est digne de l'illustre maître ; le ton des chairs est cependant un peu plus froid que dans ses premiers tableaux ; mais de toutes les œuvres de Rogier Van der Weyden, c'est à coup sûr l'une des plus remarquables et des mieux conservées.

L'*Adoration des Rois, avec l'Annonciation et la Présentation au Temple*, se trouve aujourd'hui dans la Pinacothèque de Munich (n° 35, 36, 37), sous le nom de Jean Van Eyck. Ce tableau, probablement exécuté pour l'église de Ste-Colombe à Cologne, a fait partie de la collection Boisserée. C'est une des plus grandes et des plus belles œuvres du maître. La figure de la Vierge, dans la *Présentation*, est pleine de noblesse et l'une des représentations les plus heureuses de Marie que l'artiste nous ait laissées. Malheureusement les Boisserée, par l'application des glacis dont ils abusaient, ont donné des tons criards aux chairs et aux draperies.

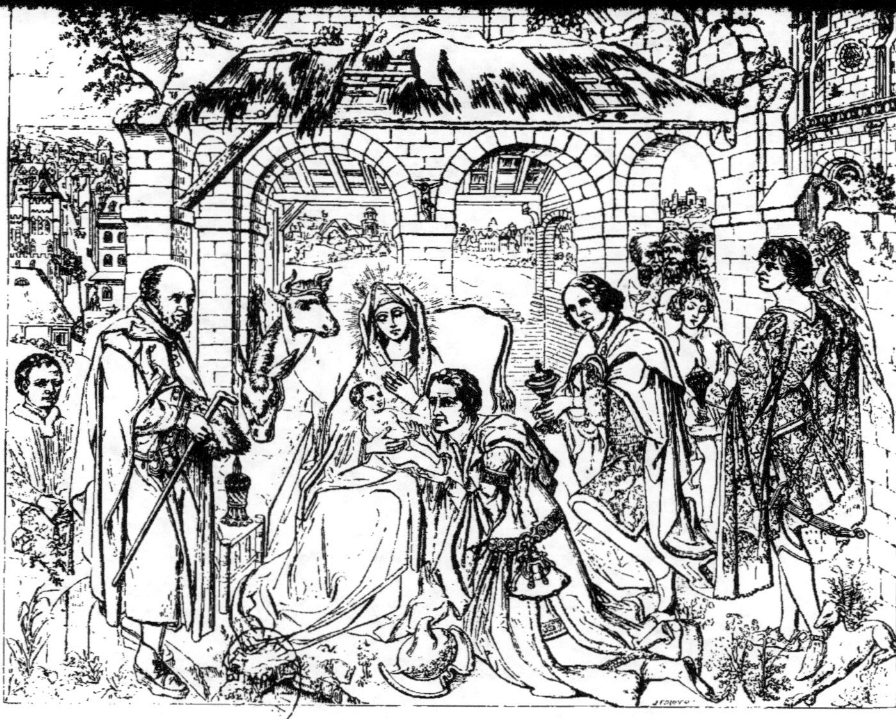

ADORATION OF THE KINGS.

In the Pinacothek at Munich.   By Rogier van der Weyden the Elder

(The standing King is a Portrait of Charles the Bold of Burgundy.)

L'ADORATION DES ROIS, par R. Van der Weyden l'aîné, galerie de Munich.

La *Descente de Croix* (musée de La Haye, n° 55), attribué par erreur à Memling. Composition riche ; les têtes d'une expression profonde et d'une exécution admirable, tandis que les tons des chairs ont relativement peu d'éclat.

Les *Sept Sacrements*, autrefois sur l'autel de l'église de Dijon, aujourd'hui au musée d'Anvers (n° 30). Sur le panneau central on voit, dans une église gothique, le *Crucifiement du Christ,* dramatisant en quelque sorte le symbole de la Cène ; sur le volet droit, les sacrements du Baptême, de la Confirmation, de la Pénitence ; sur le volet gauche, l'Ordre, le Mariage et l'Extrême-Onction. Les motifs et les têtes sont parlants et animés, le coloris moins vif et les ombres moins transparentes que de coutume (¹).

Parmi les travaux postérieurs du maître, nous citerons trois volets étroits, avec des figures de grandeur à peu près naturelle qui ont passé du couvent belge de Flémalle à l'institut Staedel à Francfort (n°ˢ 72-74) (²). Ils représentent : 1° la *Vierge allaitant l'Enfant.* Expression maternelle admirable, draperie blanche, traitée de main de maître ; 2° *Sainte Véronique avec le Suaire* sur lequel est peinte la physionomie sombre mais pleine de noblesse du Sauveur ; 3° la *Trinité,* l'Éternel tenant le cadavre roide et amaigri du Christ, magistralement peint en grisaille.

Rogier Van der Weyden, ainsi que son maître Jean Van Eyck, peignit des miniatures. La preuve en est dans

(¹) Photographié par M. Fierlants. Bruxelles, Muquardt.
(²) Passavant attribue ces tableaux à Rogier Van der Weyden le jeune.

le frontispice de la *Chronique du Hainaut* par Jacques de Guise, à la bibliothèque de Bourgogne à Bruxelles. Il représente Jacques de Guise à genoux, offrant son manuscrit à Philippe le Bon, entouré de son fils Charles le Téméraire et des seigneurs de sa cour. Au point de vue de l'animation et de l'expression individuelle des têtes, ainsi que pour le coloris et l'ampleur de l'exécution, l'école belge des miniaturistes n'a rien produit de plus complet (¹).

Aucun peintre de cette école, sans en excepter les Van Eyck, n'a exercé une aussi vaste influence que Rogier Van der Weyden l'aîné. Non-seulement il eut pour élève Hans Memling, le plus grand maître de la génération suivante en Belgique, et son propre fils, nommé comme lui Rogier, mais on reconnaît également sa manière dans d'innombrables travaux d'art de tout genre, miniatures, gravures sur bois (la *Biblia pauperum*, le *Speculum salvationis*, le *Cantique de Salomon*), estampes, etc., qui virent le jour à cette époque dans les Pays-Bas. Ce furent ses œuvres qui propagèrent en Allemagne les tendances réalistes des Van Eyck, car on comprend sans peine que leur réputation ne soit devenue universelle qu'après la mort de Jean, lorsque la grande considération dont Rogier jouissait en Europe engagea les artistes allemands à

(¹) J'ai été le premier à reconnaître dans cette miniature la main de Rogier Van der Weyden. V. *Kunstblatt*, 1847, p. 177. Passavant et le comte Léon de Laborde ont adopté mon opinion. On trouve une lithographie de cette miniature dans le *Messager* de 1825.

visiter son atelier à Bruxelles. Martin Schongauer, par exemple, le plus grand peintre allemand du xvᵉ siècle, fut l'élève de Rogier, ainsi que le peintre Frédéric Herlen qui vint de Nordlingen, en Souabe, lui demander des leçons. J'aurai l'occasion de signaler son influence dans les œuvres d'autres artistes allemands ; mais d'abord je m'arrêterai à quelques autres de ses condisciples.

Hugo Van der Goes, qui naquit et vécut à Gand [1] est appelé par Vasari *Hugo d'Anversa* et désigné comme l'élève de Jean Van Eyck. Il exécuta à Bruges et probablement pendant ses années d'apprentissage, plusieurs de ces grandes peintures à la détrempe [2] dont il était d'usage à cette époque d'orner les appartements. Il peignit des décorations du même genre pour l'entrée de Charles le Téméraire à Bruges, en 1467, lors de son mariage avec Marguerite d'York. De ses tableaux à l'huile, un seul, cité par Vasari, est authentique. Commandé par Tommaso Portinari, agent de la maison de Médicis à Bruges, pour le maître-autel de l'église de l'hospice de Santa-Maria Nuova à Florence, fondé par son ancêtre Folco Portinari, il décore aujourd'hui le mur de gauche du chœur de cette église. Le panneau du milieu représente l'*Adoration des Bergers,* à peu près de grandeur nature. Au centre la Vierge est à genoux, vue de face ; les extrémités de ses doigts se touchent. A droite, saint Joseph ; vis-à-vis, trois bergers dans l'adoration et de nombreux

[1] Schayes, *Archives de Louvain.*
[2] Vaernewyck, *Historie van Belgie,* fol. 132b.

12.

anges. Dans le paysage on voit l'*Annonciation aux Bergers* et d'autres figures. Sur les volets, suspendus à la muraille opposée, sont les portraits de Tommaso Portinari, et deux petits garçons présentés par leurs patrons, saint Mathieu et saint Antoine ; puis la femme et la fille du donateur présentées par leurs patronnes sainte Marguerite et sainte Madeleine. Toutes ces têtes ont l'apparence de portraits, avec un caractère d'austérité, mais il y manque le sentiment du beau. Les draperies ont quelque chose de dur et d'anguleux, la gamme des couleurs est claire, mais la plus froide que je connaisse parmi les élèves des Van Eyck. Les tons des chairs sont en partie pâles, en partie d'un rouge froid, les ombres grises. Ce maître est le premier de l'école qui ait peint des draperies bleues tirant sur le vert, et mêlé à cette combinaison une teinte orange qui est loin de contribuer à l'harmonie de l'ensemble. Sous d'autres rapports Van der Goes possède toutes les plus brillantes qualités de l'école. Ses portraits sont vrais et animés, son dessin est exact et consciencieux, son exécution solide.

Le palais Pitti à Florence renferme un petit portrait du même Tommaso Portinari peint par notre artiste.

Parmi les autres tableaux habituellement attribués à Van der Goes, ceux qui suivent ont le plus de rapport avec son grand tableau de Florence : l'*Annonciation* (musée de Berlin, nº 530). Le même sujet à Munich (cabinets, nº 43). Le ton rouge de la chair dans ce dernier est l'effet d'un glacis moderne. Tous les autres ouvrages attribués à ce maître diffèrent plus ou moins de celui que nous avons décrit ci-dessus (¹). Quelques-uns de ceux qu'il exécuta pour les Pays-Bas furent détruits par les iconoclastes. D'autres ont disparu plus tard. Il dessina parfois des cartons pour des vitraux, dont l'un, placé dans l'église St-Jacques à Gand, se distinguait par des qualités assez brillantes pour être attribué par Van Mander à Jean Van Eyck (²).

Hugo Van der Goes mourut en 1478 au couvent de Rouge-Cloître, près Bruxelles, où il s'était retiré dans ses vieux jours (³).

Gérard Van der Meire, d'une famille gantoise qui produisit plusieurs peintres (⁴), est désigné dans un document de la fin du xvᵉ siècle comme élève d'Hubert Van Eyck (⁵). Mais cette assertion ne s'accorde guère avec son admission dans la confrérie de St-Luc à Gand, en 1452, vingt-six ans après la mort d'Hubert (⁶). Le seul tableau que lui attribue la tradition se rapporte également à une époque postérieure. Nous voulons parler du grand triptyque de la cathédrale de Gand, dont le panneau central, dans une composition comprenant 31 figures, représente le *Crucifiement*, le volet de droite le *Serpent d'Airain* avec 17 figures, le volet de gauche *Moïse frappant le rocher*

(¹) **La plupart de ces tableaux seront décrits dans les notices consacrées à d'autres artistes.**

(²) Van Mander, fol. 127 *b.*

(³) Sweertius, *Monum. Sepulcr. Brabantiæ*, 1613, p. 323.

(⁴) *Catalogue du Musée d'Anvers*, 1857, p. 24, etc.

(⁵) *Messager des Sciences et des Arts*. Gand, 1824, p. 132.

(⁶) *Catalogue du Musée d'Anvers*, 1857, p. 24, etc.

avec 26 personnages. Ces compositions ne dénotent pas beaucoup d'habileté; les attitudes sont roides, les têtes d'un caractère uniforme et de peu de relief, les draperies anguleuses, les proportions trop longues et les figures, surtout celles du Christ et des larrons, d'une extrême maigreur. Quelques physionomies cependant, entre autres celles de la Vierge et du centurion, revêtent une expression élevée ; le paysage rocheux, fermé dans le lointain par des montagnes couvertes de neige, ne manque pas de beauté. A vrai dire, le ton cru de l'ensemble provient en partie d'un nettoyage exagéré. Quelques parties mieux conservées, telles que le Moïse et les deux figures d'homme placées derrière lui, laissent voir la force et la profondeur primitives du coloris. A en juger par le style, ce peintre se rapproche bien plus de Jean Van Eyck que de son frère. Ce tableau n'a guère pu être exécuté avant 1480. D'ailleurs, Van der Meire figure encore en 1474 parmi les membres de la confrérie de St-Luc. Tous les autres tableaux qu'on lui attribue sont dépourvus de tout caractère d'authenticité, et, dans tous les cas, ceux qui portent son nom au musée d'Anvers ne sont pas de lui.

Contemporain de Rogier Van der Weyden, mais se rattachant moins directement au style des Van Eyck, florissait à Harlem un peintre du nom d'Albert Van Ouwater, qui fonda dans cette ville une école hollandaise originale.

Van Mander (¹) le cite comme un peintre éminent,

(¹) Fol. 128 *b*.

renommé surtout par le dessin des mains et des pieds et le rendu des draperies et des paysages. Son habileté dans ce dernier genre et sa qualité de fondateur de l'école du paysage à Harlem, sont confirmées par l'existence de plusieurs de ses paysages dans le palais du cardinal Grimani, au XVI° siècle ([1]). Malheureusement nous ne possédons de lui aucune œuvre bien authentique. La *Pietà* du musée impérial de Vienne ([2]) que Passavant lui attribue ([3]), est dans tous les cas un excellent tableau de l'ancienne école hollandaise. La composition manque de style, les têtes sont laides quoique d'une expression vivement sentie, les proportions trop longues, l'exécution d'une extrême solidité.

Van Ouwater eut pour élève Geertgen Van St-Jans, ainsi nommé d'un couvent de chevaliers de St-Jean à Harlem, qu'il habita. C'était d'après Van Mander un peintre fort distingué, dont Albert Durer admira le talent lors de son voyage en Hollande. Malheureusement, il mourut à l'âge de 28 ans ([4]). Les seuls tableaux authentiques que nous possédions de lui sont deux volets d'un triptyque cité par Van Mander et placé aujourd'hui dans la galerie impériale de Vienne ([5]) sous les n°° 31 et 34.

([1]) *Anonimo*, par Morelli, p. 76 et p. 220, etc.

([2]) Attribué par le catalogue (p. 224, n° 10) à Jean Van Eyck.

([3]) *Kunstblatt*, 1841, p. 39.

([4]) Van Mander, fol. 129.

([5]) D'après une courte notice inscrite au revers du second de ces tableaux, ils furent offerts à Charles Ier par les États généraux en 1635 et probablement achetés avec d'autres tableaux par

L'un représente une *Pietà*, l'autre trois légendes relatives aux ossements de saint Jean-Baptiste, savoir : leur enterrement en présence du Christ, leur combustion par Julien l'Apostat et la translation des restes au principal établissement des chevaliers de St-Jean à St-Jean d'Acre en 1252. Les têtes ont le caractère de portraits très-vivants; mais sauf quelques chevaliers de St-Jean d'un type élevé, elles sont laides. Les figures, moins grandes relativement au paysage que dans la plupart des tableaux de l'école des Van Eyck, sont d'une maigreur outrée, mais d'un dessin correct. Un ton brun et lourd domine dans les carnations. La couleur sombre des draperies, d'ailleurs admirablement modelées, donne à l'ensemble un cachet lourd et tacheté. Mais l'exécution des détails et des moindres accessoires révèle une merveilleuse habileté. L'artiste a mis le plus grand soin à la composition du paysage. Le style de ces ouvrages les reporte de 1460 à 1470. A cause de leur grande ressemblance avec ces tableaux, je penche à attribuer deux volets de la galerie des États à Prague, à ce maître : l'un représente un homme et une femme avec leurs patrons, l'autre Julien et Adrien armés de toutes pièces.

Le plus illustre élève (¹) de Rogier Van der Weyden

l'archiduc Léopold, lors de la vente de la galerie royale. La *Pietà* fut gravée par **T.** Matham avec indication du nom du maître.

(¹) Les noms d'*Ausse* ou *Havesse*, deux corruptions italiennes du nom que Vasari (édition de Sienne, vol. I, p. 177 ; III, p. 312 ; VI, p. 63) donne comme celui d'un élève de Rogier de Bruges, s'appliquent à Hans Memling, comme le prouve la similitude des œuvres attribuées à tous deux.

l'aîné fut incontestablement Hans Memling (¹). L'obscurité qui a régné jusqu'à ces derniers temps sur la vie de
ce grand artiste vient enfin d'être dissipée, sur les points
les plus importants, grâce aux recherches de M. James
Weale. Il résulte des découvertes que M. Weale a faites
dans les archives de Bruges que Memling se trouvait
dans une situation assez avantageuse; que non-seulement
il possédait à Bruges une vaste maison en pierres, mais
qu'il fît même des avances à la cité (²), qu'il eut trois enfants de sa femme, morte en 1487, et enfin, qu'il mourut
non pas avant 1499, comme on l'avait admis jusqu'ici,
mais en l'année 1512 (³). En lui l'école de Bruges atteignit
son plus haut degré de perfection. Il comprit mieux
qu'aucun des successeurs d'Hubert Van Eyck la grâce
et la beauté. Comparées aux œuvres de son maître, ses
figures ont des proportions plus exactes et des formes

(¹) Appelé erronément Hemling. Les raisons que j'ai données
précédemment, et en dernier lieu dans le *Kunstblatt* de 1851,
p. 177, pour adopter l'orthographe Memling, ont été confirmées
par un document publié par M. Carton de Bruges, d'où il résulte
qu'en 1483 maître Jan Van Memmelinghe prit pour élève un
nommé Passcier Van der Meersch. Le fait que ce même nom se
retrouve dans un catalogue de peintres morts à Bruges, clôt le
débat. V. *Catalogue du Musée d'Anvers*, 1857, p. 37.

(²) Cela démontre à toute évidence la nullité de l'anecdote
rapportée par Descamps, d'après laquelle Memling avait été recueilli à l'hôpital St-Jean à Bruges, en qualité de soldat malade, après la bataille de Nancy.

(³) Voy., sur les découvertes de M. James Weale, *Journal des
beaux-arts*, de M. Ad. Siret, 1861, n° 3 (15 février). 1

plus robustes; ses pieds et ses mains plus de vérité, ses têtes de femme plus de douceur; les têtes d'homme ont moins de sévérité, quelquefois même une expression mélancolique; ses contours sont plus moelleux; il apporte plus de délicatesse dans les demi-tons des chairs; son coloris est à la fois plus lumineux et plus transparent. — Il connaît mieux aussi la perspective aérienne et la science du clair-obscur. D'autre part il est inférieur à Rogier Van der Weyden l'aîné pour le grandiose de la composition, pour l'exécution des détails, et le rendu des étoffes; il ne sait pas comme lui reproduire le vif éclat de l'or. Dans les premiers temps, à l'époque où il lui arrive de travailler avec son maître au même panneau ('), leurs peintures se distinguent difficilement. Aucun peintre de cette école ne nous a légué autant d'ouvrages de premier ordre. Je citerai ceux qui me sont connus dans l'ordre où je crois qu'ils ont été exécutés :

Un petit triptyque à la Pinacothèque de Munich (cabinets, n⁰ˢ 48, 49 et 54), représentant l'*Adoration des Rois*, porte l'empreinte incontestable du maître. Les volets qui représentent *Saint Jean-Baptiste* et *Saint Christophe* se rapprochent davantage par la longueur des lignes et la dureté des contours du style de Rogier. Ces tableaux, il est vrai, ont perdu en grande partie leur caractère par des retouches et les glacis dont on les a couverts.

(¹) Marguerite d'Autriche possédait un petit triptyque dont le panneau central était de Rogier et les volets de Memling. V. *Inventaire des tableaux*, etc., appartenant à cette princesse, par le comte de Laborde, p. 24.

Le *Crucifiement*, grand retable, qui se trouve dans une des salles du palais de justice à Paris. A droite de la croix on voit la Vierge évanouie, supportée par une femme, une autre figure de femme, saint Jean-Baptiste et saint Louis. A gauche saint Jean l'Évangéliste, saint Denis et Charlemagne. Le vieux Louvre et la tour de Nesle, dessinés dans le fond, prouvent que ce tableau fut exécuté à Paris. Le dessin assez faible des pieds et même des mains reporte cet ouvrage à la jeunesse de Memling. Mais les têtes sont de main de maître, et quelques-unes animées d'une très-vive expression (¹).

Un petit diptyque représentant d'un côté le *Crucifiement* et le portrait de la donatrice, Jeanne de France, femme de Jean II, duc de Bourbon, avec son saint patron, saint Jean-Baptiste, et de l'autre la *Vierge et l'Enfant Jésus dans le ciel*, se trouve dans la galerie du révérend John Fuller Russel à Greenhithe, Kent (²). C'est un tableau exécuté avec toute la finesse d'une miniature.

Le *Péché originel*, dans la collection d'Ambras, à Vienne, tableau où le peintre a substitué au serpent un lézard bigarré. A part cela, l'œuvre a le fini d'une miniature et une étonnante vigueur de coloris. Les proportions allongées et la maigreur des membres indiquent la première époque du maître. Le paysage du fond est le plus finement achevé que je connaisse de lui. La *Sainte Geneviève*, peinte en grisaille sur le revers du volet, est également une de ses meilleures productions, au point de vue de la

(¹) **V.** mon article dans le *Kunstblatt*, 1847, p. 186.
(²) *Galeries et Cabinets de la Grande-Bretagne*. p. 285.

beauté de la tête, de la noblesse des formes et de la pureté du goût des draperies.

Le *Jugement dernier* dans l'église de Notre-Dame à Danzig ([1]). Dans cet immense tableau la composition est bien plus riche et l'ordonnance bien plus artistique que dans celui de Rogier Van der Weyden, représentant le même sujet, que nous avons cité plus haut. L'influence du maître s'y reflète d'ailleurs d'une façon non moins frappante. Dans le Christ trônant sur l'arc-en-ciel, le type accoutumé s'ennoblit et s'anime d'une expression on ne peut mieux appropriée à la majesté du sujet; le geste par lequel il bénit d'une main les élus, et le calme avec lequel il repousse de l'autre les damnés, sont admirables : on y retrouve bien plus l'esprit du christianisme que dans le *Dernier Jugement* de Michel-Ange, où le Sauveur se tourne vers les réprouvés seuls, avec un mouvement des plus passionnés. La compassion est très-heureusement rendue dans les nobles traits de Marie, à la droite du Christ : vis-à-vis d'elle est saint Jean-Baptiste et derrière ce premier groupe sont rangés les apôtres; il y a dans la physionomie de ces personnages autant de grandeur que de variété. Dans le bas du tableau enfin une figure colossale captive l'attention : c'est saint Michel, couvert d'une armure d'or, comme on en portait du temps de l'artiste. Sa physionomie respire une expression pleine de dignité et de profondeur. Dans toute la scène du haut le peintre ne s'est pas écarté des conventions tradition-

([1]) C'est le professeur Hotho qui le premier attribue ce tableau à Memling.

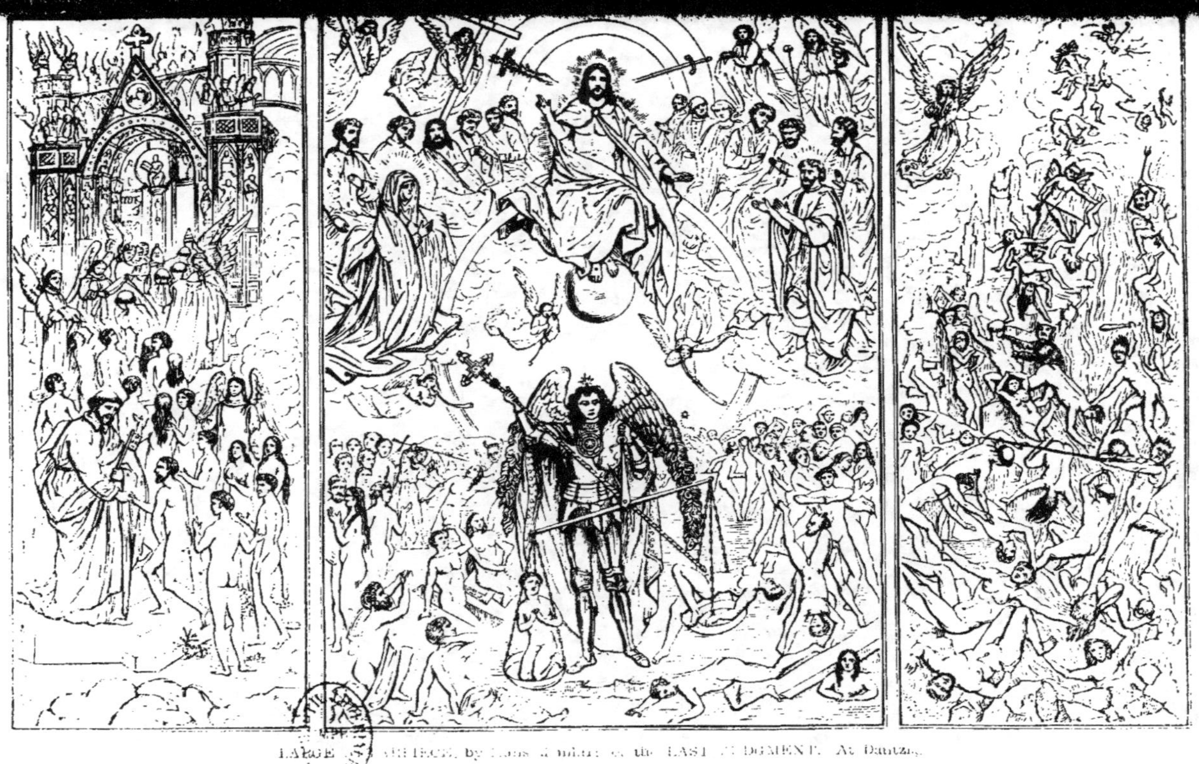

LARGE ALTARPIECE, by Hans Memling, of the LAST JUDGMENT. At Dantzig.

LE JUGEMENT DERNIER, par H. Memling, à Dantzig.

nelles : ici, au contraire, il donne pleine carrière à la richesse de son imagination ; la variété et la vérité des attitudes et des expressions des élus et des réprouvés, des anges et des démons, atteignent dans cette composition, comme dans celle des vantaux, une suprême perfection. Autant on se sent pénétré d'une douce et bienfaisante émotion à la vue du calme et de la confiance des élus, autant on éprouve une sensation profonde de la terreur, du désespoir, de l'anxiété, de la douleur des réprouvés. Une des plus belles figures de cette page pour l'expression, l'attitude, le port et l'ampleur des draperies, est saint Pierre recevant les élus au seuil du céleste parvis (volet de droite). La porte du ciel se dresse avec un aspect tout à fait allemand, sous la forme d'un riche portail gothique, orné d'une profusion de sculptures figurant les principales scènes des deux Testaments. La pureté et l'allégresse des anges qui accueillent et vêtent les élus ne sont pas moins heureusement exprimées que la méchanceté, la malice et le sarcasme des démons représentés sous des formes humaines. Le chiffre LXVII qui se lit sur la pierre sépulcrale d'une femme est très-vraisemblablement une allusion à l'année 1467, dans laquelle fut peut-être achevée l'œuvre. Cependant la longueur et la maigreur des figures nues, bien que le dessin, le raccourci et le modelé en soient magistralement traités, semblent accuser une époque un peu antérieure, car les tableaux de Memling, exécutés postérieurement à ce millésime, sont tout à fait exempts de ces défauts. Sous le rapport de la vigueur et de la transparence du coloris, qui révèlent l'influence de Dirk Stuerbout, sous le rapport aussi de l'exécution, qui atteste dans toutes les parties une habileté supérieure et un talent toujours égal, ce tableau appartient au contraire à la maturité du maître. Les faces extérieures des volets représentent en grisaille, d'un côté Marie debout, portant sur ses bras l'enfant vêtu, qui tient un oiseau de la main droite ; de l'autre, l'archange Michel combattant deux démons : ces peintures ont malheureusement beaucoup souffert. — Cette œuvre est non-seulement la plus considérable de celles qui nous restent de Memling, mais encore, avec le retable de l'*Adoration de l'Agneau*, des frères Van Eyck, le monument le plus important de toute l'école.

Le *Roi David et Bethsabée*, au musée de Stuttgart. — La figure de Bethsabée est la seule figure nue de grandeur naturelle que Memling nous ait laissée. Le dessin et le modelé accusent une grande habileté pour l'époque (¹).

Un petit triptyque, à l'hôpital Saint-Jean à Bruges, n° 16. Le panneau du milieu représente une *Pietà*, l'intérieur des volets le donateur, Adrien Reims, frère de l'ordre, saint Adrien, son patron, et sainte Barbe ; l'extérieur, sainte Hélène et sainte Marie d'Égypte. Les proportions sont trop allongées, mais les têtes pleines de sentiment et de tendresse. Le nettoyage a malheureusement fait perdre au coloris une partie de son éclat.

(¹) J'avais auparavant attribué par erreur ce tableau à Rogier Van der Weyden.

Dans le même hôpital Saint-Jean se trouve, sous le
n° 3, un autre petit triptyque, portant au milieu l'*Adoration* avec le portrait du donateur, frère de l'ordre ; les
volets comprennent la *Nativité* et la *Présentation au
temple* ; à l'extérieur, *saint Jean-Baptiste* et *sainte Véronique*. C'est la première fois que nous trouvons à côté de
la date (1479) le nom du peintre écrit en entier. La disposition des personnages montre ici l'influence du tableau
célèbre de Rogier Van der Weyden, que possède la pinacothèque de Munich. Les têtes ont plus de délicatesse et de
douceur, mais un caractère moins grandiose ; l'exécution
est plus libre, mais moins solide. Des restaurations
malheureuses ont considérablement altéré quelques parties de ce précieux joyau (¹).

L'*Annonciation*, avec la date de 1482, chez le prince Rad-
zivil, à Berlin. Tableau très-original et d'une merveilleuse délicatesse. On y voit la sainte Vierge, tellement
saisie par la salutation de l'archange Gabriel, qu'elle tom-
berait à la renverse, si deux anges n'étaient là pour la
soutenir. La grande pâleur des chairs provient en partie
de nettoyages excessifs.

Un grand tableau d'autel, dans la collection de l'Académie de Bruges, n° 9. Le panneau central représente
saint Christophe ayant à ses côtés saint Égide et saint
Benoît ; sur l'intérieur des volets, saint Guillaume avec
le donateur et ses fils, et sainte Barbe avec la donatrice
et ses filles ; sur l'extérieur, en grisaille, saint Jean-Bap-

______

(¹) Il en existe une excellente photographie, par Fierlants.

tiste et saint George. Ce tableau porte la date de 1484. Toutes les têtes sont d'une vérité frappante. Celle de saint Christophe est animée d'une extase admirable. L'enfant Jésus est moins satisfaisant. Parmi les saints, Égide, Benoît et Barbe ont des physionomies pleines de noblesse et de douceur, mais saint Jean-Baptiste est le mieux réussi de tous. Le modelé a gardé dans ce tableau toute sa perfection primitive [1].

Un petit triptyque, à Chiswick, résidence du duc de Devonshire. *La Vierge et l'Enfant*, avec les donateurs, lord et lady Clifford, leurs enfants à genoux, et leurs patronnes sainte Agnès et sainte Barbe. Sur les volets, saint Jean-Baptiste, saint Jean l'Évangéliste. Ce tableau, désigné par Horace Walpole comme l'œuvre de Jean Van Eyck, est un des plus beaux de Memling.

Saint Christophe, à Holkerhall, Lancashire, au duc de Devonshire. Le saint ressemble à celui du tableau de Munich, mais il est infiniment mieux rendu et dans un état de conservation parfaite. Ce tableau est attribué erronément à Albert Dürer.

Le portrait d'un *Vieux chanoine de l'ordre de Saint-Norbert*, au musée d'Anvers, n° 35. Cet admirable tableau produit toute l'impression d'une page historique [2].

Le portrait d'un membre de la famille de Croy, au musée d'Anvers, n° 36. Vérité frappante et exécution magistrale, dans une gamme un peu froide.

[1] Fierlants en a donné une remarquable photographie.
[2] Il en existe une photographie par Fierlants.

Petit triptyque dans la collection du révérend M. Heath, vicaire d'Enfield. Le *Christ pleuré par la sainte Vierge, saint Jean et Madeleine*. Sur les volets, *saint Jacques le Majeur* et *saint Christophe*. Le corps du Christ est très-maigre, l'expression de douleur des assistants imposante et profonde ; la couleur d'une singulière puissance [1].

Le *Mariage de sainte Catherine*, à l'hôpital Saint-Jean [2]. Au centre la Vierge est assise sous un portique, orné de tapisseries. Deux anges tiennent gracieusement une couronne au-dessus de sa tête. A ses côtés, à genoux, est sainte Catherine, d'une admirable expression de chasteté et d'humilité. L'enfant Jésus lui passe au doigt l'anneau des fiançailles. Derrière elle un ange, d'une physionomie charmante, touche de l'orgue ; plus loin se tient saint Jean-Baptiste avec un agneau. De l'autre côté, sainte Barbe lit agenouillée ; derrière elle un autre ange tient un livre ouvert sur les genoux de la Vierge. Plus au fond on découvre saint Jean l'Évangéliste, dont le beau visage revêt une expression de pensive tendresse. A travers les arcades du portique se dessine des deux côtés du trône un riche paysage, avec des scènes de la vie des deux saints Jean. Le volet droit représente la *Décollation de saint Jean-Baptiste;* au fond l'on voit un édifice et un coin de paysage avec d'autres épisodes de la vie du saint. Sur le volet gauche, *Saint Jean l'Evangéliste* dans l'île de Patmos, écrit, les yeux levés vers le ciel et contemplant la vision

[1] *Cabinets et galeries de la Grande-Bretagne*, p. 313, etc.

[2] L'inscription et de la date (1479) sont apocryphes. Voyez mon article dans le *Kunstblatt* de 1854, p. 178.

de l'Apocalypse, le Seigneur sur son trône, entouré d'un nimbe de lumière éclatante, encadré d'un arc-en-ciel. Un cercle plus large est formé à l'extérieur par le groupe des anciens, au visage austère, revêtus de robes blanches, et tenant des harpes. Vis-à-vis d'eux, entourée de flammes et de formes mystiques, est la bête à sept têtes. Au-dessous, dans un paysage, des hommes se dérobent par la fuite à quatre cavaliers qui les poursuivent de toute la vitesse de leurs coursiers. La mer enfin reflète dans ses vagues de cristal verdâtre toute la scène, l'arc-en-ciel, l'éclat des nues, les figures mystiques et les figures du rivage, rassemblant ainsi toute la composition dans un magnifique ensemble. A l'extérieur des volets se dessinent deux saints et deux saintes, devant lesquels s'agenouillent des hommes et des femmes en costumes religieux.

Toute cette œuvre respire un sentiment de poésie profonde ; admirablement achevée, parfaite de dessin et de couleur, c'est, après le *Jugement dernier*, l'œuvre la plus considérable que nous possédions de Memling : malheureusement, les volets extérieurs ont été trop nettoyés et chargés de retouches maladroites. Ce tableau se rapproche beaucoup du *Saint Christophe* de l'académie de Bruges (¹). Le dessin plus habile des pieds prouve qu'il a dû être peint vers 1486.

Un tableau votif, un peu plus grand que le panneau central du précédent, chez le comte Duchâtel, à Paris.

______

(¹) Fierlants en a donné une excellente photographie.

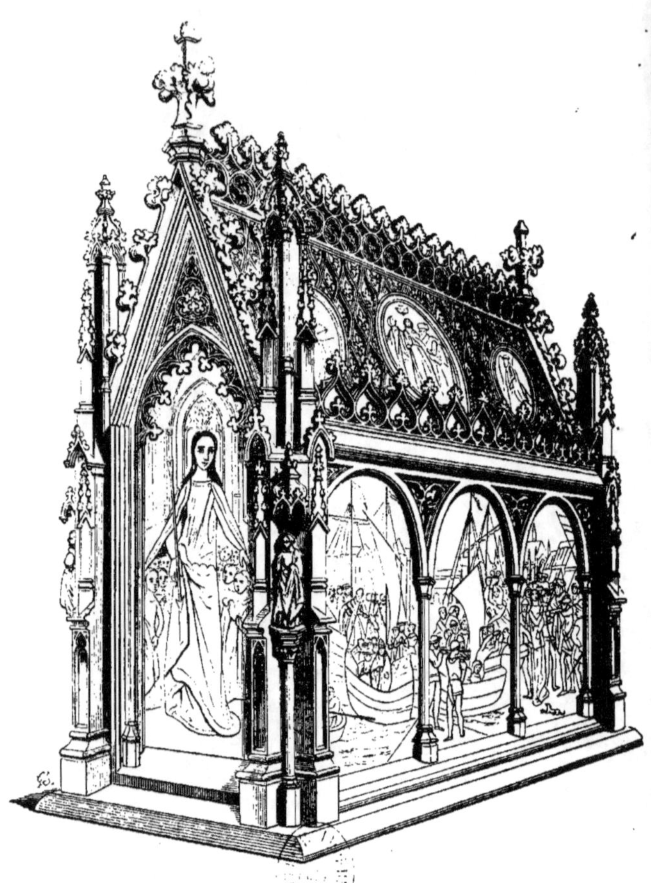

THE RELIQUARY OF ST. URSULA.

By Hans Memling   In the Chapel of St John's Hospital at Bruges.

LA CHASSE DE SAINTE URSULE,

par H. Memling, à l'hôpital Saint-Jean, à Bruges.

La tête de la Vierge assise avec l'Enfant a une étroite
ressemblance avec celle que nous venons de décrire.
A droite sont les hommes et les jeunes gens sous la
garde de saint Jean-Baptiste ; à gauche, les femmes et
les jeunes filles, sous la garde d'un autre saint, les deux
groupes très-nombreux et agenouillés. Il est fort regrettable que les chairs de la Vierge, de l'enfant Jésus et des
femmes de ce beau tableau aient un peu pâli par le nettoyage. L'œuvre elle-même présente une grande analogie
avec le *Mariage de sainte Catherine*. L'architecture du fond
révèle la main d'un maître. Ce tableau, avec beaucoup
d'autres de la même école, avait été transporté en Espagne,
où il fut acquis par le général Armagnac, ainsi que le
petit triptyque de Rogier Van der Weyden l'aîné que
nous avons décrit.

Les tableaux ci-après ont également, sous tous les rapports, une grande affinité avec le *Mariage de sainte
Catherine*.

Un triptyque dans la galerie impériale à Vienne, où
par erreur il est attribué à Hugues Van der Goes. Le
panneau central représente la Vierge assise sous un riche
baldaquin et tenant sur ses genoux l'enfant Jésus, auquel
un ange présente d'une main un instrument de musique
et de l'autre une pomme. Du côté opposé, le donateur,
vêtu de noir. L'arc demi-circulaire qui entoure le groupe
est orné d'une frise et d'une guirlande de fruits. Sur les
volets on voit, à l'intérieur, saint Jean-Baptiste et saint
Jean l'Évangéliste, et, à l'extérieur, les figures d'Adam et
Ève, évidemment peintes d'après des modèles vivants.

Un tableau de la galerie Lichtenstein, à Vienne, attribué par erreur à Lucas Cranach, et dont le sujet est la *Vierge avec l'Enfant,* qui tiennent ensemble une pomme : le tout encadré dans un ornement architectural sur les chapiteaux duquel l'artiste a peint, en grisaille, l'*Adoration des Rois* et la *Présentation au temple.* Malheureusement, la tête de la Vierge, au centre du tableau, est fortement endommagée.

La *Vierge et l'Enfant,* avec le donateur, le jeune Newenhoven. Diptyque daté de 1487, à l'hôpital Saint-Jean. La Vierge semble être un portrait. Les formes sont très-bien modelées, mais le coloris est moins lumineux qu'à l'ordinaire. Le portrait du donateur est très-vivant.

La *Vierge et l'enfant Jésus,* dans la collection de feu le prince-époux, à Kensington. Ce tableau a une telle analogie avec le précédent qu'il a dû être peint la même année.

Un petit tableau appartenant à M. Gatteau, sculpteur et graveur de médailles, à Paris, représente la *Vierge* assise avec l'enfant dans un ravissant paysage, et plaçant l'anneau au doigt de sainte Catherine qui ressemble en tous points à la sainte du tableau de Bruges. A côté d'elle se trouvent sainte Agnès et sainte Cécile, vis-à-vis sainte Ursule, sainte Marguerite et sainte Lucie. Dans le ciel, trois anges jouent de la flûte. Les têtes sont d'une beauté merveilleuse, d'une délicatesse de sentiment, qui ne le cèdent qu'à l'éclat du ton doré de l'ensemble. Cette œuvre a conservé en outre tout son charme primitif.

A la même époque appartient un tableau de la galerie des Offices à Florence, la *Vierge et l'Enfant,* avec deux anges faisant de la musique. Les têtes ont un charme exquis ; la couleur est d'un remarquable éclat.

La fameuse châsse de sainte Ursule, à l'hôpital Saint-Jean, a été peinte environ l'an 1488. Ce reliquaire, d'une longueur de quatre pieds environ, est construit dans le style gothique, et Memling en a orné tout l'extérieur de miniatures peintes à l'huile.

De chaque côté du couvercle se rangent trois médaillons, un grand au centre et deux petits sur les côtés. Ceux-ci contiennent des anges jouant de divers instruments ; au centre d'un côté, le *Couronnement de la Vierge,* de l'autre, la *Glorification d'Ursule et de ses compagnes,* avec deux figures d'évêques. Sur le fronton antérieur, la *Vierge et l'Enfant,* avec deux sœurs de l'hôpital, à genoux. A l'autre extrémité, sainte Ursule tenant la flèche, emblème de son martyre, et les vierges qui cherchent un abri sous les plis de son manteau.

Sur les côtés principaux du reliquaire, dans six compartiments, encadrés d'arcades gothiques, est retracée l'histoire de sainte Ursule.

D'après la légende, cette sainte, fille d'un roi d'Angleterre, se rendit en pèlerinage à Rome, accompagnée de son pieux fiancé, le prince Conan, d'un nombreux cortége de compagnes et d'une escorte de chevaliers. Ainsi le lui avait commandé le Seigneur. En revenant, elle subit le martyre à Cologne.

Voici les sujets des différents tableaux :

1. Le *Débarquement à Cologne*. Au début du voyage, Ursule vêtue de la pourpre princière, ayant des perles dans les cheveux, descend de la barque. A côté d'elle, une vierge porte une cassette de bijoux. Elle s'incline avec une pieuse humilité devant les jeunes filles qui la reçoivent. La vue de Cologne est prise sur les lieux et l'on reconnaît facilement les principaux édifices.

2. Le *Débarquement à Bâle*. La princesse a débarqué avec une partie de sa suite, et se dirige vers la vieille cité. Deux autres navires approchent du rivage. Dans le fond, les Alpes. La troupe virginale se met en route pour Rome.

3. L'*Arrivée à Rome*. Le pape Cyriaque reçoit la princesse ; ses compagnes descendent les Alpes, escortées par de jeunes chevaliers que conduit Conan, le fiancé de la princesse. L'église est ouverte, quelques fidèles reçoivent le baptême, d'autres se confessent ou communient.

4. La *seconde arrivée à Bâle*. Dans le fond les portes de la ville, d'où la princesse et ses compagnes s'avancent vers le fleuve. Sur le premier plan, l'embarquement a déjà commencé. Dans une grande barque, le pape, assis entre deux cardinaux, et sainte Ursule entre deux vierges, engagent une discussion pieuse.

5. *Commencement du martyre*. Le camp de l'empereur Maximin, l'ennemi des chrétiens, est établi sur les bords du Rhin. Deux navires approchent du rivage. Des hordes de barbares, armés de massues, d'épées, d'arcs et de flèches, les entourent. Les jeunes gens, déjà descendus à terre, tombent sous les coups de l'ennemi. Une partie des

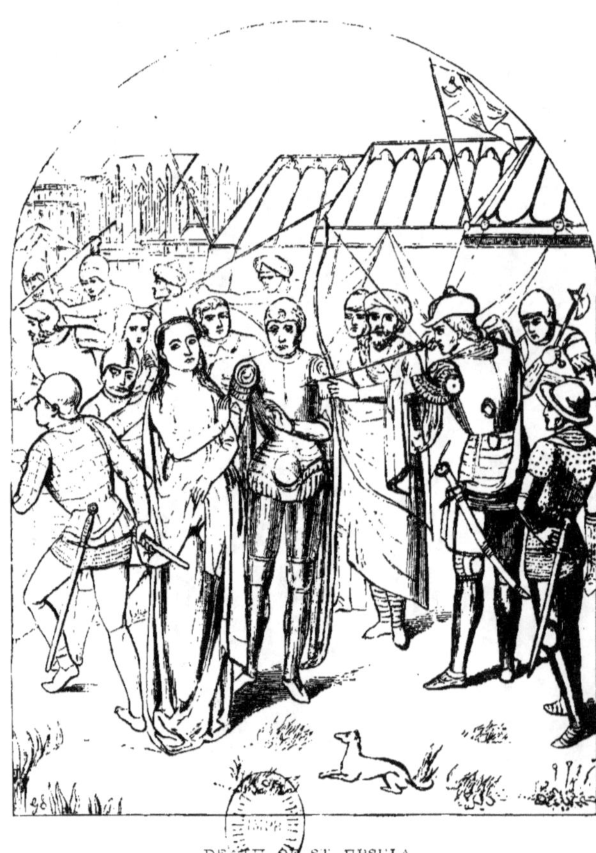

DEATH OF ST. URSULA.

One of the Paintings by Memling on the Reliquary of St. Ursula at Bruges.

MORT DE SAINTE URSULE,

panneau de la Châsse de sainte Ursule, à Bruges, peinte par Memling.

vierges à bord des navires chantent des cantiques, subissant avec résignation la grêle de flèches; d'autres, ainsi que les prêtres qui les accompagnent, sont déjà frappées à mort.

6. La *Mort d'Ursule*. La sainte et les vierges sont dans la tente de l'empereur, un soldat l'a déjà mise en joue. Elle attend la mort avec une courageuse soumission à la volonté divine. Quelques-uns des assistants regardent avec intérêt, d'autres avec une sauvage indifférence.

Ces petits tableaux se rangent parmi les plus belles productions de l'école flamande. Le dessin l'emporte sur les plus grands tableaux du maître; ici rien de maigre, de roide, ni d'anguleux; la plus grande aisance dans les mouvements; la couleur d'une puissance et d'une douceur admirables; l'expression des physionomies d'une supériorité sans égale.

Les six tableaux du couvercle n'ont pas cet éclat, et trahissent la main d'un élève (¹).

Un tableau analogue de forme oblongue, jadis dans la collection Boisserée, aujourd'hui à Munich, mérite une mention spéciale. Il représente les *Sept joies* de la Vierge, non pas dans des compartiments séparés, mais dans un grand ensemble, dont le fond est un paysage avec une infinité d'épisodes secondaires, tout un monde

---

(¹) M. Fierlants a publié des photographies d'une rare beauté, représentant l'ensemble de la châsse et chacun des tableaux séparément. Bruxelles, chez C. Muquardt.

de vie, de joie, le tout exécuté avec une grâce et une beauté merveilleuses. Les trois sujets traités au premier plan sont, à droite la *Nativité,* à gauche la *Descente du Saint-Esprit,* et au milieu l'*Adoration des rois mages;* ce dernier surtout se distingue par une richesse et une beauté de composition toutes particulières (¹).

Je ferai remarquer ici, non pas à cause de l'importance du tableau, mais pour rectifier une désignation erronée, que le petit tableau, dans cette même pinacothèque, représentant *Saint Jean-Baptiste dans le désert,* y est attribué à Hugues Van der Goes, à cause d'une inscription qu'il porte, tandis que, d'après le sentiment, le dessin, le coloris et l'exécution, il doit être l'œuvre de Memling. L'inscription est positivement apocryphe, ce qui résulte déjà de la forme du 4 dans le millésime 1472, attendu qu'à cette époque on donnait encore, en Belgique, à ce chiffre l'ancienne forme d'un 8 ouvert par le bas.

On trouve au musée royal de Turin un tableau de même grandeur que les *Sept joies de la Vierge,* et d'une égale perfection, représentant toutes les scènes de la Passion, depuis le dimanche des Rameaux jusqu'à la reconnaissance du Christ par les disciples d'Emmaüs, en groupes séparés. C'est probablement ce tableau qui, d'après Vasari, fut offert par la famille Portinari à l'église de Santa Maria Nuova, d'où il passa à Côme 1ᵉʳ, duc de Toscane.

(¹) L'ouvrage de Boisserée contient des lithographies qui reproduisent ces trois sujets.

Un grand tableau d'autel avec doubles volets, dans la cathédrale de Lubeck. Sur les parties extérieures de la première paire de volets on voit l'*Annonciation*, en grisaille. Les deux figures sont sveltes, d'un caractère élevé, les têtes d'une ineffable douceur, les draperies d'un goût exquis et modelées avec le plus grand soin.

Sur les faces intérieures de ces volets se dessinent saint Blaise et saint Égide, et sur les faces extérieures de l'autre paire, saint Jean-Baptiste et saint Jérôme. Ces quatre figures se rangent parmi les plus beaux spécimens de la manière de Memling. Les faces intérieures de ces volets se rapportent au sujet du panneau central.

Le volet droit comprend des scènes de la vie du Christ, depuis la *Prière au Jardin des Olives* jusqu'au *Portement de la Croix*. Ces sujets se succèdent depuis le fond jusqu'au premier plan du tableau. Le panneau principal représente le *Christ en croix entre les deux larrons*, en tout trente-cinq personnages. C'est la plus importante représentation de ce sujet que nous offre l'école flamande. Elle est riche en motifs originaux et d'une exécution splendide. Sur le volet gauche, l'*Ensevelissement* au premier plan ; au milieu du tableau, les épisodes ultérieurs, dans le fond l'*Ascension*. La date de 1491, qui figure sur ce tableau, est la plus récente que l'on trouve sur les tableaux de Memling (*).

Je ne saurais dire, ne l'ayant jamais vu, à quelle

(*) Voir mon article dans le *Kunstblatt* de 1846, n° 28.

époque se rapporte le triptyque portatif de Charles V, qui se trouve à Madrid. Passavant en parle comme d'une œuvre remarquablement belle. Le panneau central représente l'*Adoration des Rois*; les volets la *Nativité* et la *Présentation au Temple*. Les figures sont au tiers de la grandeur naturelle (¹).

Il n'est pas étonnant qu'un peintre capable d'atteindre une telle perfection sur une petite échelle ait été un miniaturiste de premier ordre. Nous en possédons la preuve dans les miniatures du fameux bréviaire légué par le cardinal Grimani à la bibliothèque de Saint-Marc à Venise (²).

Rogier Van der Weyden le cadet était le fils et l'élève de Rogier l'aîné (³). Hors de là nous ne savons rien de lui si ce n'est qu'il gagna beaucoup d'argent par ses travaux, qu'il était d'une grande bienveillance, et mourut à Bruxelles de la suette, dans un âge très-avancé (⁴). Il

---

(¹) Voir Passavant, *Christliche Kunst in Spanien*, p. 130. Cavalcaselle considère quelques parties de cet ouvrage comme trop faibles pour être de Memling et les attribue à un élève. *Anciens peintres flamands*, p. 269.

(²) Une notice de M. Ernest Harzen, dans le *Naumans Archiv* de 1858, a rendu pourtant la collaboration de Memling à ces miniatures très-douteuse.

(³) Sandrart l'affirme nettement dans sa notice sur la peinture à l'huile (*Teutsche Academie*, p. 66).

(⁴) Van Mander, pl. 129, b. f. — Van Mander l'ayant confondu avec son père, Wauters, et Cavalcaselle après lui, ont contesté son existence. Je ne puis admettre leur opinion. J'en ai donné

resta constamment fidèle au style de son père dont il se
rapproche beaucoup dans ses premiers travaux. Plus
tard ses proportions deviennent moins allongées, ses
formes plus pleines, et son dessin plus délicat, surtout celui
des pieds et des mains. D'autre part, on ne trouve guère
chez lui le sentiment du beau; il manque de grâce dans les
motifs de ses ouvrages, et ses têtes sont en général des
portraits dépourvus de goût. En revanche, son contour
est plus doux, le ton de ses chairs plus clair et plus
brisé, ses lumières d'un rouge plus sobre, ses ombres
moins opaques, et sa manière, pour tout dire en un mot,
plus large. Il paraît s'être attaché surtout aux représentations des souffrances du Christ et des douleurs de la
Vierge et des apôtres; presque tous les tableaux qu'on a
quelque raison de lui attribuer appartiennent à cette
catégorie de sujets. Sa façon de concevoir les sujets religieux devait être en harmonie avec l'esprit du temps, car
les vieilles copies de ses tableaux abondent dans les
Pays-Bas. Son principal ouvrage fut exécuté pour l'église
de Notre-Dame *hors des murs*, à Louvain, et se trouve
aujourd'hui dans la sacristie de Saint-Laurent, à l'Escu-
rial. C'est une *Descente de Croix* comprenant dix figures
de grandeur naturelle (¹). La Vierge évanouie à la droite

les raisons dans le *Kunstblatt* de 1847, p. 170, etc. Passavant
(*loc. cit.*, p. 134, etc.) et Hotho partagent cet avis.

(¹) N'ayant pas vu ce tableau moi-même. j'adopte la description de Passavant (*loc. cit.*). J'ai toutefois jadis été disposé à
partager l'avis de Wauters, qui l'attribue au père, opinion par-

du cadavre du Christ que soutiennent Nicodème et Joseph d'Arimathie, est supportée elle-même par l'une des deux Marie et par saint Jean. La Madeleine repentante aux pieds du Christ, dans une attitude pleine de passion, manque de grâce. Derrière le groupe de la Vierge une autre femme fond en larmes et se voile la face. La vie et la passion que respire chaque tête, le dessin du corps et des mains du Sauveur ont de tout temps fait de ce tableau un objet d'admiration. Il en existe deux reproductions contemporaines au musée de Madrid, n° 1046 (¹) et au musée de Berlin, n° 534, avec la date de 1488.

Des autres ouvrages qui se trouvent en Espagne et que lui attribue Passavant (²), je ne citerai qu'un petit *Crucifiement,* placé au musée de Madrid, n° 466, avec le monogramme apocryphe d'Albert Dürer.

La *Descente de Croix,* petit triptyque avec volets, à l'institut de Liverpool (n° 42) (³), remonte à la jeunesse du maître. Le contour en est dur, mais l'expression saisissante.

Une autre *Descente de Croix* dans la collection du prince-époux à Kensington, n° 36. Le grand éclat de la couleur prouve encore que c'est une œuvre des premiers temps de l'artiste.

Un *Ecce Homo* et une *Mater dolorosa*, tous deux à

tagée par Cavalcaselle (p. 185, etc.), qui donne comme l'original l'exemplaire du musée de Madrid.

(¹) *Christliche Kunst in Spanien,* p. 134.

(²) *Ibid ,* p. 137.

(³) *Trésors de l'art,* t. IV. p. 235.

Kensington ; demi-grandeur nature. La Vierge est d'un caractère élevé et d'un sentiment exquis (¹).

Un *Ecce Homo*, dans la collection de M. Green, de Hadley, près Barnet, à peu près pareil au précédent.

Un *Christ au Tombeau* de la collection de sir Culling Eardley, à Belvédère, près d'Erith, appartient à la première époque et révèle une grande vigueur de sentiment et de coloris (²).

Une *Descente de Croix,* dans la galerie royale de Naples. Riche et brillante composition, achetée il y a vingt ans.

La *Tête de Femme en pleurs,* au musée de Bruxelles, est d'une vérité et d'une profondeur d'expression étonnantes.

Comme il importe aussi de faire connaître l'esprit et la manière de l'école des Van Eyck dans la composition des sujets profanes, il me paraît convenable de signaler ici quelques manuscrits (car il n'existe pour ainsi dire pas de tableaux à l'huile en ce genre) où ces sujets, traités en miniature, s'élèvent par leur mérite artistique à la plus grande hauteur de l'école.

Je citerai d'abord un grand in-folio de la bibliothèque de l'Arsenal, à Paris ; c'est une traduction française de Tite-Live, contenant la troisième décade de son ouvrage. Les neuf dessins que renferme ce volume représentent des scènes de l'histoire romaine : les armes, les costumes, la couleur locale appartiennent tout à fait à l'époque du

(¹) *Trésors de l'art,* IV, p. 226, etc.
(²) *Ibid.,* p. 278.

peintre, vers 1430-1450. L'heureuse disposition des groupes, la délicatesse de la plupart des détails, l'originalité et l'expression des physionomies, la correction du dessin, la chaleur, la vigueur et surtout l'harmonie du coloris, la touche spirituelle et soignée des accessoires finement achevés à la gouache révèlent un artiste de premier ordre. Les paysages du fond paraissent traités avec une certaine légèreté si on les compare aux autres miniatures de ce temps et de cette école ; mais l'artiste rachète ce défaut par la vérité et l'animation de ses chevaux, qui, dans des miniatures d'ailleurs fort remarquables de la même époque et de la même école, sont toujours d'une faiblesse frappante : les têtes seules laissent encore à désirer. Je décrirai sommairement les principales compositions. Caton l'ancien, assis sous un dais vert, défend, en sa qualité de consul, la loi qu'il a portée contre les femmes. Autour de lui sont rangés huit sénateurs dont quelques-uns tiennent des manuscrits roulés. Ce dessin porte dans toutes ses parties le sceau de la plus pure école des Van Eyck. Ailleurs Scipion triomphe des Lusitaniens. On remarque au premier plan un combat de cavaliers frappant de vie et de netteté aussi bien dans l'ensemble du groupe que dans les détails pris séparément. Les armures d'acier brillantes et polies font un excellent effet.

Je mentionnerai encore l'*Histoire du royaume de Jérusalem jusqu'en l'an* 1210, livre à figures accompagné d'un texte explicatif très-court, appartenant à la bibliothèque impériale de Vienne, n° 2533. Ce manuscrit, qui forme un mince in-folio de dix-sept feuillets seulement, fut composé pour le duc Philippe le Bon, comme l'indiquent les armoiries et la devise dont il est orné. Les dessins n'appartiennent évidemment pas à des miniaturistes ; ils sont l'œuvre de trois peintres au moins, artistes très-remarquables de l'école des Van Eyck, et ce sont les plus beaux monuments de ce genre que nous possédons de cette école. La conception en est essentiellement originale, vive et spirituelle ; l'exécution artistique irréprochable, la facture large et magistrale, parfois même un peu hardie pour la miniature. Je ne connais aucun autre monument où l'art ait autant ennobli et idéalisé l'esprit chevaleresque du moyen âge. Il y a là un reflet du retable de Gand : on croit y reconnaître tour à tour la main de Roger Van der Weyden et celle de Memling. Me proposant de consacrer ailleurs à ce manuscrit une étude plus développée, je me bornerai ici à donner une description succincte des compositions principales.

La première page contient deux images : l'une d'elles représente Godefroid de Bouillon, premier roi de Jérusalem, et Danubert, archevêque de Pise, patriarche de la ville sainte, l'un et l'autre agenouillés devant un édifice gothique, probablement la chapelle du Saint-Sépulcre ; auprès d'eux se tiennent d'autres dignitaires ecclésiastiques et séculiers. L'agencement du groupe est des plus ingénieux, les têtes sont admirablement individualisées. Au verso de ce feuillet, une autre main, encore plus habile que la première, a représenté les ancêtres de Godefroid de Bouillon. Le recto du deuxième feuillet retrace l'embarquement de Godefroid de Bouillon et les périls qu'il courut dans la première croisade; cette composition, du même artiste que la première, est ce que je connais de plus parfait en ce genre, tant sous le rapport du caractère des figures que sous celui de la poésie et de la vérité du paysage. J'en dirai autant du couronnement de Jean de Brienne comme roi de Jérusalem, feuillet 17, au recto. Indépendamment des qualités éminentes de cette scène, elle offre un véritable modèle de disposition pour une composition où figurent un grand nombre de personnages.

Sous le rapport des miniatures où se retrouve l'influence du manuscrit précédent, on peut citer le n° 2549 de la même bibliothèque qui s'en rapproche extrêmement; c'est une traduction française, d'après un texte latin, des *Gestes du comte Gérard de Roussillon*, terminée par Jean Wauquelin, le 16 juin 1447, d'après les ordres de Philippe le Bon. Le travail du scribe achevé, ces manuscrits étaient, comme on sait, remis en feuilles aux artistes chargés de l'enluminure ; on peut donc assigner aux miniatures de celui-ci une date un peu postérieure à celle indiquée dans les miniatures placées en tête des cinquante-deux chapitres, et qui occupent toujours la moitié de la page ; indépendamment de quatre petits sujets qui ornent en général les marges, on distingue fort bien quatre manières différentes, dont deux appartiennent aux artistes les plus éminents de cette école. Les batailles et d'autres scènes animées dues à une troisième main trahissent au contraire souvent une conception mesquine et faible. Je me contenterai encore ici d'une énumération

rapide des dessins les plus remarquables, dans laquelle
la première place revient incontestablement au feuillet du
titre : il représente Philippe le Bon, en fourrure noire,
trônant sous un dais somptueux de couleur pourpre et
recevant le volume des mains de Jean Wauquelin,
agenouillé devant lui. La présence de hauts dignitaires
du clergé et de la cour d'un côté, et de l'autre celle de
plusieurs chevaliers de la Toison d'or, ordre dont le duc
porte aussi les insignes, prêtent à la scène quelque chose
de solennel. L'admirable propriété de toutes les parties,
le coloris, la gracilité des membres et la longueur un peu
outrée des personnages rappellent beaucoup le vieux
Roger Van der Weyden. — Au verso du feuillet 9, le
mariage du comte de Roussillon, dont l'histoire se passe
du temps de l'empereur Charles le Chauve, est une page
pleine de finesse et de *maestria,* où s'étale toute la pompe
dont la cour de Philippe le Bon devenait le théâtre à
l'occasion de ces cérémonies ; le paysage du fond porte
surtout le caractère de ceux du retable des frères Van
Eyck, à Gand. — Le comte retourne dans sa patrie avec
son épouse et trois autres chevaliers. Cette belle image,
où l'on remarque un fini soutenu jusque dans les détails
architecturaux du fond, est évidemment copiée sur une
scène analogue reproduite dans le manuscrit précédent.
— Les funérailles de la comtesse Berthe de Roussillon,
feuillet 174, recto ; morceau important par la finesse
des têtes du cortége funèbre, par la vérité des physionomies des prêtres et des enfants de chœur qui chantent,
par le choix du paysage qui se détache sur un horizon

très-clair et enfin par la délicatesse et la fraîcheur de l'ensemble. — Les funérailles du comte, à Poitiers, feuillet 181 recto, offrent les mêmes qualités, avec encore plus de richesse et d'importance dans la composition.

La plus belle représentation des combats singuliers du moyen âge se trouve dans un manuscrit de la bibliothèque impériale de Paris (manuscrits français, n° 8024, in-8°) ; dix miniatures, traitées dans le plus pur style des Van Eyck, retracent les diverses phases du duel, depuis les lois qui le réglaient jusqu'à la victoire du provocateur.

Comme exemple de miniature en grisaille, genre très-recherché et porté à une grande perfection à l'époque de Philippe le Bon, je signalerai un livre d'heures in-4°, écrit pour ce prince et appartenant aujourd'hui à la bibliothèque de La Haye. La plupart des nombreuses vignettes en grisaille dont il est orné sont d'une beauté extraordinaire et rappellent par le style la première manière d'Hans Memling. C'est d'ailleurs l'époque (environ 1455-1465) qu'indique l'âge avancé du duc représenté à genoux dans plusieurs images : quelques vignettes trahissent cependant un pinceau moins habile.

Vu l'excessive rareté des tableaux de l'ancienne école hollandaise, je m'arrêterai un instant à un livre d'heures de la bibliothèque impériale de Paris (supplément latin, n° 704), dont les nombreuses miniatures, datant sans doute du milieu du xv⁰ siècle et exécutées par un artiste de beaucoup de verve et d'origi-

nalité, sont bien propres à donner une idée du caractère
de l'école hollandaise à cette époque. Bien qu'on y retrouve en général la conception réaliste des disciples
belges des Van Eyck, sous plus d'un rapport il s'y révèle
des différences marquées entre ceux-ci et les Hollandais.
Ces derniers, moins corrects dans le dessin des figures,
sont aussi plus faibles pour le sentiment de la beauté et
de la forme, pour la grâce des mouvements. Dans leurs compositions, d'ailleurs excellentes et pleines de vie, les figures
occupant moins de hauteur dans le champ du tableau, le
paysage gagne en étendue. D'un autre côté ils apportent
aussi un soin extrême dans l'exécution des détails, par
exemple les parties saillantes d'architecture. Les couleurs
dures des vêtements, très-bien traités d'ailleurs, mais
coloriés en rouge vermillon et en bleu, forment un
contraste désagréable avec la pâleur des chairs. Dans
le manuscrit qui nous occupe on a prodigué un grand
luxe d'ornementation : ainsi, non-seulement chaque
page du calendrier est encadrée par quatre sujets (¹),
mais encore, indépendamment des principales scènes et
d'une foule d'initiales grandes et petites, ornées de
vignettes, chaque saint, vers la fin du livre, est accompagné quelquefois de six petits sujets tirés de sa légende.

(¹) Je ferai remarquer pour les lecteurs peu au fait de ces détails que le feuillet du titre est simplement intercalé dans le
manuscrit, auquel il est complétement étranger. Il est dû, selon
toute apparence, à Attavante, célèbre miniaturiste florentin,
élève de Domenico Ghirlandajo, qui florissait dans les dix dernières années du xv⁰ siècle.

Un écu blasonné, supporté par deux lions, est reproduit plusieurs fois : il a trait sans doute à celui qui fit exécuter le livre, mais malheureusement il est partout raturé.

Un monument remarquable du xve siècle, qui atteste à quel point la broderie elle-même empruntait ses formes à l'école des frères Van Eyck, en Hollande, est conservé au trésor impérial de Vienne. Ce sont des ornements sacerdotaux, qui servirent, croit-on (¹), aux messes solennelles célébrées à l'occasion de l'institution de l'ordre de la Toison d'or, par Philippe le Bon. Ils forment une chapelle complète : la chasuble, trois chapes de chœur (*pluviales*), les ornements du diacre et du sous-diacre, dalmatique et tunicelle, et des tapisseries destinées à revêtir soit l'autel, soit les stalles du chœur.

A part l'art avancé que ces ornements attestent, on ne peut trop admirer la façon et le talent qui ont présidé à la mise en œuvre de l'or, de la soie et des perles, ces matières précieuses si bien appropriées alors au faste de la

---

(¹) M. le chevalier Von Sacken, dans son mémoire sur ces ornements, publié dans la livraison de mai 1858 du bulletin de la Commission centrale, mémoire auquel j'ai emprunté ma description, observe avec raison que la circonstance qu'aucune des marques ordinaires de cet ordre ne s'y trouve reproduite, contredit cette supposition. Cependant ce point est tout à fait secondaire. Du reste, comme ces ornements ne se trouvent indiqués dans aucun inventaire antérieur du trésor impérial, il est probable qu'ils n'ont été apportés de Bruxelles à Vienne que par suite du démembrement des Pays-Bas, pendant la révolution française.

cour de Bourgogne, et combinées ici avec un goût et une
perfection tout à fait artistiques. Quoique ces ornements
soient entièrement couverts de figures (la chasuble en
contient 39, chacune des chapes 41, la dalmatique et la
tunicelle chacune 44, et chaque tapisserie 39, soit un total
de 278), celles-ci sont disposées suivant une loi architectonique, de telle sorte qu'elles n'offrent ni confusion ni surcharge, mais présentent un ensemble à
la fois plein de richesse et du style le plus harmonieux. Les bordures qui encadrent les compartiments destinés aux grandes scènes ou aux figures isolées
forment entre elles une disposition du meilleur goût :
leurs intersections, ménagées avec une exquise habileté,
sont relevées par des bouquets de perles. Si c'est à juste
titre que l'on admire dans les tableaux des Van Eyck et
de leur école l'extraordinaire vérité avec laquelle ils ren-
dent, au moyen des couleurs, l'effet des brocards pourpres,
violets, bleus et verts, travaillés avec l'or et la soie, l'emploi de ces étoffes elles-mêmes mises en œuvre avec le
sentiment le plus délicat de l'art et avec la plus rare
dextérité, engendre ici une beauté et une magnificence
d'effet dont je ne connais point d'autre exemple. Le chevalier Von Sacken, à propos des procédés techniques que
nous venons de signaler, fait la remarque suivante :
« Les fils d'or, dit-il, sont tirés transversalement et couverts deux à deux par le point en soie plate. Les fils d'or
forment donc le fond, tandis que les soies de diverses
couleurs marquent le dessin et les ombres. Or, la broderie étant plus serrée dans les parties ombrées et très-

claire dans les jours, formés par l'or lui-même, il en résulte un lustre particulier. » Mais ce qui excite au plus haut point l'admiration, ce sont les chairs qui, d'après le même auteur, sont réservées et exécutées en pleine soie au point plat. On y trouve non-seulement les types les plus variés, mais aussi les expressions les plus diverses, les nuances les plus insaisissables des passions, rendues au moyen de l'aiguille avec une exactitude et une délicatesse que jusqu'ici je n'aurais jamais crues réalisables. Bien que la broderie de toutes les pièces, les six ornements et les deux tentures, porte au plus haut degré l'empreinte de l'école des Van Eyck dans sa première forme, cependant une comparaison plus minutieuse démontre que les cartons coloriés qui ont nécessairement servi à leur confection étaient l'œuvre de plusieurs mains. Déjà dans une visite que je fis à Vienne, en 1839, et quoiqu'il ne me fût donné de voir qu'un côté de la chasuble, sous un jour fort défavorable, j'avais été frappé de la grande analogie du *Baptême du Christ* avec les tableaux de Jean Van Eyck, et j'exprimai, dès cette époque, à plusieurs connaisseurs, l'idée que le carton de ce dessin pouvait bien être de ce même artiste, si fort en faveur auprès de Philippe le Bon (¹). Depuis que j'ai pu, en 1860, examiner de près la riche et superbe scène de la *Transfiguration du Christ,* qui se trouve sur l'autre côté de la chasuble, cette présomption

(¹) Comparez une courte notice que j'ai publiée sur ce sujet dans le *Kunstblatt* de 1847, p. 163.

n'a fait que se fortifier. Les scènes figurées sur les trois chapes correspondent, au contraire, d'une manière frappante
avec les tableaux de Roger Van der Weyden l'aîné,
autant pour l'invention que pour le caractère des têtes
et pour la forme des mains aux doigts longs et effilés. Sur
l'une on voit Marie assise sur un trône, sur l'autre le
Christ et saint Jean-Baptiste : ce sont les sujets principaux ; le premier se distingue par l'admirable expression de pureté et d'humilité dans les traits de la sainte
Vierge, et la beauté des anges et des saintes femmes qui
l'entourent, rangés sur trois files (¹). Les saints et les
anges qui ornent les deux dalmatiques sont sans contredit d'une grande beauté, mais ils décèlent une autre
main. Enfin un quatrième artiste, également très-
habile, doit être l'auteur des sujets traités dans les
deux tapisseries. La composition principale de l'une
représente la Sainte-Trinité de la manière connue :
Dieu le père tenant devant lui le Christ mort et le saint
Esprit planant entre les deux, sous la forme d'une
colombe. L'autre retrace le mariage mystique de sainte
Catherine avec l'enfant Jésus. Outre ces personnages
les deux tentures portent chacune, sur une double
rangée, six prophètes et six apôtres (²).

(¹) Voyez-en une description plus étendue dans le mémoire
cité plus haut, qu'accompagne une gravure sur bois représentant la Vierge. La sainte au bras coupé, dont le nom n'est pas
indiqué, est sainte Notburge.

(²) Il est très-regrettable que ces ornements soient pendus les
uns sur les autres dans une armoire vitrée placée entre deux

fenêtres : on est ainsi fort empêché de les examiner. La publication par la chromolithographie de ces dessins si remarquables, au témoignage du chevalier Von Sacken, n'est même pas possible, par suite du manque de supports convenables.

CHAPITRE III.

L'ÉCOLE DES VAN EYCK JUSQU'A SA FIN.

1490-1530.

Dans la période qui s'ouvre, nous voyons se manifester des tendances très-diverses. Parfois ce sont les formes austères des premiers disciples de Jean Van Eyck qui se reproduisent, bien tard encore, comme chez Goswin Van der Weyden ([1]), né en 1465. D'après le registre de la gilde des peintres à Anvers, cet artiste en fit partie, en qualité de maître, de 1503 à 1530 ([2]), et exécuta pour l'église de Tongerloo ([3]) un retable représentant la *Mort de la Vierge,* aujourd'hui placé au musée de Bruxelles (n° 593). Les têtes ont peu de charme, quoique

([1]) V. mon article dans le *Kunstblatt,* 1847, p. 171.

([2]) *Catalogue du musée d'Anvers,* 1857, p. 30.

([3]) Nous savons, par une inscription latine donnée par Van Hasselt, dans ses *Recherches sur trois peintres flamands,* Anvers, 1849, que Goswin Van der Weyden, à l'âge de 70 ans, comme le prouve son portrait, exécuta ce tableau pour Arnold Streyter, abbé de Tongerloo, dans le style de son ancêtre Rogier, surnommé l'Apelle, en l'année 1535.

l'expression en soit juste ; les tons des chairs sont lourds et gris, comme l'aspect général de l'œuvre, le paysage excepté. Les détails, surtout ceux des riches étoffes, se rapprochent, par le soin et la forme de l'exécution, de l'ancienne école. Malheureusement la partie supérieure du tableau est endommagée. Les portraits du donateur, l'abbé Arnold Streyter, et des autres membres de sa famille, représentés sur les volets, ne manquent pas de mérite. A en juger par ce tableau, il est évident qu'une autre page de la même galerie, n° 397, représentant le même sujet, est due au même artiste, ainsi que plusieurs autres de moindre importance. Une troisième, toujours le même sujet, faisant partie de la collection du prince Albert à Kensington, me paraît devoir être attribuée au même artiste.

Comme Rogier Van der Weyden l'aîné, Hans Memling exerça une puissante influence sur bon nombre de peintres de son époque dont la principale préoccupation, souvent couronnée de succès, consistait à donner une expression fidèle au sentiment religieux de l'époque. Cette expression est beaucoup plus fine et plus douce qu'énergique, et elle offre souvent une certaine langueur. En général les physionomies sont d'une grande beauté, un peu monotone cependant dans les têtes de femmes. Le ton général de la couleur devient plus clair et plus froid, les chairs tournent souvent au violet. La perspective aérienne est plus étudiée, l'exécution plus moelleuse surtout dans les fonds des paysages auxquels on attache encore plus d'importance qu'auparavant.

Les maîtres qui se distinguèrent le plus dans cette voie sont les suivants :

GERHART HOREBOUT (*), né probablement vers 1475, est déjà cité par Van Mander comme un peintre distingué; Van Mander mentionne quelques-uns de ses tableaux qui depuis ont malheureusement péri. Il excellait surtout par son extraordinaire talent de miniaturiste. Plusieurs miniatures peintes dans un livre d'heures du British Museum sont le plus ancien monument qui nous reste de lui en ce genre. Ce livre, dédié à la reine Isabelle de Castille par un certain Fr. de Rojas, doit avoir été achevé entre les années 1496 et 1504. Jusqu'en 1521 Horebout décora encore plusieurs livres pour Marguerite d'Autriche, gouvernante des Pays-Bas et tante de Charles-Quint. Le plus ancien, qui date de 1510 environ, se trouve à la bibliothèque des anciens ducs de Bourgogne à Bruxelles : c'est l'*Album de Marguerite,* recueil contenant des poésies de cette princesse, où elle est représentée en prière devant Marie, reine des cieux. Il résulte aussi de deux comptes récemment mis au jour par l'archiviste Pinchart, que cet artiste orna encore de miniatures deux livres d'heures pour la même princesse. L'un de ces comptes, dit Harzen, se rapporte au célèbre bréviaire de Charles-Quint, un des plus

(*) Pour la biographie de cet artiste et l'appréciation de son talent comme miniaturiste, j'ai suivi en tout point l'excellent travail de Ernst Harzen que j'ai déjà cité plus haut, et dans lequel les détails sont discutés avec l'érudition et la délicatesse de jugement qu'on est habitué à rencontrer dans les écrits de cet auteur.

précieux joyaux de la bibliothèque impériale de Vienne ; c'est un petit volume in-12, enrichi de miniatures d'une exécution parfaite et qui date de 1517 environ. La grande ressemblance de ces miniatures et de celles du célèbre bréviaire Grimani, de la bibliothèque de Saint-Marc, à Venise, est pour Harzen une preuve irréfragable que Gerhart Horebout doit en être regardé comme l'auteur, et que c'est lui qu'il faut entendre sous la dénomination de Gérard de Gand, l'un des trois miniaturistes de ce bréviaire cités par l'Anonyme de Morelli ('). Comme le bréviaire se trouvait déjà en 1521 en possession du cardinal Grimani et que l'exécution des images dut prendre plusieurs années, même avec la coopération de plusieurs artistes, ce qui ne laisse aucun doute, l'époque de cette exécution doit remonter environ à 1510. Harzen attribue avec beaucoup de vraisemblance les miniatures sorties de

( ) Liévin d'Anvers est cité par l'*Anonyme* comme le second collaborateur aux miniatures du bréviaire, et dans ce personnage Harzen, d'accord avec Passavant, croit avec assez de fondement reconnaître Liévin de Witte, artiste un peu postérieur. La part qu'il prit aux miniatures du bréviaire doit être restreinte, suivant Harzen, aux bordures en grisailles relevées d'or, car au témoignage de Van Mander, Liévin excellait spécialement dans l'architecture. La mention de Memling, cité au même endroit comme le troisième coopérateur, provient, au sentiment d'Harzen, du marchand même qui vendit le missel au cardinal Grimani, et qui employa cette supercherie pour lui rendre son livre plus précieux ; car il résulte de diverses données que le cardinal possédait lui-même plusieurs tableaux de Memling et qu'il était un de ses plus fervents admirateurs.

ces mains différentes à quelques élèves d'Horebout :
d'abord, une fille de ce maître à propos de laquelle Dürer
s'exprime ainsi dans son journal des voyages aux Pays-
Bas : « Maître Gerhart l'enlumineur a une fille âgée de près
de 18 ans, qui s'appelle Suzanne : elle a peint sur une
feuille un Christ pour lequel j'ai donné un florin : c'est
une grande merveille qu'une femme puisse faire aussi
bien (¹); » ensuite ses deux fils qu'on trouve cités
comme peintres dans les comptes publiés par Pinchart; et enfin un élève, Simon Bening, qui se fit une
grande réputation comme peintre de miniatures. J'avoue
franchement, qu'après avoir vu le livre d'heures de
Charles-Quint à Vienne, pendant l'automne de 1860, j'hé-
sitai à le prendre comme point de départ, pour prouver
que les miniatures du bréviaire Grimani soient de G. Horebout; je ne partage pas l'admiration de Harzen pour les
dessins qu'il renferme : la plupart de ceux-ci me paraissent
au contraire médiocres, et les meilleurs mêmes sont bien
inférieurs aux belles miniatures du bréviaire Grimani,
quoiqu'on ne puisse méconnaître que les unes et les autres
offrent quelque ressemblance. Je me range au contraire
à son opinion lorsqu'il affirme que les miniatures d'un
manuscrit de l'*Hortulus animœ*, de la même bibliothèque,
(Denis I, nᵒ 3186) rappellent de fort près celles du bréviaire Grimani, non-seulement par la manière, mais aussi
par leur valeur artistique. Il en est de même selon lui
d'un psautier et d'un diurnal en 3 volumes in-folio, conservés à la bibliothèque du Vatican.

(¹) Voyez *Souvenirs* d'Albert Dürer, p. 133.

Horebout exécuta en outre quelques cartons pour vitraux. Plus tard, un peu après 1521 sans doute, il passa comme peintre de la cour au service du roi Henri VIII d'Angleterre ([1]) et il vivait certainement encore en 1538.

Harzen dit fort judicieusement, à propos de ce maître problématique, en l'appréciant comme miniaturiste :

« Ses compositions larges et dégagées montrent avec quelle facilité l'artiste domine la matière ; elles se distinguent surtout par la perfection des têtes : celles d'hommes sont d'un puissant caractère : celles de femmes reflètent une exquise douceur. Dans les sujets graves, comme l'office des morts, la Madeleine pénitente, les douleurs de la divine mère, il s'élève par la puissance de l'expression à la poésie, au sublime. Si l'on examine d'un autre côté la manière dont il traite les sujets profanes, tels que les mois du bréviaire où son pinceau plein de verve et d'animation retrace les fatigues du laboureur, des scènes de la vie bourgeoise, les chasses et les plaisirs des grands, on ne peut s'empêcher d'admirer la variété de son talent et la richesse de son imagination : il déroule sous les yeux du spectateur des paysages profonds et luxuriants, où les lois de la perspective aérienne sont savamment respectées. »

Toutes ces qualités se retrouvent dans plusieurs peintures à l'huile qui, sous tous les rapports, se rapprochent tellement des miniatures de l'*Hortulus animæ* et du bré-

([1]) Voyez à ce propos Van Mander, p. 128ᵃ, et H. Walpole. *Anecdotes*, etc., 1762, 1ʳᵉ partie, p. 56.

viaire Grimani, que je n'hésite pas à les attribuer au
même artiste. Je ferai remarquer toutefois que son habileté
paraît faiblir un peu dans le dessin du nu, à cause de
l'exagération des proportions ; d'un autre côté ces tableaux,
par lesquels il débuta sans doute, se rapprochent par la
vigueur des tons bruns de la manière de Hans Memling
qui lui a évidemment servi de modèle, tandis que plus
tard il adopta un coloris plus froid, qu'Harzen signale
dans ses miniatures comme une particularité caractéristique qui distingue Horebout de Memling.

Un des plus anciens et le plus important de ces tableaux est un petit retable à vantaux qui se trouve chez
M. Artaria, à Vienne. L'archange Michel, vêtu d'une
ample tunique blanche sur laquelle flotte un manteau
pourpre doublé de vert pâle, occupe le milieu : sa main
gauche est armée d'un bouclier d'argent ; de la droite
il tient une croix montée sur une longue hampe avec
laquelle il précipite sept démons dans l'abîme. La tête
est aussi belle de formes que calme et noble d'expression.
Dans les airs on voit Dieu le père étendant sa main
pour bénir et trois anges terrassant également des démons avec des croix. — Le volet droit représente saint
Jérôme en cardinal, tenant une croix de la même forme
que celles des anges, et le volet gauche saint Antoine de
Padoue avec une simple croix de bois et un livre sur lequel est agenouillé l'enfant Jésus. L'idée fondamentale de
cette composition paraît être l'exaltation de la croix. A
l'extérieur des vantaux on voit un saint couvert d'une
armure avec un grand arc et une flèche, et une sainte

tenant par la main un enfant qui porte deux clous et un livre ouvert. L'un et l'autre de ces personnages sont placés dans une niche carrée. Toutes les têtes révèlent un vif sentiment du beau ; les poses sont aisées et nobles ; les plis des vêtements tombent avec un goût très-pur ; les mains sont bien dessinées et bien modelées : la touche est soignée, mais large. On reconnaît bien ici la puissante influence de Memling, tandis que le ton des chairs, tirant d'ailleurs fortement sur le brun, est dans les figures un peu plus violet qu'il ne l'est ordinairement chez Memling.

Un remarquable tableau d'autel, placé au musée de Rouen. C'est la *Vierge assise sur un trône avec l'Enfant* et entourée de saintes et de quatre anges d'une beauté idéale, jouant de divers instruments : sur le premier plan se dessinent d'admirables portraits du donateur et de plusieurs femmes. Ton chaud, d'une grande puissance, exécution très-soignée (').

La *Descente de Croix* qui figura sous le nom de Mabuse dans la galerie du roi de Hollande, et aujourd'hui dans celle de M. Dingwall, à Londres.

Le *Baptême du Christ*, à l'académie de Bruges, n° 10, erronément attribué à Memling. Sur les faces intérieures des volets, le fondateur et sa famille avec leurs saints patrons ; sur les faces extérieures, Marie et l'Enfant et une femme agenouillée avec sa fille, dans l'attitude de l'adoration. La noblesse des têtes et l'ampleur du paysage don

---

(') J'adopte ici l'opinion de Cavalcaselle, p. 276 et s.

nent à ce tableau un grand charme (¹). Malheureusement il a subi des nettoyages exagérés.

Le *Crucifiement,* au musée de Berlin, n° 573, erronément attribué à Mabuse. La douleur des femmes est bien rendue, et le paysage, d'une extrême délicatesse de tons, se distingue par la science inusitée de la perspective aérienne.

L'*Adoration des Rois,* au musée de Munich, 1ʳᵉ salle, n° 45, y est attribuée par erreur à Jean Van Eyck. C'est un beau tableau malheureusement défiguré par des retouches partielles.

Le même sujet, plus petit, et se rapprochant de la composition simplifiée du bréviaire Grimani (²). Le pendant est une *Pietà.* — Les deux tableaux se distinguent

(¹) Déjà dans mon article du *Kunstblatt,* de 1847, j'attribuai ce tableau et la plupart des autres mentionnés ici à l'un des peintres du bréviaire Grimani, n° 53, p. 211. Ce qui prouve d'ailleurs combien Horebout ressemble à Memling, c'est qu'un connaisseur tel que Passavant attribue ce *Baptême* au second. —On a une belle photographie de ce tableau par Fierlants.

(²) Passavant a revendiqué ce tableau pour Liévin de Witte, à cause des deux lettres A. W. qui s'y trouvent inscrites (*Kunstblatt,* 1841, p. 39); quant à moi, la lettre A m'a toujours paru mettre obstacle à cette interprétation. Avant cette époque je regardais déjà cette œuvre comme sortie de la même main que le *Baptême du Christ* (Cavalcaselle incline vers le même avis), et outre Liévin de Witte, je désignais Horebout comme un des artistes qui pouvaient l'avoir produite (*Trésors de l'Art,* IV, p. 279 et 362 et s.; comparez aussi p. 276).

par la douceur des têtes et la délicatesse des tons. Ils appartiennent à M. Green, de Hadley, près Barnet.

L'*Arbre de Jessé*. Au bas sainte Anne, sur un trône, avec des anges jouant de divers instruments. A ses pieds, la Vierge et l'Enfant. D'un côté le donateur avec Aaron ; de l'autre, sa femme avec le roi David. Au-dessus d'eux se dresse l'arbre généalogique sur un fond d'or. Les têtes délicates et d'un sentiment distingué ont un ton sobre et argentin. Collection de sir Culling Eardley (¹).

Nous retrouvons ce maître sous un aspect tout différent dans la collection de l'académie de Bruges (²), nᵒˢ 20 et 21. L'un de ces ouvrages représente le *Roi Cambyse condamnant le juge corrompu ;* l'autre, le *Coupable subissant le supplice*. Tous deux figuraient jadis à la maison de ville de Bruges. Le premier porte la date de 1498. En le comparant au *Baptême du Christ* cité ci-dessus, on retrouve le même caractère dans les têtes, le paysage et la touche. Mais il faut pour cela rapprocher les deux tableaux, car vus à distance ils paraissent n'avoir entre eux aucune ressemblance (³). La vigueur inégale de leur coloris provient de ce que ces tableaux appartiennent sans doute à la pre-

(¹) Voyez en une description plus détaillée dans les *Trésors de l'Art*, IV, p. 279. Harzen fait remarquer qu'il existe de ce tableau une ancienne gravure décrite par Bartsch, VIᵉ partie, p. 58, nᵒ 13, sous le monogramme nᵒ 328.

(²) Dans le catalogue, qui date de 1845, ces deux ouvrages sont attribués à Antoine Claeyssens, qui ne mourut qu'en 1613.

(³) Des recherches dans les archives de l'hôtel de ville feraient peut-être découvrir l'auteur de ces peintures.

mière manière du peintre, et que les tons n'en ont point
été fondus. La vérité des détails du supplice montre le
sentiment réaliste de l'époque dans sa décadence.

JEAN MOSTAERT, né à Harlem en 1474, y mourut en 1555
ou 1556. Par le style et le sentiment du paysage, il se
rapproche beaucoup du précédent. Tout en traitant des
sujets religieux avec une élévation et une pureté de sentiment remarquables pour cette époque avancée, il fut aussi,
d'après le témoignage de Van Mander, un peintre de portraits fort populaire. Les seuls tableaux authentiques que
nous possédions de lui sont deux portraits d'un ton chaud
et clair, d'une exécution douce et soignée, qui figurent
au musée d'Anvers (¹). Un autre ouvrage de cet artiste
dans le même musée, n° 69, représente la *Vierge et l'enfant Jésus*, entourés de quatre anges, trois prophètes et
•deux sibylles, les dernières portant des légendes, avec
des inscriptions relatives à l'incarnation. Les traits sont
agréables quoique ayant l'aspect de portraits. L'œuvre la
plus importante du maître à mon avis, est une *Mater
dolorosa* à l'église de Notre-Dame à Bruges (²). L'expression de la douleur s'y allie avec une grande profondeur à
la noblesse des traits. Le sujet principal est entouré de
petites scènes, dont quelques-unes admirables, repré-

(¹) Les armoiries qu'ils portent ont fait prendre erronément
ces portraits pour ceux de Jacqueline de Bavière, morte en 1436,
et de son mari F. van Borselen, mort en 1470.

(²) Voyez des détails sur d'autres tableaux du même maître
dans le *Kunstblatt* de 1847, n° 55. Fierlants a publié une excellente photographie du tableau que je décris ici.

sentant les *Sept douleurs de la Vierge*. La composition la plus vaste de ce maître est assurément le grand retable à vantaux qu'on voit dans l'église de Notre-Dame à Lubeck ; l'*Adoration des Mages* occupe la partie du milieu ; l'intérieur des volets représente la *Nativité* et la *Fuite en Égypte*. Ici encore on retrouve dans les traits de la Vierge cette beauté et cette expression suave qui distinguent si éminemment les types féminins de Mostaert. En revanche, deux des mages reproduisent trop fidèlement la physionomie des fondateurs. Au fond s'étend un riche et splendide paysage (¹). De ceux de ses tableaux qui existent en Angleterre, je ne citerai que le *Christ au tombeau*, appartenant au Rév. M. Heath, à Enfield (²).

Jean Gossaert, surnommé Jean de Mabuse, à cause de la ville de Maubeuge où il vit le jour, y naquit vers 1470. C'est seulement par les tableaux qu'il exécuta avant son voyage d'Italie, vers 1513, que ce peintre peut prendre rang dans l'école de Van Eyck. Jusque-là il fut incontestablement l'un des premiers maîtres de cette phalange ; doué d'un grand talent de composition, d'un dessin habile, d'une couleur éclatante et d'une facilité toute magistrale dans le maniement de la brosse. Une certaine froideur dans l'expression du sentiment religieux constitue par moments son seul défaut. Son principal ou-

(¹) Voyez-en une description détaillée dans le *Kunstblatt*, 1846, n° 29.

(²) *Trésors*, etc., vol. IV, p. 313. Dans le même ouvrage, j'ai donné un aperçu des autres tableaux de cet artiste qui existent en Angleterre.

vrage de cette époque, signé de lui, est une *Adoration des Rois*, à Castle-Howard, résidence du comte de Carlisle, composition brillante, de grande dimension et admirablement conservée (¹).

A côté de cette œuvre se place un tableau représentant la *Légende du comte de Toulouse*, qui accomplit un pèlerinage à Jérusalem. Cet événement est rendu avec une vérité frappante (²). Le tableau appartient à sir John Nelthorpe, et se trouve dans son château de Scawby (Lincolnshire). Il ne nous reste à mentionner que deux tableaux du musée d'Anvers, la *Vierge en pleurs* avec saint Jean et d'autres femmes, et les *Bons juges et un groupe de cavaliers* (nᵒˢ 55 et 56), et enfin les *Enfants de Henri VII*, à Hampton Court (³).

Vers la fin du XVᵉ siècle, par suite de la translation du commerce de Bruges à Anvers, cette ville devint la métropole artistique des Pays-Bas. C'est là que nous rencontrons QUENTIN MESSYS, ou plus correctement MASSYS, le plus grand peintre belge de son temps (⁴). Il naquit probablement en 1460, d'une famille d'artistes depuis longtemps installée à Anvers, et mourut en 1530 ou 1531. Avant de se consacrer à la peinture, il avait exercé le

---

(¹) *Trésors,* etc., vol. III, p. 320. Colnaghi, de Londres, en a donné une bonne photographie.

(²) *Galeries et cabinets,* p. 507.

(³) Voyez *Trésors de l'Art,* t. II, p. 364.

(⁴) Voyez pour les détails historiques sur ce maître le catalogue du musée d'Anvers de 1857, p. 42 et suivantes et une notice que j'ai publiée dans le *Kunstblatt* (1847, p. 202).

métier de forgeron. Sa renommée appartient à deux époques de l'histoire de l'art. Un certain nombre de ses tableaux, représentant des sujets sacrés, révèlent avec un assez médiocre sentiment de la forme, une délicatesse de traits, une finesse et une énergie de sentiment, une douceur et une clarté de coloris, une habileté d'exécution, qui rappellent les pieuses inspirations du moyen âge, quoique elles fussent sur leur déclin. Dans ses draperies, nous trouvons une heureuse dégradation de tons qui lui est particulière. Dans les fonds, le plus souvent des paysages montagneux, on constate une heureuse entente de la perspective aérienne, traitée dans un ton bleuâtre. Quand il place dans ses tableaux religieux des figures secondaires, telles que les bourreaux par exemple, il prend plaisir à en faire des caricatures grossières. Dans les sujets enfin qu'il emprunte à la vie commune, et par lesquels il appartient à une époque nouvelle, tels que des changeurs, ou des couples d'amants, ou quelque vieille mégère, il s'abandonne à une sorte d'esprit grivois, souvent heureux. Les tableaux de sa dernière période se distinguent encore de ceux de la plupart des autres peintres des Pays-Bas de cette école par la dimension des figures, qui sont aux trois quarts de grandeur naturelle et même de grandeur naturelle.

Ses premiers tableaux offrent des carnations rouges et chaudes, et les étoffes y affectent en général des couleurs foncées d'une singulière vigueur. Plus tard seulement la gamme du peintre s'éclaircit ; ses tons plus brillants se marient avec plus de douceur : il aime alors le moelleux reflet des étoffes chatoyantes. Dans cette seconde manière aussi le peintre a perfectionné sa science des demi-teintes et son modelé atteint la perfection.

Il existe un très-petit nombre de tableaux authentiques de ce maître ; pour ma part je n'en connais aucun de sa première manière qui puisse lui être attribué en toute certitude : cependant l'analogie de sentiment, de caractère et de facture qui existe entre quelques-unes de ses dernières œuvres, d'une authenticité irrécusable, et d'autres plus anciennes, m'a convaincu que les tableaux suivants appartiennent à la première période de sa carrière artistique (¹).

Une *Vierge avec l'Enfant,* entourée de trois anges qui se détachent sur un paysage, tableau d'un ton très-chaud (musée d'Anvers, n° 107).

Un petit triptyque à volets, ayant fait partie jadis de la collection de M. Aders, en Angleterre, aujourd'hui dans celle de M. Green, à Hadley, lez-Barnet, aux environs de Londres. Sur le panneau central on voit Marie et l'Enfant accompagnés de quatre saintes, sur les volets les deux saints Jean. Un paysage avec une église occupe le fond. Bien que les types de ce tableau soient pour la plupart très-vulgaires, il y règne néanmoins un sentiment religieux et poétique qui, relevé par une exécution soignée et magistrale, le rend extrêmement intéressant (²).

(¹) Consultez la notice insérée dans le *Kunstblatt,* 1847, p. 202.

(²) Il est décrit plus amplement dans les *Trésors de l'Art,* etc., 2ᵉ partie, p. 460.

Une *Vierge avec l'Enfant* : celui-ci vêtu d'une petite tunique blanche joue avec une couronne de roses (musée de Bruxelles, n° 377).

La *Vierge et le petit Jésus s'embrassant* (musée de Berlin, n° 564) doit appartenir à l'époque intermédiaire. Le sentiment est ici très-pur et très-naïf : le dessin et le modelé attestent une grande habileté : la gamme est claire, brillante même, sans être dépourvue de chaleur; la perspective aérienne prête au paysage du fond une extrême douceur.

Il existe plus d'un point de contact entre ce tableau et un retable qui, placé originairement à la cathédrale de Bruges, passa successivement depuis dans la galerie du roi des Pays-Bas, Guillaume II, et dans la galerie impériale de Saint-Pétersbourg, où il se trouve aujourd'hui. Il représente *Marie et l'Enfant dans la gloire*, posés sur un croissant, recevant les hommages de deux sibylles, dont l'une présente l'empereur Auguste, des prophètes et du roi David. La composition a quelque chose d'éparpillé, mais les têtes de femmes, celle d'une sibylle surtout, sont très-agréables : parmi les hommes, l'empereur Auguste est superbe de noblesse et d'expression.

Je dois maintenant citer le grand et splendide triptyque de la cathédrale de Louvain. Le sujet principal, composition pleine de richesse, représente au milieu sainte Anne et la Vierge avec l'Enfant, entourés des autres membres de la sainte famille; quatre hommes, trois femmes et sept enfants, tous vêtus comme le Christ. Un terrain montagneux forme le fond et se prolonge sur le

volet droit, où se trouve saint Joachim au moment où un
ange lui apparaît au milieu des bergers, et lui annonce
la naissance d'un enfant. Le volet gauche renferme la
mort de sainte Anne : le Christ bénit la mourante, autour
de laquelle sont groupés Marie, une autre femme, Joachim
et Joseph. Sur la face extérieure du volet droit, sainte
Anne accompagnée de Joachim, offre au prêtre un coffret ;
sur le volet gauche, on voit Joachim repoussé du temple
à cause de la stérilité de son union. Dans cette œuvre
grandiose, le peintre révèle toutes les nobles et belles
qualités de son talent parvenu à la maturité. Les figures
expriment une intime douceur : la gamme est claire : les
étoffes, où domine une couleur grise fort heureuse, sont
drapées et nuancées avec une inimitable habileté. Aucun
des grands tableaux du maître ne se rapproche autant de
celui dont je vais parler que le triptyque de Louvain. On
voit pourtant qu'il appartient à une époque un peu antérieure au paysage, où la perspective aérienne est traitée
avec moins de science, et au modelé des têtes moins
parfait que dans l'œuvre suivante.

Le plus important de ses ouvrages, exécuté à l'époque
où son talent avait atteint son apogée, est un triptyque
peint en 1508 pour la chapelle de la gilde des menuisiers,
à la cathédrale d'Anvers et placé aujourd'hui au musée
de cette ville, sous les nᵒˢ 46-50. Le panneau central représente le Christ détaché de la croix. Autour de lui se
pressent ses disciples et les saintes femmes ; saint Jean
soutient la Vierge plongée dans la plus profonde douleur ;
deux vénérables vieillards, Joseph d'Arimathie et Nico-

dème soulèvent la tête et la partie supérieure du cadavre, que les saintes femmes s'apprêtent à laver et à oindre avec des aromates. Un autre personnage, coiffé d'un turban, tient la couronne d'épines. Au fond d'un splendide paysage, on aperçoit Jérusalem, le Golgotha et le saint sépulcre. Cette œuvre n'est pas moins remarquable par la variété des nuances que l'artiste a su donner à l'expression de douleur résignée de ses personnages, que par la perfection soutenue de l'ensemble et des moindres détails. Sur le volet droit, le banquet d'Hérode et d'Hérodiade, et leur fille Salomé apportant sur un plat la tête de saint Jean ; au fond, la même Salomé recevant cette tête des mains du bourreau. Sur le volet gauche, Jean l'Évangéliste agenouillé dans une chaudière d'huile bouillante sous laquelle des bourreaux attisent le feu ; au fond, l'empereur Domitien à cheval et quelques soldats. Ces volets ne produisent pas la même impression que le panneau central : le type bas et vulgaire des bourreaux dégénère même en une grossière trivialité. Le revers, peint en grisaille, représente saint Jean-Baptiste avec l'agneau et saint Jean l'Évangéliste, avec la coupe d'où s'élance un serpent.

A cette même époque de splendeur du talent de Massys, appartiennent encore deux *Madeleines*, deminature, qui se détachent sur un paysage. L'un de ces tableaux est au musée d'Anvers (n° 44), l'autre, après avoir figuré à Corshamhouse, résidence de la famille Methuen, fait aujourd'hui partie de la galerie du baron James Rothschild, à Paris.

On connaît encore de Quentin Massys un *Saint Jérôme*

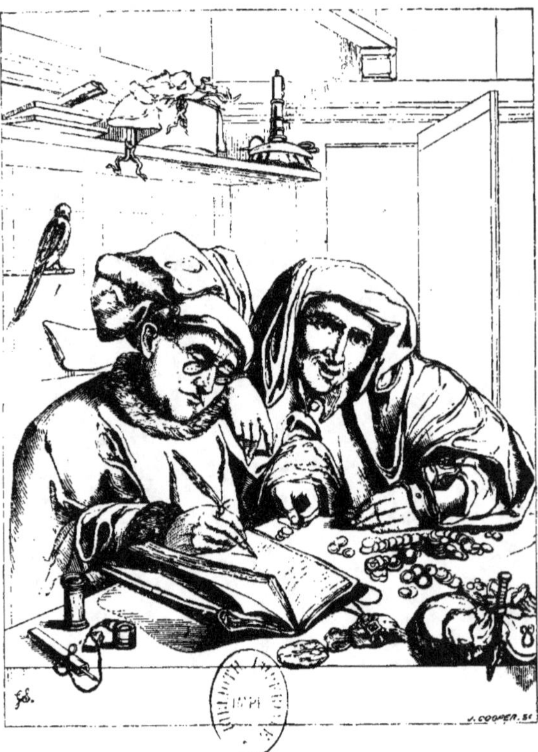

THE MISERS.

A Painting by Quentin Massys at Windsor Castle.

LES AVARES,

peint par Quentin Massys, Windsor Castle.

dont l'idée première a été reproduite plus ou moins heureusement par un grand nombre de peintres, pour figurer
le *Memento mori*: le saint est dans un appartement
richement garni de livres et de meubles du temps et
montre avec le doigt une tête de mort. L'original incontestable de Quentin Massys qui a servi de modèle à toutes
ces copies se trouve dans la précieuse collection du comte
d'Arrache, à Turin.

Je ne connais qu'un exemple de sujet historique traité
par ce maître, c'est la *Lucrèce* de la galerie de Vienne,
faussement attribuée à Lucas Cranach le vieux. La profonde expression de la tête, la transparence des ombres,
l'éclat du manteau rouge de l'héroïne, le fini de la touche,
tout dénote une œuvre de sa meilleure époque.

Parmi les œuvres les plus originales et les plus at-
trayantes de Massys, il faut citer les figures, demi-grandeur, du Christ et de la Vierge. Elles ont dû être très-
populaires de son temps, car il en a fait plusieurs éditions.
Deux têtes de cette catégorie d'une merveilleuse délicatesse de sentiment, de couleur et d'expression, se trouvent au musée d'Anvers (n°s 42 et 43). Deux autres,
d'une égale beauté, sauf un peu de lourdeur dans les tons
du *Christ*, ont passé de la galerie du roi de Hollande dans
la *National Gallery* à Londres.

Le plus célèbre de ses tableaux de genre est connu
sous le nom des *Deux Avares*, et figure au château de
Windsor (voir la gravure). Je ne suis pas disposé toutefois à considérer cette page ou d'autres représentant le
même sujet comme l'original, qui est probablement perdu;

ce sont, à mon avis, des copies dues pour la plupart à son fils Jean Massys (¹). Un tableau de ce genre, signé d'ailleurs, et d'une exquise finesse, figure au Louvre sous le n° 279. C'est un *Changeur pesant de l'or* (²).

CORNEILLE ENGELBRECHTSEN, né à Leyden en 1468, mort en 1533. Son seul ouvrage authentique est un tableau d'autel, placé à l'hôtel de ville de Leyden. Le panneau principal représente le *Christ en croix*. Sur les volets on voit le *Sacrifice d'Abraham*, et le *Serpent d'airain*, pris dans leur signification symbolique bien connue ; le gradin de l'autel représente *Adam mort qui doit être revivifié par le Sauveur*. Dans ce tableau, le maître s'écarte beaucoup des peintres qui l'ont précédé. Les têtes de femmes, d'un ovale allongé, au nez droit et pointu, appartiennent à un type agréable mais monotone. Les chairs ont des tons d'un brun chaud, mais lourd ; les traits sont durs, les effets crus, et le dessin médiocre.

A Bruges, le style religieux se conserva dans sa forme primitive jusqu'à la fin du XVIe siècle, grâce à différents maîtres, d'une habileté cependant très-inférieure. Le peintre le plus distingué de cette catégorie est PIERRE CLAEISSENS, dont un grand tableau daté de 1608 et représentant la *Vierge et l'Enfant, Dieu le Père, des Anges*, et le fondateur, figure à l'hôpital de la Potterie à Bruges.

(¹) Un examen attentif, à l'exposition de Manchester en 1857, m'a convaincu de ce fait.

(²) J'ai acquis la conviction que ce tableau était original, depuis l'époque où j'ai exprimé une opinion contraire dans mon ouvrage *Künstler und Kunstwerke in Paris*, p. 544.

Jérôme Agnen, communément appelé Jérôme Bosch, du nom de sa ville natale, 's Hertogenbosch (Bois-le-Duc), et mort en 1518, suivit une tout autre voie. Il dégagea l'élément fantastique de l'école pour en tirer des représentations diaboliques, dans lesquelles il fit preuve d'un grand talent et créa ainsi un genre dans lequel il eut divers imitateurs.

On a de lui un grand *Jugement dernier* (à l'académie impériale des arts à Vienne) : un autre tableau représentant le même sujet, avec beaucoup de réminiscences du premier, qui se trouve au musée de Berlin, nᵒ 563, et une *Tentation de saint Antoine*, au musée d'Anvers, nᵒ 41. Il appliqua les anciens procédés techniques à une exécution fine et soignée.

L'artiste, dont je vais parler, s'engagea dans une tout autre voie. Luc Jacobsz, connu sous le nom de Lucas de Leyde, naquit en 1494 et mourut en 1533. Élève d'Engelbrechtsen, il en possédait les facultés multiples et les développa de bonne heure. Peintre, dessinateur et graveur, il suivit cette tendance réaliste dans les sujets sacrés qu'Hubert Van Eyck avait si grandement inaugurée : mais il la fit déroger de son élévation primitive par la reproduction de ces scènes triviales et de ces lieux communs qu'on décore du nom de *genre*. Ainsi ses têtes ont généralement un type vulgaire, des traits ignobles et laids, le nez long, de grosses lèvres : ses poses sont guindées et fausses : les draperies tombent sans grâce, avec roideur : la plupart de ses physionomies expriment l'indolence et n'ont aucun charme. Mais sa manière reproduit

le sentiment de l'époque, et sa façon admirable et magistrale d'exprimer ses idées, surtout par la gravure, lui
attira de nombreux imitateurs. Dans les scènes de la vie
ordinaire, il se montre plein de vérité, observateur délicat
de la nature, mais parfois d'un comique grossier. Rien
n'était plus éloigné de ses aptitudes artistiques que le domaine de l'allégorie. Lors même qu'il y introduit l'imitation de l'art italien, comme dans ses gravures de 1530,
représentant les *Vertus*, la Foi, l'Espérance, la Charité, etc.
(B., nᵒˢ 127-133), ses types conservent toujours leur air
vulgaire, leurs proportions ramassées et, dans les nus
surtout, leurs formes épaisses et lourdes, qui produisent
une impression très-désagréable.

Les tableaux authentiques de ce maître sont presque
aussi rares que sont nombreuses les œuvres qu'on lui attribue et qui ne sont pour la plupart que des copies de ses
gravures faites par d'autres artistes. Cette rareté s'explique parfaitement par la courte existence de Lucas, par
les infirmités dont il fut accablé à la fin de sa vie, par la
multitude de ses gravures sur cuivre et des gravures sur
bois qui furent exécutées d'après ses dessins.

La plus ancienne œuvre que je connaisse de lui se trouve
au musée d'Anvers, sous les nᵒˢ 101-103, indiquée comme
étant d'un maître inconnu. C'est un petit triptyque à
volets, représentant au milieu *Marie et l'Enfant* sur un
trône, avec quatre anges, dont deux musiciens ; sur les volets, le combat de saint Georges et du dragon et saint
Christophe. Ici déjà on rencontre ces motifs anguleux et
ces raccourcis forcés qu'il introduisit le premier dans

l'école hollandaise. Les carnations très-brunes dénotent encore cependant l'influence de son maître, C. Engelbrechtsen.

La galerie Lichtenstein, à Vienne, possède un *Crucifiement* d'une époque plus avancée, erronément attribué à Hans von Culmbach : composition spirituelle, avec des chairs un peu rouges, et dans laquelle on retrouve cette observation délicate de la perspective aérienne qui distingue si éminemment ses gravures.

A la même époque sans doute appartient un tableau de la même galerie représentant les ermites Paul et Antoine dans le désert, recevant du pain d'un corbeau : paysage très-achevé. Le *Jugement dernier* de la salle des bourgmestres à l'hôtel de ville de Leyde ; ce tableau est une preuve frappante du peu d'aptitude de Lucas à rendre de semblables scènes et de la profonde décadence où était tombé l'art de les composer depuis l'époque de Memling. Non-seulement cette immense page paraît excessivement vide et dépourvue de style, mais les personnages eux-mêmes ont quelque chose de prosaïque et de vulgaire. La correction du dessin ne parvient pas à racheter ces défauts. Le coloris, originairement brun et vigoureux des chairs, ne s'est conservé que dans quelques parties de l'extérieur des vantaux, mais il s'est beaucoup mieux maintenu dans les figures de saint Pierre et de saint Paul ('), représentés sur la face extérieure, assis au pre-

('') L'aspect décoloré du milieu provient sans doute d'un nettoyage trop fort, lors d'une restauration entreprise en 1807, à la suite de l'explosion d'une poudrerie qui avait enlevé des fragments de la couleur.

17.

mier plan d'un paysage. Le *Saint Paul* est une composition assez noble d'attitude et de caractère ; *Saint Pierre*, au contraire, n'est qu'un portrait de la dernière vulgarité.

L'œuvre, de beaucoup la plus importante à mes yeux, est un retable de moyenne grandeur, appartenant à M. Laneuville, marchand d'objets d'art, à Paris. Il représente l'*Érection du serpent d'airain*. Cette composition très-riche est partagée en groupes nombreux, pleins d'animation, d'un excellent dessin, d'un coloris où l'éclat s'unit à une rare vigueur ; les détails sont traités avec une merveilleuse habileté. Aucun autre tableau ne justifie aussi bien que celui-ci le grand renom que Lucas de Leyde s'était acquis parmi ses contemporains.

Parmi ses œuvres dont l'authenticité est parfaitement établie, je revendiquerai une des premières places pour une peinture de la galerie de Munich (cabinets n° 154), représentant la *Vierge et l'Enfant* à qui Madeleine présente le donateur. Comme le dit Van Mander (¹), c'était originairement un diptyque qui fut d'abord possédé par Frans Hooghstraat de Leyde et acquis de son temps par l'empereur Rodolphe II. Il est aujourd'hui transformé en un tableau au revers duquel on distingue encore l'*Annonciation* qui formait la face externe de l'ancien diptyque. Les figures, à l'exception du portrait très-vif du fondateur, offrent une expression fort insignifiante ; les chairs sont un peu pâles, les autres couleurs, le rouge particulière-

----

(¹) Fol. 136ᵃ.

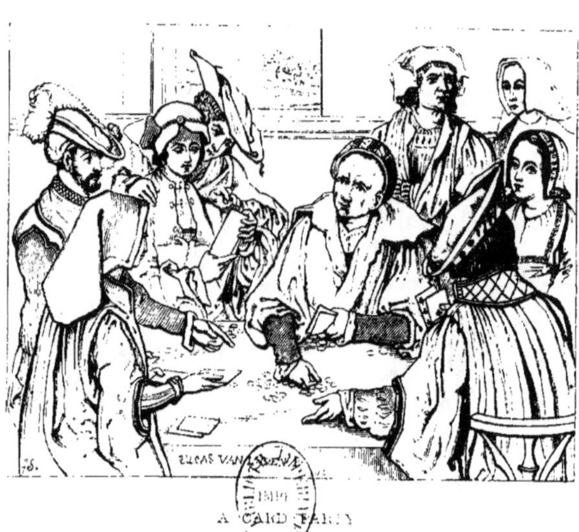

LA PARTIE DE CARTES,

par Lucas de Leyde, Wilton House.

ment, d'un ton vigoureux ; l'exécution est soignée. Il porte la marque ordinaire, L, et la date de 1522.

Le tableau le plus important de ce maître qui figure dans une galerie est la *Guérison de l'aveugle*, à l'Hermitage, à Saint-Pétersbourg ; composition riche, paysage accidenté, d'un ton chaud et d'une bonne facture.

Jusqu'à présent on ne connaît qu'un seul échantillon de ses peintures à la détrempe sur toile, quoique Van Mander assure qu'il en exécuta plusieurs. Cet exemplaire unique est dans la collection de l'académie impériale des arts, à Vienne ; il représente dans d'assez grandes proportions, la sibylle montrant à l'empereur Auguste la sainte Vierge et l'Enfant Jésus dans les airs. Belle composition, types heureux, proportion des figures un peu allongées : les couleurs sont aujourd'hui déteintes.

Deux autres tableaux de lui, que j'ai vus, prouvent que son talent se prêtait parfaitement à la peinture de genre ; l'un, *Des hommes et des femmes à une table de jeu* (V. la gravure), est en Angleterre, à Wiltonhouse, résidence du comte Pembroke ; l'autre, *Une partie d'échecs* entre un homme et une femme entourés d'une dizaine de personnages, appartient à M. le baron von Werther, ministre de Prusse à Vienne. Il y a de la vie dans les têtes, et ces deux tableaux magistralement exécutés, le second surtout relevé par un coloris chaud et vigoureux, offrent beaucoup d'attrait.

Le style et les aptitudes de cet artiste s'apprécient beaucoup mieux dans ses nombreuses gravures. Bartsch n'en cite pas moins de cent soixante-quatorze (¹), dont quelques-unes d'un rare mérite.

Les plus remarquables sont *Esther et Assuérus*, nº 31 ; l'*Adoration des Rois*, nº 37 ; le *Christ montré au peuple*, nº 71 ; le *Christ en croix*, nº 74 (dans ces deux dernières le paysage est la partie principale de la composition) ; le *Retour de l'enfant prodigue*, nº 78 ; la *Danse de la Madeleine*, nº 122 (v. la grav.) ; et la *Laitière*, nº 158. L'*Uylenspiegel*, nº 159, est plus célèbre par sa rareté que par son mérite. La *Tentation de saint Antoine*, nº 117 (v. la grav.), est surtout remarquable parce qu'elle est l'œuvre d'un enfant de quinze ans. J'appliquerai la même remarque à une *Passion* en neuf feuilles rondes (B. nᵒˢ 57-65), exécutée en 1509. Le *Crucifiement* est la mieux composée de ces pièces : la Vierge évanouie offre de la noblesse dans l'attitude, dans les traits et dans l'expression. Le *Portement de la croix* est au contraire d'un style des plus maniérés ; le *Christ devant Pilate* est d'une laideur repoussante. Partout ses gravures méritent cependant la plus grande attention sous le rapport de la technique. Mais sous tous les rapports, le portrait de l'empereur Maximilien Iᵉʳ, gravé en 1520 (B. nº 172) est un morceau très-satisfaisant.

Joachim Patinier ou plus exactement de Paténir, de Dinant, devint membre de la gilde des peintres d'Anvers, en 1515 ; il doit être né en 1490 et mort en 1545. Dans ses premières années, il peignit des tableaux historiques dans le goût de l'école des Van Eyck ; plus tard il adopta

(¹) Le *Peintre-graveur*, vol. VII, p. 331.

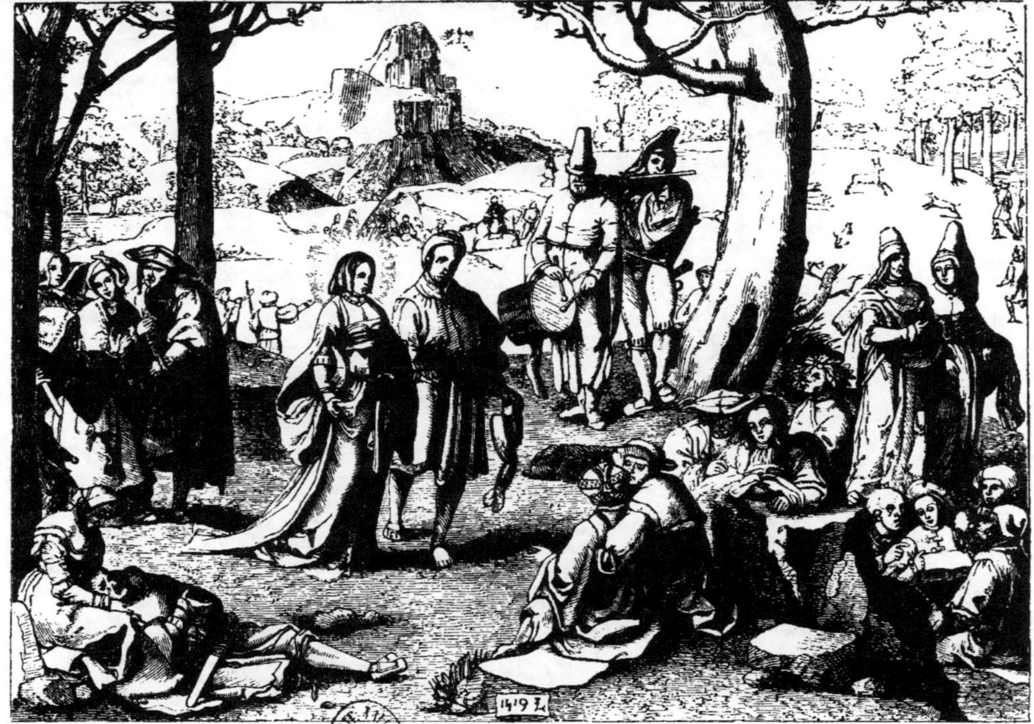

"THE DANCE OF THE MAGDALEN." From an Engraving by Lucas van Leyden in the British Museum.

LA DANSE DE LA MADELEINE, d'après une gravure de Lucas de Leyde, British Museum.

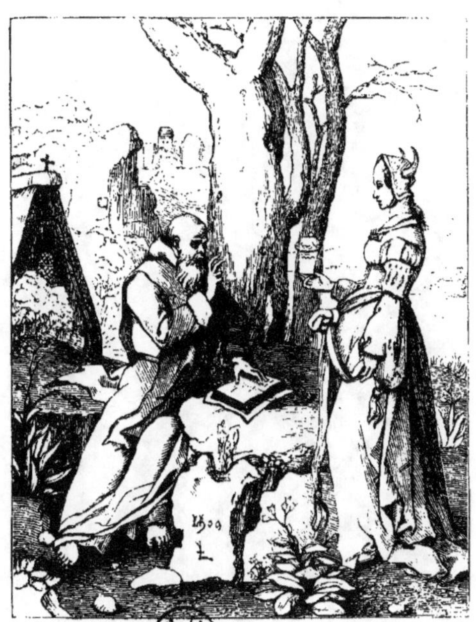

From an Engraving by Lucas van Leyden,
in the British Museum

D'après une gravure de Lucas de Leyde, British Museum, à Londres.

celui de Lucas de Leyde. Son habitude de peindre des figures très-petites relativement aux dimensions de ses paysages, ont fait de lui le fondateur de l'école de paysage comme genre spécial dans les Pays-Bas. Ses premiers tableaux ont un ton plus chaud que ceux qu'il fit par la suite. Ses premiers paysages, d'une conception fantastique, chargés de détails durs et crus, manquent de perspective aérienne. Ses ouvrages ultérieurs révèlent une entente plus vraie des accessoires, un sentiment plus juste des effets d'ensemble et une observation plus parfaite des lois de la perspective aérienne.

Comme exemple de sa première manière, comme peintre d'histoire, je citerai la *Vierge des Sept Douleurs* ayant sur ses genoux le corps maigre et roide du Sauveur (Musée de Bruxelles). Dans sa *Fuite en Égypte*, au musée d'Anvers, n° 75, et son *Christ en croix*, exécuté plus tard (collection du prince époux à Kensington), il se révèle plutôt comme peintre de paysage.

Henri de Bles, né en 1480, à Bouvignes, mort probablement à Liége, en 1550, suivit une tendance analogue. En résumé pourtant sa forme est plus moderne et sa couleur plus froide. Dans sa jeunesse, il se rapproche pourtant davantage de Patinier pour la couleur; dans ses dernières œuvres, ses figures s'allongent, ses sujets deviennent plus maniérés, sa couleur plus sombre et plus froide. Il avait pris pour monogramme un hibou, ce qui le fit surnommer en Italie le *Civetta*. Un portrait d'homme avec fond de paysage, au musée de Berlin, n° 624, appartient à sa première époque.

Le *Christ en croix*, de la collection du prince époux à Kensington, est une des meilleures œuvres de sa maturité. J'en dirai autant d'une *Vierge avec l'Enfant*, assise sous un dais, ayant à sa droite saint Joseph et à sa gauche deux anges dont l'un joue du luth. Ce tableau, désigné comme étant d'un maître inconnu, fait partie de la galerie Lichtenstein, à Vienne.

L'*Adoration des Rois*, signée de son nom, dans la galerie de Munich (cabinets, n° 94), date de la fin de sa carrière.

Tous ces maîtres, depuis Quentin Massys, appartiennent il est vrai, au point de vue de la couleur et des procédés techniques, ainsi que pour la conception, encore aux dernières branches de l'école de Van Eyck, mais ils forment aussi, sous beaucoup de rapports, la transition de ces maîtres à ceux de la période suivante.

CHAPITRE IV.

L'ÉCOLE ALLEMANDE; SA TRANSITION DU STYLE DE L'ÉCOLE PRÉCÉDENTE A LA TENDANCE RÉALISTE.

1420—1460.

Tandis qu'aux Pays-Bas les frères Van Eyck portaient
à un si haut degré de développement le réalisme dans
l'art, les Allemands persévéraient dans le style de l'époque
antérieure, n'empruntant à l'influence de leurs voisins
que ce qui pouvait donner plus de perfection à leur propre
manière. Ils conservaient dans les têtes le même type
plein de noblesse, le même sentiment de pureté religieuse
qu'ils avaient attribué à la Vierge et aux saints, mais en
rendant les formes plus pleines et plus naturelles. A certains personnages, toutefois, ils donnaient une physionomie plus vulgaire. On en trouve une, souvent répétée,
au nez gros et épaté, qui présente infiniment peu de
charmes. Les proportions du corps humain, trop longues au début, deviennent plus exactes, les formes plus
correctes, les attitudes plus vraies. On apprit aussi à
rendre la richesse des étoffes, du velours, du brocard,
mais on n'admit plus que par exception les plis anguleux

des draperies. Les armes, les couronnes et les autres accessoires perdirent de leur aspect de convention. Le coloris n'a ni la vigueur ni la vérité de celui des Van Eyck : l'exécution ne s'attache à rendre ni le modelé ni les objets dans leurs plus minutieux détails. Cependant, le sentiment de l'harmonie donne aux peintres allemands de cette époque une couleur plus vigoureuse, un modelé plus large, une touche plus moelleuse que n'avaient les artistes de la période antérieure. Ils s'abstinrent surtout d'imiter leurs confrères des Pays-Bas dans le détail des fonds, se bornant à des indications générales, et continuant à représenter le ciel par des fonds d'or.

A cette époque, en Allemagne, l'école de Cologne se distingue entre toutes, et atteignit la plus haute originalité dans la personne de Stephan Lochner (¹), de Constance, surnommé Maître Stephan, qui brilla surtout de 1442 à 1451, année de sa mort. Quoique rien ne prouve que ce maître ait été l'élève de maître Wilhelm, on reconnaît en lui son influence. Elle se trahit surtout dans la *petite Madone à la Haie de fleurs* (musée de Cologne) que, d'accord avec M. Hotho (²), je considère comme la plus ancienne des œuvres connues de l'artiste La forme et le sentiment de maître Wilhelm se confondent dans cette page avec plus d'animation et de vérité : c'est cette alliance même qui fait le charme de cette petite

---

(¹) Et non *Lothener,* comme a lu Merlo. Cette rectification est due aux savantes recherches de M. le Dr Ennen, de Cologne. Voyez le *Kölner Domblatt* de décembre 1857 et les n^{os} suiv.

(²) *Die Malerschule Hubert's Van Eyck,* vol. I, p. 398.

peinture, qui représente des anges gracieux, les uns offrant des fruits à l'enfant, d'autres jouant de divers instruments. L'ensemble est plein de lumière et de sérénité. Immédiatement après, dans l'ordre chronologique, vient une *Vierge à l'Enfant* de dimensions colossales, découverte depuis peu, et placée dans la collection de l'archevêque de Cologne. Ce tableau révèle une rare alliance de grandeur et de douceur d'expression. Mais le plus authentique ainsi que le plus important des ouvrages de Stephan est le triptyque fameux (¹), destiné d'abord à la chapelle de l'hôtel de ville, construite en 1426 (²), et placé depuis plusieurs années dans une des chapelles du chœur de la cathédrale de Cologne, celle de Sainte-Agnès. Cette œuvre (V. la gravure) se compose d'un panneau central

(¹) On peut considérer comme certain que c'est à propos de cet ouvrage qu'Albert Dürer raconte dans son *Journal* qu'il dut donner deux *weispfening* pour se faire ouvrir le tableau de maître Stephan de Cologne. M. Merlo (V. *Die Meister der altcölnischen Schule*, Cöln 1852), a découvert, en outre, dans de vieux registres de 1442 et 1448, le nom d'un peintre Stephan Lochner, de Constance, qui possédait une maison à Cologne; puis les procès-verbaux de la Chambre du conseil qui prouvent qu'il fut deux fois élu conseiller de sa gilde, et qu'il mourut en 1451, la dernière année de ses fonctions. Etant ainsi prouvé que ce Stephan Lochner fut un peintre de grand mérite, j'admets pleinement avec un profond critique, M. Sotzman (Voir *Deutsche Kunstblatt*, 1853, n° 6), qu'il est bien le maître Stephan, cité par Albert Dürer, et, par conséquent, l'auteur du tableau de la cathédrale.

(²) C'est ce qui résulte d'un document de cette année.

avec volets peints sur les deux faces. Le milieu reproduit un sujet d'un intérêt tout particulier pour Cologne, l'*Adoration des Rois,* dont les ossements sont conservés à la cathédrale comme de précieuses reliques. Avec un sentiment d'individualité incomparablement plus grand que celui des œuvres attribuées à maître Wilhelm, le peintre a su conserver à la physionomie de la Vierge ce caractère de pureté immaculée et de sublime candeur, cette expression de douce piété qui nous charment si vivement dans les anciennes peintures. Par malheur une restauration exagérée a profondément altéré le caractère primitif de cette tête et de plusieurs autres parties du tableau. Cette tendance à individualiser est mieux marquée encore dans les deux rois agenouillés au premier plan. Comme type et comme expression, ce sont des figures de premier ordre, le plus âgé surtout. Dans cette composition centrale l'artiste a su ménager un heureux équilibre entre l'aisance des poses et la symétrie des figures placées sur un même plan. Le volet sur lequel figurent saint Géréon et sa suite n'est pas moins satisfaisant ; les traits du patron de Cologne respirent la fidélité et une mâle énergie ; son armure d'or et sa cotte de velours bleu sont bien de l'époque. Dans ce costume comme dans ceux des autres personnages il est aisé de reconnaître l'influence de l'école des Van Eyck, qui s'était étendue des Pays-Bas sur les pays voisins. On en retrouve la trace à un égal degré, dans la plus grande vérité des figures, dans la perfection du dessin, surtout dans la franche allure des mains admirablement peintes, et enfin dans le

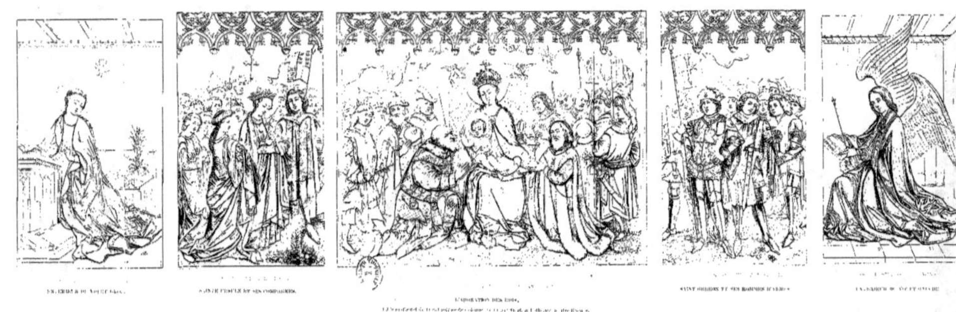

LE CHRIST DE NOTRE DAME.   SAINTE URSULE ET SES COMPAGNES.   L'ADORATION DES ROIS.   SAINT GEORGES ET SES HOMMES D'ARMES.   LA SARTRE DU SAINT-ESPRIT.

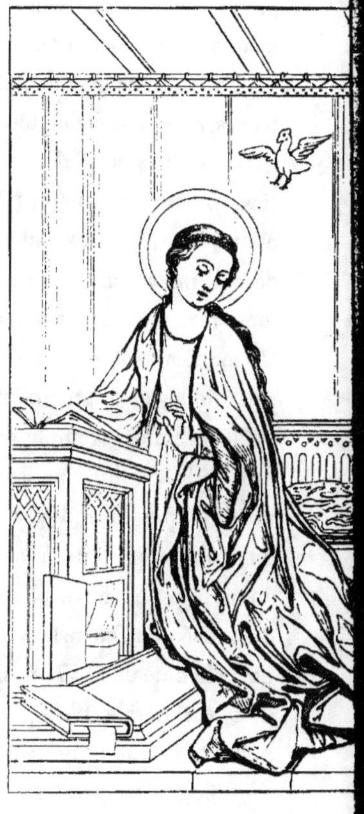

OUTER SIDE OF THE WIN[...]

EXTÉRIEUR DU VOLET DROIT[...]

modelé des parties qui n'ont pas subi d'altérations. La tête et les formes arrondies de l'Enfant révèlent une fois de plus le sentiment exquis du beau, dont l'ancienne école colonaise gardait la tradition. Le volet de sainte Ursule pèche toutefois par le défaut d'art dans la disposition et par la monotonie des têtes. La pâleur uniforme des carnations est la suite d'un nettoyage trop rude, car les parties intactes permettent de retrouver un coloris plus chaud et d'une parfaite harmonie. La tête de Marie, dans l'*Annonciation*, peinte à l'extérieur des volets, est de toute beauté sous le rapport de la forme et du sentiment. Ce morceau est encore en bon état. A en juger par les plis roides et anguleux des draperies, dont nous avons vu le premier exemple dans quelques parties du retable de Gand, terminé par les Van Eyck en 1432, ce tableau ne date que du milieu du XVe siècle environ, de sorte qu'il doit appartenir à la dernière et la meilleure époque du maître. Je trouve à l'appui de cette hypothèse une toile du musée de Darmstadt, la *Présentation au Temple*, qui porte la date de 1447, et, malgré sa parenté avec le tableau de la cathédrale, n'est pas une œuvre de la maturité de ce peintre. Il faut enfin ne point perdre de vue que le retable de Cologne est peint à l'huile, et que ce procédé ne s'introduisit en Allemagne que vers le milieu du XVe siècle. L'Angleterre possède au moins un ouvrage de ce maître si rare; il appartient à une époque antérieure, et représente *Sainte Catherine*, *Saint Mathieu* et *Saint Jean l'Évangéliste*. (Collection du prince-époux, à Kensington, n° 22.)

Voici un bel échantillon de la manière dont le talent de maître Stephan tire parti, comme en se jouant, du mélange de la poésie enfantine avec les sujets les plus sacrés. C'est le *Jardin du Paradis*, de la collection Prehn, de Francfort, échu par testament à la bibliothèque publique de cette ville. C'est une espèce de tableau de genre traité dans les formes de l'art religieux. Pendant que la Sainte Vierge lit auprès d'une table sur laquelle il y a des fruits et un verre, l'enfant vêtu, assis au milieu des fleurs, joue d'un tympanon que lui présente une sainte ; une autre sainte cueille des cerises, et une troisième puise de l'eau. Quelques saints se mêlent aussi à cette scène. A côté de saint Michel au repos on voit un singe accroupi : un petit dragon, étendu mort aux pieds de saint Georges, ne trouble nullement la sérénité de cette gracieuse composition, animée par des fleurs et des oiseaux, dont les couleurs riantes et variées émaillent tout le jardin enclos d'un mur. En outre, l'exécution a tout le fini d'une miniature.

On peut voir avec quelle perfection les miniaturistes de cette époque s'appropriaient la manière de maître Stephan, dans un merveilleux bréviaire, provenant de Cologne et portant la date de 1453, qui se trouve à la bibliothèque grand-ducale de Darmstadt. Plusieurs images, entre autres *Sainte Ursule et ses compagnes*, trahissent une réminiscence frappante du retable de Cologne. Pour l'appréciation de ces compositions, je renvoie le lecteurs à une notice que j'ai publiée ailleurs (¹). Je ferai

(¹) *Deutsches Kunstblatt*, 1854. p. 307, sq.

seulement remarquer ici que les réprouvés et les dix mille
martyrs étonnent par la beauté et l'aisance des motifs,
par l'ampleur des formes, par l'excellence du dessin
beaucoup de têtes sont d'une ravissante douceur, et, celles
de femmes surtout, d'une exquise morbidesse. Dans
maint endroit la beauté de la couleur et la touche révèlent ici encore la puissante influence des miniatures de
l'école primitive des Van Eyck.

Parmi les nombreux tableaux exécutés sous la direction
de maître Stephan ou produits sous son influence, et que
l'on trouve épars aujourd'hui dans les galeries de Cologne
et de Munich, et dans la chapelle de Saint-Maurice, à
Nuremberg, les plus remarquables sont les compartiments d'un ancien tableau d'autel provenant de l'abbaye
d'Heisterbach, près de Bonn. Des figures de saints qui
ornent la galerie de Munich (cabinets, nᵒˢ 1 et 2) se rapprochent le plus de maître Wilhelm ; l'*Annonciation*, la *Visitation*, la *Nativité* et l'*Adoration des Rois* (cabinets, nᵒˢ 3,
6, 7, 8) accusent en revanche, par les formes plus arrondies des têtes et par d'autres détails, l'influence pré-
dominante de maître Stephan. On en peut dire autant des
deux tableaux du musée de Berlin, l'*Exaltation de la
Croix* et l'*Adoration des Mages*, nᵒˢ 1205 et 1206.

La transition décisive de l'école de Cologne au réalisme à cette époque éclate tout spécialement dans un
tableau d'autel, dont le panneau central, représentant le
Jugement dernier, figure au musée de cette ville (¹) ;

(¹) De même que MM. Burckhardt et Hotto (*Malerschule

18.

quoique le style de maître Stephan se retrouve encore dans les figures idéales du Christ, de la Vierge, et de saint Jean-Baptiste, la profondeur primitive du sentiment religieux y fait défaut ainsi que dans les saints, d'ailleurs convenablement rendus, des volets placés à Munich (cabinets, n⁰ˢ 10 et 14). D'autre part, dans les ressuscités, les damnés surtout, et dans les accessoires, prévaut une tendance plus positive au réalisme. A côté des attitudes les plus vraies s'étalent les exagérations les plus ignobles et les plus grossiers écarts de forme, de couleur et d'expression. D'après le costume du donateur, dont le portrait est excellent, l'exécution de ce tableau doit se placer entre 1450 et 1460.

Je signalerai comme se rapprochant beaucoup de ce tableau, pour l'époque et pour la manière, un *Christ en croix*, daté de 1458. On y voit Marie et Jean au pied de la croix et, dans de moindres dimensions, le portrait du donateur. Les figures, aux formes amaigries, le Christ particulièrement, attestent ici l'influence de Rogier Van der Weyden l'aîné, dont le tableau des *Trois Rois* venait alors d'être placé à l'église de Sainte-Colombe. Quoiqu'il en soit, les têtes, empreintes de réalisme, sont d'un sentiment élevé. Les couleurs favorites de l'ancienne école colonaise, le blanc bleuâtre et le violet clair, se retrouvent ici dans les draperies de la Vierge plissées avec beaucoup d'habileté. Le fond est noir.

Hubert's Van Eyck, vol. 1, p. 443), je ne puis attribuer ce tableau à Stephan Lochner, comme les précédents.

L'*Apparition du Christ à Madeleine* (chapelle Saint-Maurice, n° 11) appartient également à cette période de transition.

L'auteur d'une *Assomption*, n° 9, de la chapelle St-Maurice, à Nuremberg, trahit déjà de toute part la même influence ; les têtes nombreuses sont pleines de vie, le coloris est chaud et vigoureux, et la composition enfin s'agence fort bien dans l'exiguïté défavorable de son cadre. Deux autres tableaux de la même main (n°ˢ 39 et 40 de la même collection) méritent de fixer l'attention.

Une connexité analogue avec l'école des Van Eyck, mais qui révèle l'influence particulière de Hugo Van der Goes, se retrouve chez l'auteur d'une *Annonciation* (*ibid.* n° 18). Dans toutes les parties de son œuvre, même dans l'exécution des plans éloignés, on reconnaît un talent respectable.

La fidélité aux anciennes traditions se retrouve encore dans un *Christ en croix*, de 1458, au musée de Cologne, et dans une *Vierge à l'Enfant* avec deux saints et la nombreuse famille du donateur, daté de 1474, à l'église Saint-André, de la même ville.

Les quelques morceaux qui nous ont été conservés prouvent qu'après Cologne, c'est la ville de Nuremberg qui se distingua le plus dans le mouvement artistique de cette époque, bien que le nom d'aucun maître ne soit arrivé jusqu'à nous. Voici quelques-uns des tableaux les plus importants de cette école :

Sur un des piliers de l'église de Saint-Sebald, un *Christ en croix* avec la Vierge et saint Jean; sur les faces intérieures du volet, *Sainte Barbe* et *Sainte Catherine*, sur les faces extérieures le *Christ au mont des Olives* et le portrait du donateur. Sur deux volets fixes, *Saint Érasme* et un autre évêque.

Un triptyque provenant du maître-autel de l'église de la Chartreuse, aujourd'hui à Notre-Dame. Sur le panneau central, le *Christ en croix*, l'*Annonciation* et la *Résurrection*. Sur les volets, la *Nativité* et les *Apôtres Pierre* et *Paul*. Ce tableau est peut-être une œuvre plus tardive de la même main (¹); on y trouve un modelé soigné et des détails d'après nature traités avec art.

Il faut mentionner aussi le maître qui a peint un tableau funéraire la *Nativité*, daté de 1430, et dédié à la mémoire de dame Waldburg Prünsterin, dans l'église de Notre-Dame à Nuremberg.

Un tableau, dédié à saint Théocare, dans l'église de Saint-Laurent, représente la *Transfiguration*, la *Pêche miraculeuse* et quatre scènes de la vie des saints. Quoique se rattachant encore aux formes de l'époque précédente, ce tableau dénote un progrès sérieux.

Citons en dernier lieu une *Vierge à l'Enfant*, placée dans la sacristie de Saint-Laurent, et dédiée à Marguerite Imhof (morte en 1449) et à son fils. Cette œuvre se distingue par la noblesse de la physionomie de la Vierge, le caractère expressif des portraits, le modelé et la transparence des tons.

En Souabe, également à cette époque, on tenta d'heu-

____

(¹) *Hotho*, vol. I, p. 478, etc.

reux efforts pour combiner une exécution plus naturelle des détails avec les formes religieuses de la période antérieure. On en voit la preuve dans un tableau dédié à la Madeleine, à Tiefenbronn, et exécuté en 1431 par Lucas Moser. Les volets contiennent des épisodes des légendes de Madeleine, Marthe et Lazare. Le milieu représente le Christ avec les cinq vierges sages et les cinq vierges folles. Le modelé des têtes, dans un ton chaud, est très-soigné ; les pieds et les mains ont un caractère de vérité frappante ([1]).

Dans l'Alsace, c'est-à-dire sur un territoire adjacent au précédent, nous trouvons une *Bible* de 1428, ornée de miniatures (bibliothèque de Munich), qui dénote un développement artistique analogue. Le portrait de l'évêque pour lequel le manuscrit a été exécuté a déjà un caractère très-prononcé d'individualité. Un certain Jean Freychbech, du couvent de Konigsbrück, en Alsace, signe le manuscrit en qualité d'auteur, mais on ne saurait dire à quel point il prit part à l'exécution des peintures dont il est orné ([2])

Un grand *Missel*, exécuté en 1447-1448 pour l'empereur Frédéric III et déposé à la bibliothèque de Vienne sous le n° 1767, fournit des données analogues sur la peinture en Autriche à cette époque ([3]).

( ) *Hotho,* vol. I, p. 460, etc.
([2]) V. mon article dans le *Kunstblatt* de 1850, p. 323.
([3]) *Ibid*. p. 321.

CHAPITRE V

DES ÉCOLES D'ALLEMAGNE QUI ADOPTÈRENT LES TENDANCES RÉALISTES DES VAN EYCK.

1460-1500.

Les visites faites à l'atelier de Rogier Vander Weyden l'aîné, à Bruxelles, par des peintres allemands, parmi lesquels nous trouvons Martin Schongauer et Frédéric Herlen, eurent pour conséquence d'introduire le style des Van Eyck et leur procédé, à partir de 1460, dans toutes les écoles germaniques, sous la forme pratiquée par le peintre bruxellois. En même temps le caractère particulier des Allemands se prononçait d'une manière très-tranchée. Dans le style religieux ils déploient une richesse d'invention beaucoup plus grande, ils disposent leurs figures avec beaucoup plus de style; leur dessin surpasse même en correction celui des Flamands; les têtes de leurs personnages sacrés conservent la beauté plus idéale de l'époque antérieure. En revanche, quand ils veulent représenter des figures communes, ils descendent à des caricatures beaucoup plus grossières que les Flamands, à une maigreur beaucoup plus repous-

sante des membres, spécialement des mains. Quant aux
draperies, les plis anguleux des Van Eyck trouvèrent
beaucoup d'imitateurs et furent longtemps exécutés dans
le même style. Sous d'autres rapports encore les peintres
allemands sont inférieurs aux néerlandais. Ils n'en pos-
sédèrent ni la grâce des attitudes (leurs motifs ont quelque chose d'anguleux et manquent d'harmonie), ni le
sentiment de la couleur qu'ils font tour à tour plus crue
et plus lourde, ni la science du clair-obscur et l'art de
détacher les fonds. — En un mot cette conception lumineuse des ensembles, particulière à Jean Van Eyck, ne fit
que très-tard l'objet des tentatives des Allemands. Ainsi
ils conservèrent longtemps les fonds d'or et marquèrent
les distances de la façon la plus sommaire. Inférieurs
aussi pour la touche, ils firent leurs contours plus durs
et leurs détails moins soignés. A tout prendre la peinture
en Allemagne fut, en beaucoup de cas, plutôt un art mé-
canique; les grands maîtres eux-mêmes prenaient quelquefois peu de part à l'exécution de leurs ouvrages qu'ils
abandonnaient à leurs meilleurs élèves. Ainsi s'explique
l'inégalité surprenante de bien des tableaux signés du
même nom et portant la preuve de leur authenticité.

Après avoir indiqué ces rapports généraux, il faut
tenir compte des différences particulières qui distinguent les diverses écoles d'Allemagne et celles des Pays-
Bas.

L'ÉCOLE DE COLOGNE ET DU BAS-RHIN.

Au point de vue de la couleur et de la solidité de l'exécution technique, les maîtres de cette partie de l'Allemagne approchent de très-près de l'école des Van Eyck, tout en se distinguant par certaines qualités spéciales.

A Cologne nous rencontrons un peintre anonyme, qui, d'après les inscriptions de ses tableaux, florissait de 1463 à 1480, et qu'un de ses chefs-d'œuvre, la *Passion*, en huit compartiments, autrefois la propriété de M. Lyversberg, à Cologne (¹), fit baptiser du nom de MAITRE DE LA PASSION LYVERSBERG (²). La plupart de ces compositions manquent de style dans la disposition, la couleur en est dure et les figures des gardes ont un caractère de grossièreté repoussante, mais la tête du Christ se revêt d'un sentiment de dignité, et l'expression de plusieurs têtes est très-pathétique.

Un triptyque du même artiste inconnu figure dans l'église de Linz, sur le Rhin. Il porte la date de 1462,

(¹) Aujourd'hui de M. Baumeister, de la même ville.

(²) D'après la désignation arbitraire donnée aux œuvres de ce maître par MM. Boisserée, elles sont encore inscrites à Munich et à Nuremberg au nom d'Israël van Meckenen, quoiqu'il soit bien établi aujourd'hui que ce nom n'appartint jamais à un peintre, mais qu'il fut celui d'un orfévre-graveur.

représente des *Scènes de la vie de la Vierge*, la *Passion*, le *Portrait du donateur*, le chanoine Tilmann Joel, et révèle une époque plus avancée de l'art. Dans quelques tableaux, tels que le *Couronnement de la Vierge*, on trouve un effet général plus heureux; la Vierge elle-même prend une physionomie plus noble; un triptyque conservé à Sinzig, sur le Rhin, et sur le centre duquel on voit le *Christ en croix*, nous montre le maître sous un aspect plus avantageux. Mais sa meilleure œuvre au point de vue de la composition, de la beauté et de l'originalité des motifs, de l'animation et de la vérité des têtes, est la *Descente de croix*, de 1480, qui figure au musée de Cologne (les volets ont été ajoutés après coup). Parmi les nombreux travaux de cet artiste placés au musée de Munich, les plus remarquables sont un triptyque représentant *quelques Apôtres* et *Saint Jean-Baptiste* (cabinets, n° 18, 21 et 22), le *Mariage et le Couronnement de la Vierge* et *Joachim et Anne à la porte d'Or*, N°s 20, 31, 32. — Dans le dernier figure le portrait plein d'expression du fondateur de la série complète, prêtre, nommé Jean de Malines. Un autre bon tableau de cette même suite se trouve dans la galerie du prince-époux à Kensington, n° 23.

L'auteur d'une *Pietà* de 1480, au musée de Cologne, se rapproche extrêmement de ce maître. On retrouve ici dans la composition cette supériorité de l'école allemande sur l'ancienne école néerlandaise. Les têtes ont plus de noblesse; le modelé est soigné, la couleur chaude et transparente. Les volets, qui représentent les donateurs avec leurs saints patrons, furent exécutés un peu plus tard (1499-1508) par un maître évidemment plus faible.

Au même musée, un grand triptyque à fond d'or, sur lequel figure la légende de saint Sébastien, appartient à un autre élève de l'auteur de la *Passion de Lyversberg*, un peu inférieur au précédent. L'effet total est bigarré, les carnations, transparentes d'ailleurs, sont souvent d'un rouge trop froid, les contours durs, les proportions trop allongées : quelques attitudes, par exemple celles des archers, sont maniérées; d'autres cependant sont très-bien réussies et plusieurs têtes, celle du saint surtout, ont de la noblesse et une expression remarquable.

A une époque plus avancée de sa carrière, ce maître a peint un retable (même musée) dont le milieu représente la *Généalogie du Christ* et les deux faces des volets la famille du donateur avec ses patrons. La conception du premier morceau est très-naïve, les portraits ont de la vie et de la vérité. Le fond est un paysage.

Citons ici un artiste qui n'a rien de commun avec le maître de la *Passion de Lyversberg*, quoiqu'il suive les mêmes tendances : c'est l'auteur d'un tableau plus récent que les précédents, qui se trouve actuellement dans l'ancienne chapelle de l'hôtel de ville et qui représente, de grandeur naturelle, *Marie et l'Enfant* debout sous un tabernacle. Deux prêtres agenouillés leur recommandent un grand nombre de petits moines. Les têtes ont une expression de dévotion extrêmement pure et celle de la Vierge est en outre d'une rare beauté. Le ton général est frais et très-délicat.

C'est le lieu de parler ici du peintre qui, connu précédemment comme graveur seulement, sous le nom de
Maitre a la Navette, est probablement l'artiste mentionné sous le nom de Jean de Cologne, en 1478,
comme peintre et orfèvre faisant partie de l'associa-
tion des Frères de la vie commune à Agnetenberg,
dans le voisinage de la ville hollandaise de Zwoll (*). Le
peu de peintures qu'on possède de lui révèlent une influence de l'ancienne école hollandaise, telle que du moins
la font connaître les vieilles miniatures, car, à de rares
exceptions près, les tableaux de cette époque furent
anéantis soit par la main des iconoclastes, soit par
suite de l'austérité que la Réforme fit prévaloir dans ce
pays. Ses compositions ont quelque chose de décousu et
de désordonné : les attitudes sont roides et gauches;
le dessin du nu surtout révèle l'absence de goût et d'habileté. Les carnations sont d'un rouge froid ; les autres
teintes moins chargées de glacis offrent un ton un peu
lourd. Les ornements d'or ne sont pas, comme chez les
Hollandais, imités en couleur, mais réellement dorés.
Les têtes, d'un réalisme outré et par cela même souvent
fort laides, offrent une grande vérité et parfois beaucoup
de profondeur dans l'expression. Le seul tableau qui lui
appartienne sûrement et qui puisse servir de point

(·) Voy. Passavant, *Le Peintre graveur*, 2e partie, p. 178.
Le mot de *Zwott* qu'on lit sur ses gravures, et que j'avais déjà
lu *Zwoll* avec Sotzmann, est d'après ce dernier une abréviation
de *Zwollensis*. L'instrument qu'on a pris jusqu'ici pour une
navette paraît être plutôt un brunissoir à l'usage des graveurs.

de repère pour les autres, est une *Adoration des Mages*, au musée de Berlin, n° 538 (¹). D'accord avec Passavant, je regarde aussi comme étant de sa main un tableau du Louvre représentant les *Israélites recueillant la manne*: composition sans ordre et sans goût (²). Son œuvre la plus importante, à mon avis, est un retable du château de Nuremberg, erronément attribué à Martin Schongauer: le milieu représente l'*Adoration des Mages*; les vantaux, partagés en quatre, l'*Annonciation*, la *Nativité*, la *Fuite en Egypte* et le *Massacre des Innocents*. Il règne dans cette peinture une grande vérité d'expression qui prend même un caractère saisissant dans les figures des pauvres mères dont les enfants sont égorgés. Trois autres de ses tableaux, mais bien inférieurs à ceux-là, la *Fuite en Egypte*, l'*Ensevelissement* et le *Couronnement de la Vierge*, se trouvent dans la fameuse collection Abel, à Stuttgart (³). Enfin, Passavant a encore découvert un mariage de la Vierge de ce maître à Madrid. Plusieurs de ses gravures sont dures et

(¹) J'appuie cette attribution sur un dessin à la plume extrèmement soigné et qui fut manifestement exécuté comme étude pour le tableau ; la grande conformité qu'il offre avec toutes les gravures du maître, l'a fait reconnaître comme son œuvre par tous les connaisseurs. Ce dessin, provenant de la succession de M. F. Von Rumohr, fut acquis par le cabinet des estampes de Berlin. V. *Deutsche Kunstblatt*, 1850, p. 396.

(²) Avant cette découverte je l'avais regardé comme une œuvre de l'ancienne école hollandaise. V. *Kunstwerke und Künstler in Paris*, p. 540 et suiv.

(³) Voy. *Deutsche Kunstblatt* (loc. cit), et *Kunstwerke und Künstler in Paris*. II. p. 160, et p. 214 et suiv.

grimaçantes : telle est son *Arrestation du Christ* (B. n° 4) ;
le *Crucifiement* (B. n° 5) et la *Sainte Anne avec Marie et
l'Enfant Jésus* (B. n° 15) sont d'une invention plus heureuse. Il y a enfin de l'originalité et de l'imagination dans
une composition nouvelle pour moi, le *Saint Christophe à
cheval portant le Christ* (B. n° 12), qui est aussi d'un faire
plus moelleux. Je ferai le même éloge du *Combat de saint
George et du dragon* (B. n° 13), dans lequel le dragon vole
dans l'air. Aux dix-huit planches de ce maître décrites
par Bartsch, Passavant en a ajouté cinquante-neuf, dont
cinquante-trois il est vrai appartiennent à une série de
très-petits sujets représentant l'*histoire du Nouveau Testament*, la *Messe du pape Grégoire*, le *Jugement dernier* et la
Mort. Son œuvre comprend donc aujourd'hui 77 sujets.

Le plus noble talent peut-être, parmi les peintres colonais de ce temps, se révèle dans deux tableaux du chœur
de Saint-Séverin, placés sur les côtés de l'autel et représentant *Saint Clément avec Apollonie* et *Saint Etienne avec
Hélène*. Le sentiment des formes humaines rendu dans la
perfection et une exécution fort habile s'y allient dans les
têtes avec une dignité et une grâce exquise : les draperies
ont un style noble, élevé, le coloris est d'une sobriété
qui sent presque la froideur (¹).

A Cologne et dans tout le bas Rhin, pendant les dix
dernières années du XV° siècle, on retrouve aussi dans

(¹) **Ayant** égaré mes notes sur les monuments des diverses
églises de Cologne, j'emprunte ici la notice de Jakob Burckhardt, insérée dans la 2° édition du *Manuel* de **Kugler**, t. II,
page 158.

19.

maints tableaux une influence marquée des écoles de la haute Allemagne. Je citerai dans ce genre une peinture originaire de Cologne et datée de 1481, qui représente le *Couronnement de la Vierge;* ce tableau, qui est au musée de Berlin, se distingue par la vérité des portraits de deux chanoines, dont l'un est le donateur.

Plus bas sur le Rhin, à Calcar, florissaient vers la fin du XVe siècle quelques maîtres qui s'étaient approprié le style de l'école des Van Eyck dans son développement le plus avancé, avec plus de fidélité et de succès que les maîtres colonais, leurs contemporains. Ainsi l'auteur des volets du maître-autel (le milieu est en sculpture) approche beaucoup de Memling en plusieurs endroits et son œuvre rappelle surtout l'excellent auteur du *Baptême du Christ* que possède le musée de Bruges. Il ne le cède guère à ceux-ci pour la composition ; ses têtes, pour la plupart des portraits, offrent quelquefois à côté de traits nobles et fins des types un peu durs et communs. L'artiste leur est inférieur dans le dessin, celui des pieds surtout : en revanche il est presque leur égal par sa couleur brillante et nourrie ; l'exécution est soignée, mais le faire des cheveux et des étoffes d'or est beaucoup plus large ; l'ordonnance du sujet et surtout la perspective aérienne de l'excellent paysage du fond, à peine inférieur au paysage du *Baptême,* indiquent que ces tableaux ont été peints bien peu avant l'année 1500. Des seize panneaux que comprennent les deux faces, je releverai les suivants comme plus remarquables : la *Résurrection de Lazare,* la *Mort de Marie,* l'*Adoration des Mages.*

le *Baptême du Christ*. Sur la face intérieure d'une couple de vantaux placés de chaque côté d'un *Crucifiement* sculpté en bois, on voit les deux symboles antiques de la croix : le *Sacrifice d'Isaac* et l'*Erection du serpent d'airain*.

Je signalerai comme également remarquable l'auteur d'un triptyque de la même église, représentant au centre la *Mort de la Vierge :* l'expression de la mourante est empreinte de noblesse et de dignité ; les apôtres sont des portraits pleins de vie : coloris vigoureux dans la plupart des endroits, exécution soignée, mais dessin maigre. Ce tableau doit aussi remonter à 1500 environ.

Plusieurs autres villes du Rhin possèdent encore des peintres très-dignes d'attention.

A Coblence, derrière le chœur de Saint-Castor, on voit, scellés dans la muraille, les bustes du Christ, de Marie, des douze Apôtres, de sainte Ritza et de saint Castor : œuvres solides, pleines de caractère, remontant à 1500 environ, mais dépourvues de noblesse. L'église de l'hôpital, dans la même ville, possède un *Christ en croix*, avec quatre saints et des volets également couverts de saints. A Oberwesel, dans la cathédrale, on remarque les tableaux suivants, dons du chanoine Lutern, et œuvres d'un bon peintre : dans la nef du midi, un grand triptyque à vantaux, représentant en quinze compartiments les *Signes précurseurs du Jugement dernier*, scènes remplies de naïveté, de verve et de naturel : la terreur et l'inquiétude des témoins de ces prodiges effrayants sont particulièrement bien rendues. Toutefois dans le *Péché originel* et l'*Expulsion d'Eden*, le nu est traité d'une façon médiocre. Dans la même nef, le *Christ chez Marthe et Marie :* sur les volets (détachés), des saints : œuvre en général solide, pleine de sens et d'expression. Le chœur de la nef du nord est orné d'un grand triptyque de 1506 : au milieu *Saint Nicolas* et des scènes tirées de sa légende ; sur les volets, d'autres saints ; les têtes ont une expression douce et attrayante (¹).

Le maître de la *Passion de Lyversberg* eut de nombreux disciples, mais d'un mérite tellement secondaire qu'il serait superflu de nous occuper ici de leurs tableaux répandus au musée de Cologne et en beaucoup d'autres localités. Ils ne servent qu'à marquer la décadence de l'école jusqu'à la fin du XVe siècle.

En Westphalie, l'art se développa de manière à combiner le sentiment idéal de l'époque précédente avec la tendance réaliste qui lui succéda. Les plus remarquables exemples de ce genre sont les restes d'un grand tableau d'autel, à l'ancien monastère de Liesborn, près de Munster, daté de 1465, longtemps la propriété de M. Krüger, à Minden, et acquis depuis quelques années par la *National Gallery* à Londres. Ils représentent principalement les figures mi-corps de six saints, l'*Annonciation* et la *Présentation au Temple*. Les têtes attirent par la pureté du sentiment religieux et leur expression paisible, en parfaite harmonie avec le ton clair et charmant de la

---

(¹) J'ai emprunté à un guide infaillible en ces matières, J. Burckhardt, les notices sur les tableaux du Rhin, qu'à l'exception de ceux de Coblence, je n'ai pas vus moi-même.

couleur. En ce qui concerne toutefois la vérité de l'exécution, ces ouvrages ne supportent pas la comparaison avec ceux des maîtres flamands contemporains.

Le tableau d'un maître de Soest, qui a signé Jarexus une *Pietà* de la collection du comte de Pembroke, à Wiltonhouse, montre la fusion des qualités des deux écoles sous un jour moins avantageux. Le panneau central d'un grand tableau d'autel, dû au même maître, placé au musée de Berlin, n° 1222, et représentant plusieurs scènes de la Passion, pèche par la confusion générale et la profusion des détails. Quatre panneaux formant une des ailes de ce tableau, n° 1233, l'*Annonciation*, la *Nativité*, la *Présentation*, et l'*Adoration des Rois*, se distinguent par la composition, la couleur et le rendu.

Plus tard l'école westphalienne descend d'un degré parmi les écoles d'Allemagne ; j'en trouve la preuve dans un grand tableau d'autel, des frères Victor et Henri Dunwegge, qui orne l'église de Dortmund. Le centre représente le *Christ en croix*, la face intérieure des volets, l'*Adoration des Rois*, la *Vierge à l'Enfant* et la *Mère des enfants de Zébedée*, avec ses fils et d'autres parents de la *Vierge*. Quoique cette page ait été peinte en 1523, les fonds d'or, la couleur dure et crue, le procédé tout entier conservent le style du XVᵉ siècle. D'autre part, une partie des têtes sont pleines de vie et d'une couleur ferme et chaude. Un *Christ en croix*, qui se rapproche beaucoup des œuvres susdites, avec cette différence que le fond représente un paysage, se trouve au musée de Berlin, sous le n° 119 .

Dans la Basse-Saxe, une plus grande absence de progrès se manifeste chez le peintre Jean RAPHON VON EIMBECK , auteur d'un tableau, daté de 1508, qui orne le chœur de la cathédrale d'Halberstadt. Au milieu, le *Christ en croix*, composition surchargée ; sur les volets, l'*Annonciation*, l'*Adoration des bergers*, les *Rois* et la *Présentation au Temple*. Les têtes ont de la vivacité, un caractère varié, mais un peu vulgaire, le ton des chairs est lourd, faux et froid dans les clairs.

Dans le cercle du Rhin-moyen, à Francfort sur le Mein, nous rencontrons maître Conrad FYOLL, sur lequel nous avons des renseignements de 1461 à 1476 [1]. Ses têtes ont un charme tout particulier, ses carnations un ton délicat, argentin, un peu froid dans l'ensemble. A cet artiste appartient un grand triptyque de l'institut Städel : au centre la *Famille de sainte Anne*, sur les volets la *Naissance* et la *Mort de la Vierge*. Au musée de Berlin nous trouvons de lui un tableau plus petit, représentant *Sainte Anne, la Vierge et l'Enfant*, au centre, nº 575 ; sur les volets, *Sainte Barbe, sainte Catherine* et l'*Annonciation* (nº 575, a, b.).

Le plus grand de tous les peintres allemands du XVᵉ siècle fut MARTIN SCHONGAUER, vulgairement nommé MARTIN SCHÖN, qui fleurit dans le Haut-Rhin. Malheureusement on ne possède sur sa personne que des renseignements très-incomplets et très-vagues, d'après lesquels sa naissance doit se placer vers 1440 [2]. Il est

[1] V. PASSAVANT, Kunstblatt, 1841, p. 101.

[2] Les arguments que Harzen fait valoir pour cette époque

certain qu'il sortait d'une famille notable d'Augsbourg (¹)
et qu'il naquit soit en cette ville, soit à Ulm (²). Il est
aussi établi qu'il fréquenta l'atelier de Rogier Van
der Weyden l'aîné, à Bruxelles (³), et qu'il se fixa à

(notice sur B. Zeitblom, *Archives de Naumann*, 1860, p. 8, seq),
contrairement à Passavant qui adopte 1420 (*Peintres graveurs*,
t. II, p. 103), m'ont convaincu de l'exactitude de la date de
1440.

(¹) C'est ce qui résulte à l'évidence d'un blason peint sur ses
portraits conservés à Munich et à Sienne, ainsi que d'un billet
collé au revers de l'exemplaire de Munich, que Bartsch a reproduit en remplissant les lacunes et publié en *fac-simile*. Voici
ce document :

« Mayster Martin Schongawer Maler genannt Hipsch Martin
von wegen seiner Kunst, geborn zu Kolmar Aber von seinen
ölltern ein Augspurger bu[rger] des geschlechtz von Her[ren]
geporn u ist [gesto]rben zu Kolma[r] anno 1499... auf 2te[n]...
Hornung[s]. Dem Got genade. [Und war] ich [se(i)]n junger
Hans... rkgmair im jar 1483. »

Bartsch a déchiffré les deux premières lettres illisibles du dernier nom propre, et il en a fait le nom d'un peintre tout à fait inconnu, Largkmaier, tandis que M. E. Förster veut y reconnaître
le maître Hans Burgmair, bien connu. J'ai développé dans le
Deutsches Kunstblatt de 1854, p. 186, les raisons pour lesquelles
je ne puis toutefois me ranger à cette dernière interprétation.

(²) Passavant (*loc. cit.*) adopte Augsbourg en se fondant sur
ce que le frère de Martin, Louis Schongauer, est né dans cette
ville.

(³) Nous en avons un témoignage écrit dans une lettre
qu'adressait à Vasari, en 1564, le célèbre peintre liégeois, Lambert Lombard, lettre publiée par Gaye, dans son *Carteggio*,
t. III, p. 177, où il est dit : « In Germania si levò poi un Bel

Colmar (¹) où il vécut dans une position aisée, puisqu'on sait qu'il y possédait plusieurs maisons, et où il mourut sans doute entre 1490 et 1492 (²). Ses tableaux sont

Martino tagliatore in rame, il quale non abandonò la maniera di Rogiero, suo maestro, ma non arrivò però alla bontà del suo colorire, che haveva Rogiero, per esser più usato all' intaglio delle sue stampe, che parevano miraculose in quel tempo, et hogi (*oggi*) sono ancora in bona reputatione tra i nostri mansueti artéfici, perchè anchora che le cose sue siano seche, però hanno qualche bon garbo. » On voit d'après ces paroles que notre artiste était principalement connu et estimé comme graveur.

(¹) Passavant (*loc. cit.*) affirme que ce fut seulement après 1492, en argumentant de la circonstance que, en cette année, le peintre Caspar Isenmann fut chargé d'exécuter, pour 500 florins du Rhin, les tableaux du maître-autel de Saint-Martin ; or, dit-il, à en juger par les restes de son œuvre, ce peintre était beaucoup trop médiocre pour qu'on songeât à lui confier une tâche si vaste, alors surtout qu'on eût possédé un maître aussi distingué que M. Schongauer. Cette conclusion me paraît peu vraisemblable ; à toutes les époques et dans tous les pays, il est arrivé bien des fois qu'on chargeât de travaux importants des hommes ineptes ou même étrangers à l'art, au mépris du talent et du génie d'excellents artistes.

(²) La comparaison des deux témoignages suivants me paraît établir cette date d'une manière certaine : l'archiviste Hugot, de Colmar, a trouvé dans un cartulaire du chapitre de Saint-Martin, de cette ville, une note constatant que Muntpur, personnage souvent cité comme ami de la famille Schongauer, et Martin Schongauer ont, en 1490, payé 32 schillings, par parts égales, pour une maison sise Schedelgasse (Passavant, *loc. cit.* 105) ; donc notre artiste vivait encore à cette date. D'un autre

très-rares et ne montrent pas les qualités du maître dans tout leur développement. Heureusement cette lacune est comblée par un grand nombre de gravures (¹) qu'il a tracées d'après ses compositions; il s'y montre créateur fécond dans l'art religieux, habile à représenter des personnages isolés, en même temps que bon compositeur. Sous ce rapport, ainsi qu'au point de vue du sentiment de la beauté idéale, il dépassa son illustre maître Rogier et se fit une réputation européenne. On reconnaît dans ses gravures l'influence incontestable de

côté, Christophe Scheurl, écrivain très-digne de foi et ami intime de A. Dürer, dit dans son livre *De vita et obitu Ant. Kressi,* imprimé dès 1516, que Dürer lui avait écrit et souvent dit de vive voix que lorsqu'il avait visité Colmar en 1492, il avait reçu l'accueil le plus amical des frères de Martin Schongauer, l'orfévre Caspar, Paul et le peintre Louis, mais qu'il ne l'avait pas vu lui-même, parce qu'il venait de mourir. Ce passage a été transcrit dans le style original par Bartsch (*Vie de M. Schongauer*), et par Passavant (*loc. cit.*). Le billet dont j'ai parlé dans une note antérieure et qui contredit ce témoignage en faisant mourir M. Schongauer seulement en 1499, ne peut être d'aucun poids dans la discussion; d'ailleurs on ignore par qui et à quelle époque il fut rédigé. On ne doit pas faire plus de cas d'un autre écrit du même genre, trouvé par M. Hugot (*Kunstblatt,* 1841, p. 59), d'après lequel M. Schongauer serait mort en 1488; on ne peut évidemment l'opposer au témoignage authentique cité depuis par le même M. Hugot. Tenter, comme M. Passavant, de concilier les deux écrits en supposant un *lapsus calami,* pour détruire l'affirmation de Scheurl, c'est à mon avis se lancer à bon plaisir dans l'arbitraire.

(¹) BARTSCH (vol. I, p. 103, etc.) cite quatre-vingt-dix gravures.

l'école des Van Eyck. Passavant le constate avec raison et en donne pour preuve principale la *Vierge au perroquet* (Bartsch, n° 29) [1]. Parmi ses plus admirables gravures figurent la *Mort de la Vierge* (Bartsch, n° 33); le *Portement de la Croix* (n° 21) ; l'*Annonciation* (n°ˢ 1 et 2, v. la grav.); l'*Adoration des Mages* (n° 6); la *Fuite en Égypte* (n° 7); le *Baptême du Christ* (n° 8); le *Christ en croix* (n° 23); *Marie et l'Enfant* (n° 30); le buste de *Marie et l'Enfant* n° 31) ; *Saint Laurent* (n° 56); le *Couronnement de la Vierge* (n° 72); le *Christ bénissant* (n° 70); *Sainte Madeleine* (Bartsch, t. X, p. 29,); les feuilles de la *Passion* (n°ˢ 9-20); *les Cinq vierges sages et les cinq vierges folles* (n°ˢ 77-86). Il traite rarement des sujets fantastiques, mais les rend avec une rare énergie, ainsi que le prouve la *Tentation de saint Antoine* (Bartsch, n° 47), dont Vasari affirme que Michel-Ange fit dans sa jeunesse une copie à la plume (v. la grav.). Parfois ce grand maître se montre plein d'une verve humoristique de très-bon goût dans les scènes de la vie commune, comme par exemple dans son *Conducteur d'ânes* (Bartsch, n° 89). Son dessin est hardi, malgré la maigreur des membres et principalement des mains. Les plis anguleux de ses étoffes en troublent quelque peu l'admirable agencement. Ses tableaux pour le reste se distinguent par un coloris chaud, ferme et transparent. Le dessin de ses contours, il est vrai, est plus marqué que chez Rogier, et manque de cette vérité, de cette fusion des nuances qui font la beauté des tableaux du maître

---

[1] *Bartsch*, vol. I, p. 107.

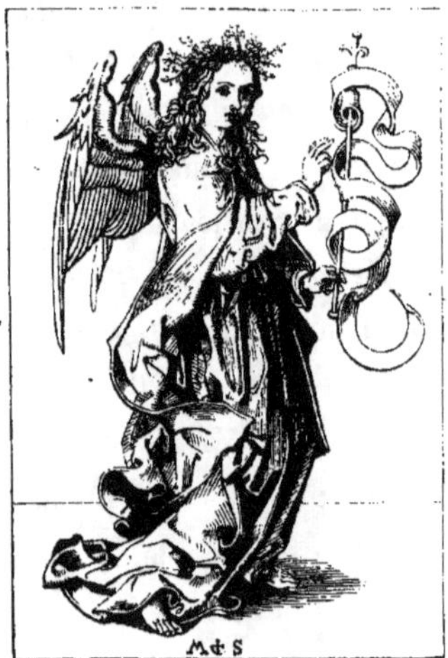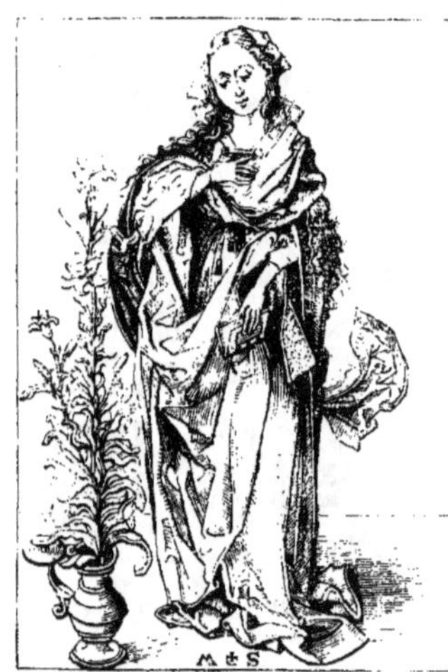

THE ANNUNCIATION.

From an Engraving by Martin Schongauer in the British Museum

L'ANNONCIATION

d'après une gravure de Martin Schongauer, au British Museum

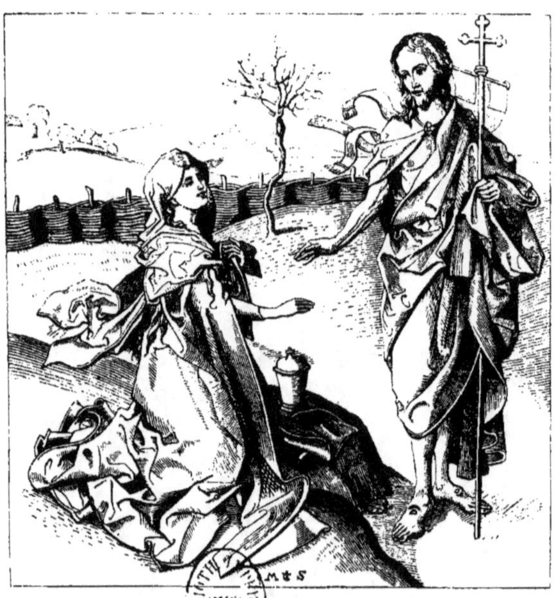

From an Engraving by Martin Schongauer
in the British Museum.

Gravure de Mart'n Schongauer, au British Museum.

flamand. Maître Schongauer s'occupait beaucoup moins que lui de ses fonds ; parfois même il eut encore recours aux ciels d'or.

Parmi les tableaux qu'on lui attribue dans diverses galeries, la plus grande partie ont été exécutés par d'autres artistes d'après ses gravures. Je ne considère comme des originaux que les suivants :

La *Mort de la Vierge*, petit tableau qui a passé de la galerie du roi de Hollande dans celle de M. de Beaucousin, à Paris ; il se trouve aujourd'hui à la *National Gallery*, qui a fait récemment l'acquisition en bloc de cette collection choisie. C'est le plus ancien ouvrage que l'on connaisse de lui, d'ailleurs de la plus rare beauté, mais conservant dans la conception, la couleur et la précision de l'exécution, des traces de Rogier Van der Weyden l'aîné. Il appartient par conséquent à l'époque où l'influence de ce maître était encore sur lui toute-puissante. Toutefois le style des physionomies et la profondeur du sentiment, particuliers à Martin Schongauer, apparaissent déjà dans la *Vierge* et dans l'*Éternel* placé dans le ciel.

Mais le plus important de ses tableaux, celui dont la comparaison avec la gravure constate l'authenticité, non moins sûrement que la tradition, est la *Vierge encadrée de roses*, à l'église Saint-Martin, à Colmar. La *Vierge*, de grandeur naturelle, est assise sur un banc de gazon tenant sur ses genoux l'*Enfant Jésus*. Ses traits sont très-nobles et très-purs, et produisent un brillant effet sur les draperies, d'un rouge sombre. Les deux anges qui tiennent la couronne suspendue sur sa tête sont pleins de grâce, et le buisson de roses dans lequel nichent des oiseaux complète l'expression naïve de l'ensemble. Les carnations chaudes et claires, l'exécution d'un fini remarquable.

Après ce tableau nous placerons deux volets provenant du couvent de Saint-Antoine, à Isenheim, aujourd'hui placés à la bibliothèque communale de Colmar. Les faces intérieures comprennent l'*Enfant Jésus adoré par la Vierge* et *Saint Antoine ermite*, avec le portrait du donateur ; les faces extérieures, l'*Annonciation*. L'expression idéale et légèrement mélancolique de ce tableau rappelle le Pérugin ; la Vierge, dans les deux tableaux, a les paupières délicatement arquées et des traits d'une surprenante régularité. Dans l'*Enfant*, au contraire, évidemment peint d'après nature, et d'un modelé magistral, la tendance réaliste éclate dans toute sa force. Le coloris chaud acquiert de la profondeur, surtout dans la figure très-noblement conçue de saint Antoine. L'exécution est large et révèle dans les contours la main d'un dessinateur plutôt que celle d'un peintre.

La *Descente de croix* et le *Christ au tombeau*, faisant partie d'une série de tableaux, dans le même local, sont moins importants, malgré l'animation qui les distingue. Les douze autres tableaux de la série sont l'œuvre, les uns, d'un artiste passablement exercé, les autres, d'un ouvrier très-adroit.

David rapportant la tête de Goliath et reçu par des jeunes filles qui jouent de divers instruments, est une œuvre

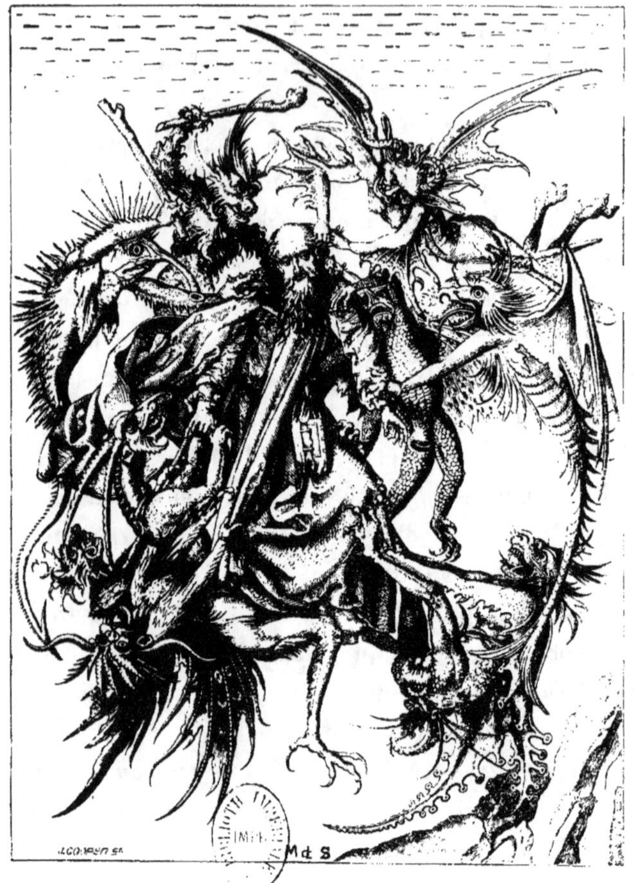

ST. ANTHONY TORMENTED BY DEMONS

An Engraving by Martin Schongauer, which Michael Angelo is said to have copied
From the British Museum.

SAINT ANTOINE TOURMENTE PAR LES DÉMONS,

gravure de Martin Schongauer, au British Museum.

authentique mais sans importance. Elle figure à Munich (Cabinets, n° 145).

En Angleterre, nous trouvons de ce maître, si rare, une *Vierge à l'Enfant,* avec un fond de paysage (Galerie du prince-époux, à Kensington, n° 30) (¹). Tableau petit mais très-authentique.

Un autre tableau, *Pilate demandant aux Juifs qui il doit leur livrer, le Christ ou Barrabas* (collection de M. Green, à Hadley, près Barnet), offre de telles analogies avec une gravure de Martin Schön, que, malgré la faiblesse de la couleur, je suis tenté de lui attribuer cet ouvrage (²).

Bien que ce grand maître dut exercer sur les peintres une influence sans doute très-considérable, elle n'est pas cependant aussi facilement appréciable que son influence sur la foule des graveurs qui travaillèrent dans sa manière ou le copièrent servilement. Cette difficulté d'appréciation provient de ce que, en Alsace surtout, où la révolution a particulièrement sévi, les peintures de cette époque sont devenues excessivement rares.

Le maître Frédéric Herlen exerça une grande action sur le développement de l'art en Souabe. Une notice contemporaine, datée de 1467, qui lui fait obtenir le droit de bourgeoisie à Nördlingen (³), à cause de sa connaissance des procédés flamands, et les imitations frap-

----

(¹) *Galeries et Cabinets de l'Angleterre,* p. 225.
(²) *Trésors de l'Art,* vol. II, p. 459.
(³) *Kunstwerke und Künstler in Deutschland,* vol. I, p. 325.

pantes de Rogier Van der Weyden l'aîné qui se rencontrent dans ses tableaux , prouvent à l'évidence qu'il reçut de ce peintre les notions de son art. Son mérite se borne même à avoir introduit l'art des Van Eyck dans la haute Allemagne, car il ne possède aucune qualité originale et n'atteint pas à l'expression ni à l'exécution consciencieuse de son modèle. Bornons-nous donc à citer quelques-uns de ses principaux ouvrages : les volets détachés d'un autel de l'église de Nördlingen (1462) (¹), représentant l'*Annonciation,* la *Visitation,* l'*Adoration des Rois et des Bergers,* la *Présentation au Temple,* la *Circoncision,* la *Fuite en Égypte* et le *Christ au milieu des docteurs,* de 1462; les volets du maître-autel de Rothenburg sur le Tauber, représentant les mêmes sujets avec moins de délicatesse (²); *Pilate montrant le Christ au peuple,* 1468, dans l'église de Nördlingen (³) ; et enfin, dans le même endroit, la *Vierge à l'Enfant,* avec Herlen lui-même à genoux, présentant ses quatre fils, sous le patronage de saint Joseph et ses cinq filles, sous le patronage de sainte Marguerite. Ce tableau, sans doute offert par le peintre, porte la date de 1488 et révèle une manière plus rude. — Herlen mourut en 1491.

Les peintres de l'école de Souabe conservèrent à un degré beaucoup plus élevé qu'aucune autre école d'Allemagne le style introduit par Frédéric Herlen. La conception

(¹) *Kunstwerke und Künstler in Deutschland,* vol. I, p. 347, etc.
(²) Ibid., p. 324, etc.
(³) Ibid., p. 353.

réaliste revêt une forme plus noble, le ton des chairs est plus chaud, la couleur en général plus harmonieuse, plus douce et plus fondue, les contours du dessin moins accentués. Les draperies ne tombent pas en plis surabondants, arbitraires et anguleux comme dans les productions des autres provinces germaniques. D'autre part, ces peintres se distinguent de leurs modèles flamands par un sentiment plus profond de l'idéal et de la beauté dans leurs personnages sacrés, par une palette plus sobre (les draperies ont d'habitude un ton rouge-brun ou vert plein), et enfin par moins de précision dans les détails.

En même temps, l'école de Souabe se divise en deux branches bien marquées; la première et la plus nombreuse a son siége à Augsbourg, où elle développe de bonne heure ses tendances réalistes; l'autre, établie à Ulm, révèle un sentiment plus pur de la religion et de la beauté. C'est à Augsbourg que nous trouvons plusieurs générations successives de la famille des Holbein. Le premier de tous, Hans Holbein, l'aïeul, est connu par un tableau représentant une *Vierge à l'Enfant*, assise sur un banc de gazon et signé *Hans Holbein. C. A. (Civis Augustanus)*, 1459. Cette œuvre affiche déjà un caractère de réalisme des plus frappants. Les têtes paraissent être des portraits, et le corps de l'enfant Jésus est peint d'après nature avec une extrême exactitude. Le modelé est très-précis. Les plis de la draperie seuls conservent les formes plus molles de la période antérieure. On reconnaît en outre une science plus exacte du paysage; et trois oiseaux, un bouvreuil, un chardonneret et un pinson, sont rendus avec une vérité parfaite ([1]). Ce tableau, commandé primitivement par la famille Fugger pour l'église Sainte-Anne à Augsbourg, est aujourd'hui à Mergenthau, résidence d'été des Jésuites, voisine de la ville et propriété de M. Samm. Un autre tableau du même, signé de son nom et daté de 1499, représentant le *Couronnement de la Vierge*, au centre, avec la *Nativité* et la *Décollation de sainte Dorothée* sur les volets, figure dans la galerie royale à Augsbourg, le meilleur endroit pour l'étude des maîtres de cette école. Chose étrange, cette peinture, d'une époque bien postérieure à celle du tableau précédent, semble appartenir à une époque plus ancienne, et révèle une étude beaucoup moins fidèle de la nature, quoiqu'elle ait d'ailleurs une valeur artistique considérable ([2]).

Son fils, HANS HOLBEIN, LE PÈRE, né vers 1460 et mort en 1518, figure en tête des représentants du style réaliste de cette école que, au point de vue de la chaleur et de la transparence du coloris, il porta au plus haut degré de perfection. On rencontre chez lui les contrastes les plus opposés ; ses têtes du Christ, de Marie et de quelques saints offrent la plus heureuse alliance de la beauté des formes, de l'élévation et de la pureté du type et de la profondeur de l'expression ; immédiatement à côté figurent des portraits vivants de naïveté et de grimaçantes carica-

---

([1]) *Deutsche Kunstblatt* de 1854, p. 192.

([2]) Voir, pour plus de détails, mon livre *Kunstwerke und Künstler in Deutschland*, vol. II, p. 16, etc.

tures, surtout les bourreaux de la *Passion;* mais celles-ci
se distinguent avantageusement, par une certaine verve
humoristique, des bizarreries du même genre prodiguées
par les peintres allemands de cette époque. Le grand
nombre de ses tableaux encore existants atteste son extraordinaire facilité, et, en même temps, l'inégalité de ses
œuvres prouve qu'il travaillait selon les commandes, con-
sciencieusement ou à la légère, abstraction faite de la
coopération de ses aides. Une circonstance qui montre
cependant de quelle réputation il jouissait de son temps
dans le midi de l'Allemagne, c'est qu'il exécuta des
tableaux tant à Francfort qu'à Bâle, avant son expatria-
tion qui eut lieu probablement en 1516.

Le plus ancien tableau que l'on connaisse de lui, et qui
lui fut commandé en 1495, est dans la galerie d'Augsbourg.
Il est divisé en plusieurs compartiments représentant des
scènes de la *Passion :* au sommet, *Marie couronnée;* tout en
bas, les portraits des donatrices. Des huit grandes scènes
de la *Passion* qu'il exécuta en 1500 et 1501 pour l'église des
Dominicains à Francfort, il ne reste plus aujourd'hui que
les deux arbres généalogiques de la Vierge et des Dominicains, le premier signé : « HANS HOLLBEYN DE AUGUSTA 1501. »
Une *Cène,* qui se trouve encore à St-Léonard, à Augsbourg, et les volets de ce tableau, les *Vendeurs chassés du
Temple* et l'*Entrée du Christ à Jérusalem* (nᵒˢ 100-101 du
musée Städel), sont des œuvres de second ordre. Infiniment plus important est le tableau de 1502 (au musée
d'Augsbourg), dont le sujet principal est la *Transfiguration
du Christ :* les côtés représentent la *Multiplication des*

pains et le *Christ délivrant un possédé;* de chaque côté figurent les membres, hommes et femmes, de la famille du donateur. Le Christ est très-noble, les disciples ont des attitudes forcées et sans goût, les portraits sont pleins de naïveté et de vie ; l'exécution est partout finie avec beaucoup de soin. Dans la même année, Holbein peignit encore, suivant l'indication, pour l'abbé du monastère de Kaisersheim, une série de seize tableaux, qui sont aujourd'hui à la pinacothèque. Ce sont des œuvres très-inégales; les unes, comme la *Circoncision*, nº 14, et surtout la *Présentation au Temple,* nº 60, appartiennent à ses meilleures productions, tandis que d'autres, tirées de la Passion, comme le *Christ outragé,* nº 15, produisent le plus désagréable effet, tant le grotesque y est outré. Je signalerai comme des œuvres très-lâchées et même grossières, une suite des *Martyres* de neuf apôtres, qui se trouvent aujourd'hui à Nuremberg, les uns à Saint-Maurice, les autres au couvent de Landau.

L'œuvre principale de ce maître est un grand tableau du musée d'Augsbourg, exécuté en 1504, avec des scènes de la légende de saint Paul et, au-dessus, le *Christ couronné d'épines.* La tête du saint respire une grande noblesse. La scène qui représente sa prédication est particulièrement remarquable. Dans celle du baptême de Paul, le peintre s'est introduit lui-même avec ses deux fils, Ambroise et un petit garçon de six ans, qui fut plus tard l'illustre Holbein. Aucun autre tableau ne révèle mieux les qualités du maître que celui-ci, bien que les vêtements des soldats, mi-partis aux couleurs bavaroises,

blanc et bleu, allusion aux dispositions hostiles d'Augsbourg envers la Bavière, forment un anachronisme grotesque et de mauvais goût (¹). Deux excellentes grisailles,
représentant des saints et portant le nom du peintre, sont
exposées dans la galerie de Prague. A des physionomies
pleines de noblesse correspondent des membres souples et
effilés. Les plis des draperies tombent avec un goût
extraordinairement pur, le modelé est achevé avec un
soin extrême. Les faces intérieures sont partagées en deux
compartiments : en haut, d'un côté, *Saint Willibald,
Sainte Lucie* et *Sainte Catherine;* de l'autre, *Sainte Barbe,
Sainte Apollonie* et *Saint Roch.* En bas, d'une part, la
Mort de Marie, de l'autre une *Légende de Saints* dont les
prières délivrent un roi des flammes. Au revers, *Saint
Thomas, Saint Augustin, Saint Ambroise* et *Sainte Marguerite.* Une *Vierge avec l'Enfant,* signée de son nom, nº 126
de la chapelle Saint-Maurice, à Nuremberg, prouve qu'à
l'occasion ce peintre peignit avec succès des tableaux de
petite dimension (²) ; on y retrouve tout particulièrement
l'influence de F. Herlen. Parmi ses dernières œuvres,
encore très-remarquables sous le rapport de la composition, mais d'un coloris lourd et faible et d'un faire négligé,
je citerai une suite de scènes de la *Passion,* qui se trouvent au musée de Bâle.

SIGISMOND HOLBEIN, frère du précédent, fut aussi un

(¹) Voir *Kunstwerke und Künstler in Deutschland,* vol. II
p. 19, etc., et PASSAVANT, dans le *Kunstblatt* de 1846, p. 183.
(²) Ibid. vol. I. p. 217.

peintre très-distingué et dont le talent se rapproche extrêmement de celui de Hans (¹), à en juger par un petit tableau signé de lui, qui se trouve dans l'hospice Landau, à Nuremberg, et représentant la *Vierge à l'Enfant*.

Après la famille des Holbein, celle des Burgkmaier tient dans l'école d'Augsbourg la première place. Nous mentionnerons d'abord THOMAS BURGKMAIER, que l'on trouve cité dans les actes publics de l'année 1489. Quoique doué d'habileté et de vigueur, il est encore bien inférieur aux Holbein. Ses figures sont courtes, ses carnations d'un brun lourd, et ses contours trop durs. Dans la cathédrale d'Augsbourg nous trouvons deux tableaux, offerts en 1480, et placés sur les colonnes du chœur. L'un représente le *Christ discourant avec saint Ulric*, l'autre la *Vierge avec sainte Élisabeth de Thuringe*, et la femme du donateur, le bourgmestre Walther. Le musée d'Augsbourg contient encore un grand tableau, le *Martyre de saint Étienne, saint Laurent* et des scènes de la *Passion* (²).

A Ulm, où florissait l'autre branche de l'école de Souabe, le plus ancien maître qui offre quelque intérêt est HANS SCHÜLEIN. D'après la mention de son nom dans les registres d'Ulm, il vécut de 1468 à 1502; cette dernière année fut probablement celle de sa mort; il jouissait dans la ville d'une grande considé-

---

(¹) PASSAVANT, *Kunstblatt,* 1816, p. 186, et mon ouvrage susdit, vol. II, p. 33.

(²) *Ibid.*

ration. Peu d'œuvres authentiques de ce maître subsistent encore; les plus importantes sont les volets et le gradin d'un retable à Tiefenbronn, village voisin de Calw, en Souabe. On lit au revers du cadre cette inscription : « GEMACHT ZU ULM VŌ HANNSSE SCHUCHLIN MALER MCCCCLXVIIIj JARE. » Les faces extérieures, déteintes par l'action du soleil, représentent la *Salutation angélique*, la *Visitation,* la *Nativité* et l'*Adoration des Mages*; à l'intérieur, mieux conservé, on voit *Pilate se lavant les mains,* le *Crucifiement,* la *Déposition au Tombeau* et la *Résurrection*. Les figures sont presque de grandeur naturelle. Le gradin représente, à mi-corps, le *Christ au milieu des Apôtres;* le ciel est d'or. D'après Harzen (¹), on reconnaît dans ces peintures un élève distingué de Rogier Van der Weyden l'aîné; l'ordonnance des compositions est pittoresque, le dessin correct, les types sont nobles et expressifs, les paysages du fond bien détachés, le coloris vif et brillant, mais moins nourri que dans les tableaux de Zeitblom, dont nous parlerons plus bas, la perspective bien comprise, l'exécution enfin soignée. Harzen est porté à attribuer aussi à Schülein'onze petits sujets de la *Généalogie de sainte Anne,* appartenant jadis à un seul autel, mais aujourd'hui dispersés en divers endroits et qui

---

(¹) N'ayant pas vu moi-même ces tableaux, j'emprunte ces descriptions à l'excellent travail qu'a publié cet habile connaisseur dans les *Archives de Naumann,* 1860, p. 27, sous ce titre : « *Jan Barth Zeitblom, peintre d'Ulm, considéré comme graveur.* »

offrent beaucoup d'analogie avec les précédents (¹). Deux volets que j'ai vus dans la collection du prince de Hohenzollern-Sigmaringen, au château de Sigmaringen, où ils figurent sous le nom de Schülein, me paraissent avoir été attribués à juste titre à ce peintre. On y voit, dans huit compartiments, *Joachim et Anne à la Porte d'or*, la *Naissance de Marie*, sa *Présentation au Temple*, ses *Fiançailles*, l'*Annonciation*, la *Nativité*, l'*Adoration des Rois*, la *Circoncision*. Harzen estime, d'après le style de différentes images et notamment des 73 initiales représentant des scènes historiques dans le livre connu sous le nom de *Quatrième Bible allemande* (imprimé à Ulm, 1470-1473?), que Schülein a fourni les dessins d'un grand nombre de ces gravures, et que lui-même a peut-être taillé les plus importantes.

Mais le principal représentant de cette branche de l'école de Souabe à la même époque, est BARTHOLOMÉ ZEITBLOM, qui s'est fait connaître par une série de tableaux religieux encore existants. Cet artiste, né selon

( ) Pinacothèque, nᵒˢ 11. 13, 34 (cabinets), chapelle Saint-Maurice à Nuremberg, nᵒˢ 59, 62, 63, 66, 111, 115; galerie d'Augsbourg, deux; la galerie de Vienne possède aussi un tableau en deux pièces, représentant, l'une, la *Sainte Famille*, l'autre, la *Vierge montrant à lire à l'Enfant et saint Jean l'Evangéliste*, qui est sûrement du même maître. L'inscription de « JOHANNES AQUILA » qu'on lit sur la lisière du vêtement de ce dernier, n'est pas le nom du peintre, comme l'indique à tort le catalogue, mais il se rapporte à saint Jean et à l'aigle, son emblème ordinaire.

toute apparence à Ulm, vers 1440, doit, d'après les dernières découvertes de Harzen (¹), s'être formé très-jeune
sous la direction de son célèbre compatriote Martin Schöngauer, avec lequel il pratiqua d'abord la gravure, à Colmar ; il exécuta ainsi plusieurs planches désignées encore
aujourd'hui sous le nom tout à fait imaginaire de Barthel
Schöngauer (²). On peut rapporter à ses débuts des copies
faites d'après les douze feuilles de la *Passion* de Martin
Schöngauer. La plupart des autres planches qu'il grava,
représentaient des scènes de la vie domestique, traitées
avec beaucoup d'entrain et d'esprit ; mais on possède
aussi de lui quatre portraits, des ornements et des armoiries. Parmi ces dernières, les plus importantes pour la
chronologie des œuvres de l'artiste sont celles des Rohr-
bach et Holzhausen, exécutées à l'occasion d'une alliance
que contractèrent en 1466 ces deux familles patriciennes
de Francfort (³). Plus tard, il renonça, paraît-il, à cet art
dans lequel il ne put vaincre une certaine roideur mêlée
de dureté, et il s'adonna à l'exécution de dessins pour les

(¹) Pour ne pas dépasser les limites de ce manuel, je suis forcé
de renvoyer pour les preuves au travail que j'ai cité plus haut
à propos de Schülein.

(²) Voy. BARTSCH, p. VI, p. 68, seq.—PASSAVANT. p. II, p. 118,
seq. Le monogramme b α ç signifie, suivant Harzen, Bartholomé
Stecher.

(³) On a récemment tiré un petit nombre d'épreuves de la
planche originale, encore en possession de la famille Holzhausen, avec deux supports, homme et femme, en costume du
temps.

gravures sur bois qui ornent quelques-uns des plus anciens livres imprimés à Ulm, un peu après 1470, parmi lesquels Harzen signale entre autres la *Cinquième Bible allemande* (1473-1475). Toujours d'après Harzen, un grand nombre de ses dessins à la plume, d'une exécution magistrale, se trouvent recueillis dans un volume in-folio de la collection de gravures du prince Walburg Truchsess, à Wolfsegg, près de Ravensburg, en Souabe. Les sujets profanes offrent pour la plupart une grande ressemblance avec ses gravures, tandis que les scènes religieuses, sujet exclusif de ses tableaux, auxquels elles sont empruntées, offrent avec ceux-ci une analogie non moins frappante. Dans ce volume on trouve des dessins relatifs aux mines, à l'artillerie, aux machines, ce qui a fait supposer à Harzen que cet artiste, comme Léonard de Vinci, s'était incidemment occupé de ces matières. Il paraît résulter de toutes les circonstances de sa vie, qu'il ne commença qu'assez tard à faire de la peinture sa principale occupation. Il entra à cet effet dans l'atelier de Hans Schülein dont il épousa la fille en 1483. Le village de Münster, distant de quelques milles d'Augsbourg, possède encore un triptyque sur un volet duquel il est expressément désigné comme aide de Schülein (¹). La faiblesse du coloris et l'indécision du faire trahissent, au dire d'Harzen, les débuts du maître dans la peinture. Cependant on reconnaît dans ses tendances élevées et

---

(¹) « ... von Hans Schülein v. B. Zeitblom zu Ulm mitgemacht !!... »

spirituelles une forte influence de Martin Schöngauer. S'il
doit le céder à ce dernier pour le sentiment de la beauté,
il ne laisse pas de charmer par l'inimitable recueille-
ment, la pureté et la vérité de son sentiment religieux ;
sous ce rapport on peut dire que c'est *le plus allemand*
de tous les peintres. Dans quelques circonstances il s'élève
jusqu'au grandiose ; sans doute, les membres de ses
figures sont généralement grêles et manquent de sou-
plesse ; trop souvent aussi les physionomies affectent un
type favori : toutefois, le fini qu'il apporte à l'exécution,
la clarté, la chaleur, plus tard même la finesse de ton
qui caractérisent ses œuvres, font de ce peintre un heureux émule de Quentin Massys ; ses draperies enfin, jetées
en plis larges et non chiffonnés, se distinguent par un
accord de nuances plein d'originalité et d'harmonie.
Parmi ses premiers tableaux, on remarque deux vantaux
d'autel où figurent *Saint Georges, Saint Florian, Saint
Jean-Baptiste* et *Sainte Marguerite ;* ils font partie de l'ancienne galerie Abel, à Stuttgart : belles têtes déjà, très-
vraies, d'une couleur extrêmement chaude et nourrie. Le
professeur Hassler d'Ulm possède un retable admirablement sculpté par Syrlin l'aîné, en 1488, pour l'église de
Hamen, près d'Ulm et dont les volets révèlent un talent
plus mûr : on y voit *Saint Nicolas* et *Saint François,* à l'intérieur ; à l'extérieur, le *Christ au jardin des Olives ;* ce
dernier personnage surtout se distingue par la finesse et la
beauté de la tête, la noblesse de l'attitude et le goût pur avec
lequel sont magistralement exécutées les draperies. Un
gradin d'autel, à Eschach, peint en 1490 et représentant

quatre *Pères de l'Eglise,* soutient dignement la réputation du maître. C'est aussi de la même année sans doute que sont les douze scènes tirées de la vie de saint Jean-Baptiste qui figurent à l'intérieur du grand retable de Blaubeuren, œuvre surtout importante à cause du grand nombre de compositions originales qu'elle renferme : le *Crucifiement* et le *Portement de croix* sont les seules peintures de la face extérieure qui lui soient attribuables. L'artiste atteint une grandeur toute particulière dans une figure colossale de saint Jean-Baptiste, peinte à l'extérieur de l'église et datée de 1490, et, comme le remarque Harzen, il y révèle un talent solide pour la peinture à fresque. Mais le génie de Zeitblom nous apparaît dans toute sa splendeur dans les volets du maître-autel de la paroisse d'Eschach, datés de 1495, et qui figurent dans la galerie Abel. Les faces intérieures représentent l'*Annonciation* et la *Présentation au Temple :* l'extérieur, les deux *Saints Jean,* plus grands que nature. Par la noblesse du style, par la délicatesse du sentiment, par l'ensemble harmonieux du coloris chaud et transparent, cette œuvre est digne de prendre place parmi les plus importantes que la peinture allemande ait enfantées, surtout à cette époque. Une partie du gradin de ce même autel représentait une *Sainte Face* soutenue par deux anges : cette peinture, d'une admirable majesté, se trouve aujourd'hui au musée de Berlin, sous le n° 666 *a.* La galerie d'Augsbourg possède aussi deux grands tableaux représentant des scènes de la légende de saint Valentinien, que leur exécution place au même niveau

que les précédents. C'est également à cette période de sa
plus haute maturité qu'appartiennent les volets d'autel
peints en 1497 pour l'église de Heerberg, petit village de
la Souabe ; ils représentent des sujets empruntés à l'histoire de la sainte Vierge (¹). Enfin, on rencontre encore
plus d'ampleur et de fini dans huit sujets analogues peints
sur deux volets, au château de Sigmaringen, la *Tête de
sainte Anne*, fragment d'un plus grand tableau (n° 651 *b*,
du musée de Berlin), est une œuvre de la même époque
où la transparence et la vigueur du coloris s'unissent à
une admirable conception.

La galerie Lichtenstein, à Vienne, possède, sous la
fausse attribution d'Holbein, deux excellents portraits de
Zeitblom, homme et femme : l'homme, en fourrure brune
et en bonnet, bénit de la main droite et tient de la main
gauche un papier roulé ; derrière lui une draperie rouge
et un paysage montueux ; la femme, en robe noire, la
tête couverte d'une étoffe blanche, tient également un
rouleau de papier dans sa main droite ; le fond est semblable à l'autre ; le premier est d'un coloris chaud et puissant, le second un peu blafard, mais clair et doux.

En même temps qu'il pratiquait la peinture, Zeitblom
exécuta quantité de gravures à la pointe sèche ou au
trait ; tel est du moins l'avis de M. Harzen, qui lui attribue ces planches à cause de la grande ressemblance
qu'elles offrent avec les gravures sur cuivre dont il a été

(¹) Il en a été publié en 1845 des lithographies par la Société
d'art et d'archéologie d'Ulm et de la Haute-Souabe.

question plus haut. Mais tandis qu'il consacre exclusivement son pinceau à la peinture religieuse, son burin, au contraire, s'abandonne avec une verve souvent heureuse et spirituelle à la reproduction de scènes vulgaires, où reviennent fréquemment des charges de paysans et de vagabonds. L'extrême rareté de ces planches, dont le musée d'Amsterdam possède seul une série complète, s'explique suivant Harzen, parce que l'artiste les gravait pour se distraire dans ses moments de loisir, et qu'il n'en a été ainsi tiré qu'un fort petit nombre d'épreuves. On ne connaît pas l'année précise de la mort de ce grand maître, mais elle doit se placer entre 1517 et 1520, car les registres publics d'Ulm cessent de faire mention de lui vers cette date.

A la même époque florissait en Autriche un excellent peintre, PACHER VON BRUNECKEN, dont Saint-Wolfgang, localité proche de Ischl, possède une œuvre signée avec la date de 1481. Ce sont les volets d'un grand retable, dont le milieu, sculpté avec une merveilleuse délicatesse, représente le *Couronnement de la Vierge*. A sa conception réaliste, à sa composition et à la crudité de sa gamme, on reconnaît un artiste formé à l'école de Souabe, et spécialement à celle d'Augsbourg. Les seize sujets peints sur les deux vantaux n'occupent une si grande place que parce que les figures sont aux deux tiers de la grandeur naturelle. Ce sont des *Scènes de la vie du Christ et de Marie*, composées avec unité; on y trouve sans doute encore des attitudes un peu forcées, mais quelquefois aussi des types gracieux, fortement accentués pour l'époque, un sentiment élevé, un dessin correct, un mouvement vrai, le jeu des mains surtout ; les étoffes, le brocard, par exemple, rendues avec beaucoup de soin mais drapées avec sécheresse et roideur, d'excellents groupes et la perspective architecturale traitée avec beaucoup d'entente. Le clair-obscur, très-habile pour le temps, contraste vivement avec le fond d'or du ciel ; les carnations sont en général un peu crues ; le fini de la touche n'exclut pas une assez grande liberté d'allure. Du reste, quelques figures trahissent un pinceau moins exercé ; les scènes les plus remarquables sont : la *Circoncision*, la *Mort de Marie*, et la *Fuite en Égypte* qui occupe un des deux petits compartiments (¹).

L'école franconienne dont Nuremberg resta encore le centre ainsi que dans la période antérieure reçut des **Pays-Bas**, avec les procédés de la peinture à l'huile, le style de conception propre à ce pays. L'influence de **Rogier Van der Weyden** l'aîné apparaît dans la plupart de ses productions. Toutefois, comparée à l'école de Souabe, elle se montre plus fidèle au style traditionnel des sujets sacrés. En revanche le caractère du dessin prévaut davantage. Les contours ne sont pas, comme en Souabe, perdus et fondus dans le dessin. Les couleurs prises à part ont plus d'éclat, mais l'harmonie fait défaut, et l'ensemble prend un aspect plus criard. Les attitudes

(¹) Ce retable se trouvait en 1860 entre les mains du directeur de la galerie impériale de Vienne, **M. Engert**, qui lui a fait subir une restauration très-heureusement réussie.

aussi sont plus anguleuses, les draperies plus roides et plus irrégulières dans les plis et si la tête de plus d'un saint personnage dénote une tendance à l'idéal, reste de la période antérieure, la vulgarité, la grossièreté de quelques têtes, surtout celles des soldats, choquent bien plus encore que dans l'école de Souabe.

Parmi les tableaux du commencement de cette époque figurent les volets du triptyque exécuté en 1453, pour la chapelle de la noble famille de Löffelholz, dans l'église de Saint-Sébald à Nuremberg. Les faces intérieures renferment des *Scènes de la légende de l'empereur Henri II et de sa femme Cunégonde;* les faces extérieures, l'*Adoration des Rois* et *Saint Georges tuant le Dragon.* Sur l'intérieur de la *predella* figurent le *Christ et les Saints;* sur l'extérieur les portraits de la nombreuse famille de Löffenholz. Les attitudes ont parfois beaucoup de mérite ; quant à la manière il est impossible d'en juger à cause du grossier barbouillage dont on a recouvert la plus grande partie du tableau. Celles d'entre les têtes qui n'en ont pas été atteintes attestent une sérieuse étude de la nature comme la comprenait l'école des Van Eyck, un coloris chaud et un faire plein de science (¹).

Le maître le plus important de cette période est Michel Wohlgemuth, né en 1434, mort en 1519. Tous ses tableaux se distinguent par la vigueur et la transparence du coloris ; pour le reste il y a peu de peintres aussi inégaux. Appelé de tous les côtés pour exécuter de

____

(¹) V. *Kunstwerke und Künstler in Deutschland*, I, p. 23 et s.

grands retables dont il devait à la fois peindre les figures et sculpter les reliefs, il laissait une grande partie du travail à ses rudes compagnons et ne se consacrait d'ailleurs lui-même à la tâche qu'avec un zèle très-capricieux.

Voici quelques-uns de ses ouvrages les plus importants. Les plus anciens, à ma connaissance, semblent être les *Scènes de la vie de Marie* et de la *Passion,* qui ornent l'autel de la fondation Haller, dans la petite église de Sainte-Croix, à Nuremberg : ce sont des compositions en partie fort surchargées, dans lesquelles on trouve souvent une expression vraie, un coloris très-vigoureux, mais qui sentent un peu le métier.

Quatre tableaux représentant aussi des *Scènes de la Passion,* d'un caractère assez grossier et appartenant à une époque un peu plus récente, figurèrent d'abord dans l'église de la Sainte-Trinité à Hof, en Bavière, pour être placés ensuite au musée de Munich, n°s 22, 27, 34 et 39. Quoique la touche en soit généralement assez rude et que les contours soient durs, on y remarque cependant quelques têtes dont l'expression est pleine de sentiment : le coloris est transparent et vigoureux. Le grand maître-autel de Zwickau, exécuté en 1479, dépasse les précédents, du moins dans quelques panneaux et spécialement les quatre consacrés à la Vierge (¹). Mais il se surpasse

----

(¹) Ibid., vol. I, p. 56, et Von Quandt, *les Peintures de M. Wohlgemuth à l'église de Notre-Dame de Zwickau,* texte accompagné de huit lithographies.

dans quelques figures de saints, de grandeur naturelle, faisant partie d'un tableau d'autel, peint en 1487 pour l'église des Augustins, qui se trouve à la chapelle de Saint-Maurice, à Nuremberg, nᵒˢ 45, 53, 74 et 80 (¹). Je signalerai les saints Georges, Sébald, Jean-Baptiste et surtout saint Nicolas, qui se distingue par la dignité du type et par le moelleux de la touche. Les saintes sont plus remarquables encore sous le rapport de leur candeur virginale, de la finesse de leurs traits et de leur expression de douce piété : telles sont les figures de Barbe, de Catherine, de Marguerite et de Rosalie : un ton lumineux et transparent règne dans l'ensemble, relevé par de riches draperies de brocart et de drap d'or, qui lui donnent un aspect à la fois riant et solennel. Quelques scènes du revers des volets, entre autres *Saint Luc peignant la Vierge* et le *Christ descendant de la croix pour embrasser saint Bernard*, appartiennent à ses meilleures œuvres. Dans le tableau de l'église de Schwabach, près de Nuremberg, peint de 1506 à 1508, les figures colossales de Jean-Baptiste et de saint Martin sont probablement seules de la main du maître (²). Je suis disposé à considérer comme sa meilleure œuvre les tableaux de l'église de Heilbronn dans la même partie de la Franconie. Ils représentent des scènes de la *Vie du Christ*, la *Messe du Pape Grégoire* et les portraits du donateur, le *Margrave Frédéric IV* de Hohenzollern, et sa famille. Les têtes des

(¹) *Kunstwerke und Künstler in Deutschland.* vol. I, pp. 184, 190.
(²) Ibid., p. 294.

personnages sacrés ont ici un caractère plus élevé et plus varié, et les portraits prennent une animation inaccoutumée (¹). Wohlgemuth a aussi composé les dessins d'une suite de gravures sur bois qui ornent la très-rare *Chronique de Nuremberg* de Schedel.

On trouve à Nuremberg et dans d'autres villes de la Franconie bien des tableaux provenant évidemment de l'école de Wohlgemuth, mais ils sont loin de s'élever à la hauteur de ses meilleures productions. Ces ouvrages prouvent que, sauf le grand Albert Dürer, il n'attira aucun élève de quelque renom.

A Nuremberg cependant on rencontre en divers endroits des peintures d'artistes inconnus, mais fort estimables, qui montrent une manière indépendante de celle de Wohlgemuth : ainsi, au château, un tableau à la détrempe, représentant des évêques et des religieux d'un type noble, quoique parfaitement uniforme et d'un bon dessin. On ne peut méconnaître ici l'influence de l'art flamand. Au même endroit un retable à vantaux, représentant des scènes tirées de la légende de sainte Catherine. La légende de saint Roch, peinte sur les volets de l'autel qui lui est consacré à Saint-Laurent, se rapproche beaucoup du tableau précédent. Enfin, une épitaphe de la même église, datée de 1476, représente une *Adoration*

(¹) Ibid., p. 307, etc. Le grand tableau qui lui est attribué dans la galerie de Vienne diffère trop, d'après moi, par la conception et le procédé de toutes ses œuvres authentiques, pour être de sa main.

22

des Rois : on y remarque des têtes agréables, des formes pleines et des étoffes mollement drapées.

L'église des Ursulines à Erfurt possède d'un maître inconnu quatre tableaux traités avec un véritable talent : le *Crucifiement,* des *Saints,* Pierre, Paul, Marguerite, Jérôme, et deux autres que je ne connais pas, puis Jean, André et Barbe ; attitudes nobles, physionomies d'un caractère digne et expressif, draperies d'un goût pur ; peinture à l'huile solide, encore sur fond d'or.

Une mention particulière est également due à l'auteur d'un grand tableau de l'église de Saint-Gambert, à Auspach, tant à cause de son talent que du sujet qu'il a emprunté à une tradition favorite des peintres du XVe siècle : le Christ, que Dieu le Père foule dans le pressoir, d'où sortent des hosties que le pape recueille dans un calice. Ici encore on trouve le fond d'or.

A en juger par plusieurs tableaux qui existent dans la galerie de Schleisheim, quelques peintres bavarois tels que Gabriel Mächselkircher, qui florissait à Munich vers 1480, Ulrich Füterer, qui vivait à la même époque à Landshut, et Hans de Olmdorf, artiste de la fin du XVe siècle, restèrent bien loin des meilleures productions de leurs contemporains et ne surent pas s'affranchir d'une grande rudesse.

FIN DU PREMIER VOLUME.

TABLE DES MATIÈRES.

LIVRE III.

LE STYLE TEUTONIQUE OU GERMANIQUE.

Deuxième époque (1420-1530).

Développement complet du sentiment teutonique dans l'art au moyen âge.

FIN DE LA TABLE DES MATIÈRES.

RECTIFCATION

(Voir page 113.)

Hans Memling n'est pas mort en 1312. ainsi que prétend M. Édouard van Even (*Thierry Bout*, dit *Stuerbout;* Bruxelles, 1861, p. 30) que M. James Weale l'aurait découvert, mais bien en 1495 déjà. d'après les recherches du même M. James Weale.

TABLE DES GRAVURES

CONTENUES DANS LE PREMIER VOLUME.

FIN DE LA TABLE DES GRAVURES.